施 旭 ◎ 编译

CHINA'S NATIONAL DEFENSE
Western scholarly discourses

中国国防
西方学术话语

经济管理出版社

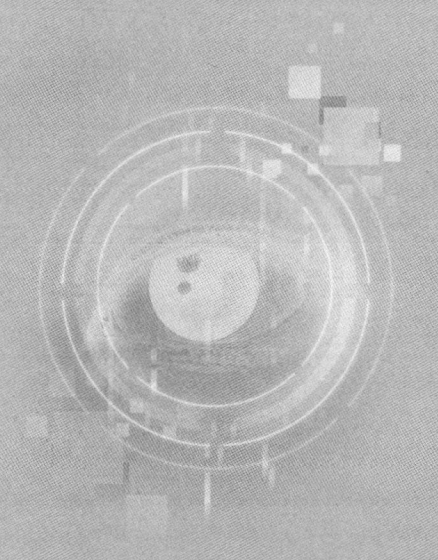

图书在版编目（CIP）数据

中国国防：西方学术话语 / 施旭编译 . —北京：经济管理出版社，2018.1
ISBN 978-7-5096-5715-7

Ⅰ.①中⋯　Ⅱ.①施⋯　Ⅲ.①国防建设—研究—中国　Ⅳ.①E25

中国版本图书馆 CIP 数据核字（2018）第 059437 号

组稿编辑：王光艳
责任编辑：侯春霞
责任印制：黄章平
责任校对：张晓燕

出版发行：经济管理出版社
　　　　　（北京市海淀区北蜂窝 8 号中雅大厦 A 座 11 层　100038）
网　　址：www.E-mp.com.cn
电　　话：(010) 51915602
印　　刷：三河市延风印装有限公司
经　　销：新华书店
开　　本：720mm×1000mm/16
印　　张：20
字　　数：300 千字
版　　次：2020 年 1 月第 1 版　2020 年 1 月第 1 次印刷
书　　号：ISBN 978-7-5096-5715-7
定　　价：78.00 元

·版权所有　翻印必究·

凡购本社图书，如有印装错误，由本社读者服务部负责调换。
联系地址：北京阜外月坛北小街 2 号
电　　话：(010) 68022974　邮编：100836

序　言

中国的国家安全保障和建设问题从来没有像今天这样重要——一面是中国迅速崛起和利益延伸引起的巨大需要，另一面是西方强国遏制中国战略深入推进带来的严峻风险，此外还有整个国际秩序变革转向蕴含的无限机遇和挑战。从中国人的眼光看，中国国家安全的历史、现状及未来是怎样、该怎样？中国学界是如何审视和评估的？其思想、表述、传播是如何被接受和反映的？中国国家安全建设究竟应该如何展开？相关学界应如何肩负其职责，发挥其效能？

而同样的"中国国家安全"问题，国外学术界是如何看待的？当前的中国变化及其世界影响，引起了国际学术界的极大关注。那么，国际安全学术界进行了什么样的观察和分析，运用了什么样的思维方式，依托了什么样的理论，采取了什么样的态度，提出了什么样的建议？他们又是如何表述和传播其观点的？换言之，中国的国家安全正面临着什么样的国际学术舆论环境？

为回答这一系列事关国家安全的重大、广泛而多元的问题，我们决定做出一点自己的努力：将中国国防的国际学术话语呈现给关怀、研究中国安全与国防的中国读者。具体地说，我们组织了来自国内不同院校专注国防安全问题的教师和博士生，翻译出近十年来一系列关于中国国防的国际学术期刊论文和研究报告。由于国防研究的范围很宽，包括军事外交、装备、贸易、技术、主权、领土、反恐等各类问题，本书的文章选择原则是聚焦中国国防政策，而且尽量反映作者的国际广泛性。

本文集的选题和策划，起初来源于笔者近年来的研究体会。在中国国防国际学术的话语研究中，笔者发现许多值得中国国家安全学界和国防学界思考、研究、回应的问题。如涉华国防学术话语，反映的不仅仅是外国学界的信息（来源）、关注度、思维、认知、建议，而且是一种国际政治、修辞、传播行为。从中不仅可以看到爱好和平正义的人士，也可以看到充满偏见歧视的个人，更可以让我们看到中国学界在国际学术论坛上所面临的学术舆论环境。那么，为什么不选择一批具有代表性的论文译成中文呢？

▶ 中国国防：西方学术话语

因此，本文集的初衷是尽可能全面、深入、准确地展现当前国际学界对中国国防政策的解读情况，让普通读者，特别是关注中国国家安全、国防政策以及涉华国际学术的研究者、研究生便捷高效地获取相关国际学术文献；同时，可能同样重要的是，使他们获得较为典型的材料以供研究之用（当然，他们更应该阅读原文，甚至由此开启拓展研究）。

下面提出一些相关的理论和方法观点，希望对读者在使用本书时有所启发或指导（每位译者都在译稿之首提供了导读，也是为了读者能够更好地评判借鉴）。

首先，涉华国家安全的国际学术话语（包括相关期刊、书籍、报告、会议、论坛、演讲）是特定文化、特定国家的产物，是国际安全话语体系的一部分（其他有政府、媒体、社会话语）。在思维方式上，它直接或间接地受到特定文化习性的影响，并在一定的世界观和方法论指导下展开分析。在价值伦理上，它往往折射相关文化及国家的原则、立场、态度。正因如此，读者应该将这些学术论文放到更大的历史、社会、文化语境中加以全面理解。

其次，涉华国家安全国际学术话语，是中国安全研究及话语体系的参照物、信息源、交往体。正所谓"知己知彼，百战不殆"，这些文献反映了相关军事集团、学术团体以及个体学者对中国国防乃至国际安全秩序的偏好、认识、理解、意图等，也包含了关于应对中国军力的战略和战术建议。因此，它可以为我们带来启发，帮助我们发现问题。另外，通过对国外涉华国家安全学术动态、行为的考察，可以帮助我们认识这种学术话语的本质、规律、特点等，为我们展开国际学术对话与批评、传播中国声音和理念提供目标和经验。

再次，涉华国家安全的国际学术，是集政治、经济、军事、外交、法律、国际关系等多元因素于一体的复杂混合体。因此，对其进行解读需要采取跨学科视角和正确的政治立场。这里尤其需要强调的是，涉华国家安全的国际学术话语，同时是一种国际政治现象。它并非客观中立地描述、解释、评价现象或提供信息，恰恰相反，它往往同时进行文化价值的输出和利益关系的竞争。特别是当下在美国等西方国家主导下的不平衡国际秩序中，国家安全学术话语不可避免地存在着国家间、文化间的互动、竞争、合作关系。因此，必须警惕那些通过学术搞反华、遏华的政治鼓动，从和平、公正、爱国的政治高度予以分析与评判。

最后，涉华国家安全的国际学术话语还有修辞、传播的层面。在阅读中读者会发现，一些学者运用特殊手段或方式（如含糊其词、武断对比、主观推测、诋毁对方），塑造出中国"危险""威胁""有野心""不可信""军事不透明"的形象。换言之,"中国威胁论"是学者们使用特定话语策略构建的结果。不仅如此,读者还会发现,那些诋毁中国形象、危害中国国家安全的国际学术论调,又依托了西方的学术出版、发行等传播渠道和平台,使"中国威胁论"的放大和接受在一定程度上成为可能。

需要指出的是,涉华国家安全的国际学术话语对中国形象的描述褒贬不一。一些作者从人类正义、和平发展的角度,发掘中国给世界带来安全的利好,提出与中国合作的建议。但也有不少西方学者直接或间接地提出了中国"危险""威胁""好斗""有野心""不可信""军事不透明"的论点。因此,读者不仅应该了解相关国际学界的动态,更应该力图发现正确理解中国国防政策、促进中外友好合作的逻辑和路径,挖掘明晰诋毁中国形象、危害中国安全的话语策略和手段。

总之,我们可以看到,关注、研究涉华国家安全国际学术话语具有重要的理论和实践意义,因其能够为我们提供多方面、多层次的信息、参照和借鉴,它应该成为建设中国国家安全话语(包括研究)体系工作的有机组成部分。

在本书的编译工作中,承蒙各位译者的大力配合与支持,还有谢秀婷的全程协调与编辑,以及后期章晓丽、周乾、刘琼的勘误校对,这里一并表示衷心感谢。王光艳编辑为本书的出版做出了不懈的努力,在此也深表谢意。

施旭

2019年4月20日,杭州

目 录

安全策略化的全球战略：中国模式的优劣
安德鲁·内森（Andrew J. Nathan）
………………………… 安德鲁·司库贝尔（Andrew Scobell）（1）

澳大利亚2015年国防白皮书：寻求在东南亚的战略机遇，以应对
中国和平崛起 ………………………… 约翰·李（John Lee）（28）

暴风雨来临之前：中国对美国亚洲权力的挑战
………………… 约翰·米尔斯海默（John J. Mearsheimer）（47）

促进多边主义，还是寻求新霸权：中国的多极化愿景
………………… 巴泰勒米·库尔蒙（Barthélémy Courmont）（66）

崛起的巨龙：21世纪中国军队军事现代化
………………… 莫妮卡·钱索丽亚（Monica Chansoria）（90）

美中军事与安全发展：对加拿大的影响
………………………… 埃莉诺·斯隆（Elinor Sloan）（121）

南海安全与海事问题的战略视角
克里斯·拉曼（Chris Rahman）
………………………… 马丁·塔曼尼（Martin Tsamenyi）（139）

现代化发展道路上的中国海洋军事力量
　　　　　　　　　　　亚历山大·瓦西里耶维奇·希雷多夫
………………………………（Александр Васильевич Шлындов）（166）

中国的"珍珠链"战略……………劳伦·阿梅罗（Laurent Amelot）（178）

中国海军和安全威胁（幻象）……马修·杜沙泰尔（Mathieu Duchâtel）（193）

中国经济增长和军费开支——对国际安全的影响
………………H. 森梅兹·阿泰什奥卢（H. Sonmez Atesoglu）（208）

中国南海海军军事战略：虽硝烟四起，但很难摩擦起火
………………………莱尔·戈德斯泰坦（Lyle Goldstein）（223）

中国能否维护在南海的核心利益
　　　　　　　　　　　　　吉原恒淑（Toshi Yashihara）
…………………………詹姆斯·霍姆斯（James R. Holmes）（248）

中国特色军事革命……………杰柯琳·纽梅尔（Jacqueline Newmyer）（264）

2015～2020 年中国军事改革：国防、对外政策与国内政策的视角
………………………安·阿·科科申（А. А. Кокошин）（286）

中国国防白皮书评析………………………张　建（Jian Zhang）（299）

安全策略化的全球战略：
中国模式的优劣

安德鲁·内森（Andrew J. Nathan）
安德鲁·司库贝尔（Andrew Scobell）

译者导读：作者安德鲁·内森和安德鲁·司库贝尔分别为哥伦比亚大学和邦德（BAND）公司的资深政治研究专家。他们本着"对外经济是国家安全政策关键因素"的立场，基于大量文献，对中国经济发展模式进行了研究，分析了中国特色的经济发展与安全问题，评价了中国经济的发展，指出了中国经济发展领域的安全问题，切实而细致入微地批判了"中国威胁论"。作者首先从毛泽东的经济政策谈起，认为自给自足的经济政策是那个时代中国应对国家安全问题的有效政策，但也带来了一些弊端。而邓小平的经济政策则是在初步解决了对外安全问题后，解决自给自足经济带来的内部矛盾。改革开放政策给中国带来了经济和国力的增长，也带来了社会和文化方面的安全威胁。为了应对新的经济安全问题，中国政府突破重要阻碍加入了世贸组织，进一步深化改革，在推动经济发展的同时，保持了中国特色，成功发展出中国模式，创立了宏观调控下的市场经济模式，既保证了中国经济的自制，又促进了生产效率的提高。中国特色的经济政策让中国在经济发展的同时，通过不断改善国民的社会保障，提高国民的民族自豪感，巩固了政府的执政基础。中国经济的发展让中国也加强了军事安全，争取到了更好的发展环境，提高了软实力，改善了与国际社会的关系，同时中国承担起了与其国力相当的越来越多的国际义务。作者也指出，中国经济在全球化环境下的发展也面临着连带脆弱性的威胁,但中国从多方面保证了自身经济、粮食、能源、金融等各个领域的安全。作者在事实分析的基础上一针见血地指出"中国威胁论"的狭隘性,并说明了中国的成长事实上促进了世界范围内各领域的安全合作。

对外经济政策是所有国家安全政策的关键因素[1]。中国在毛泽东时代采取了自给自足的经济政策,就是出于应对美国的遏制、孤立政策及其所经历的与苏联之间不稳定的同盟关系。毛泽东坚信,只有通过自给自足的发展道路才能有效地对抗来自两个超级大国的压力[2]。该政策的制定与实施是中国安全策略的一部分。中国坚决不允许任何超级大国从经济上讹诈中国,从思想上颠覆中国的精英与大众。中国人民虽然付出了巨大代价,但毛泽东通过挤压农业生产建立起了初步的工业基础。他通过保有大规模的(可能也是落后的)军队和开发核武器来有效应对和防止来自苏联以及美国的攻击。

毛泽东逝世两年后,邓小平成为新一届中国领导人。他对世界经济有着不同的看法,对于安全得失的平衡有着不同的见解。他看到自给自足经济所必需的严厉政治及其造成的民众生活水平低下已经威胁到了中国的统治,决定放弃自给自足的经济政策[3]。邓小平的改革开放政策是一次革命,该政策给中国带来了高速的经济增长,引领了中国的崛起。1978~2010年,中国国内生产总值平均年增长率激增至9.6%,达到6万亿美元。经济力量的急剧增长赋予了中国更多的可支配资源。从20世纪90年代开始,中国运用这些资源逐步实施军队现代化,利用自身的软实力影响国际交往中的各种协商过程。

但是,中国模式的高速增长也并非有益无害。中国制定的政策虽然保证了经济的"爆发式"增长,却也暗藏着对国家安全的显著威胁。经济增长是通过深入全球经济体系来实现的,这也就让中国比以往任何时候都更容易受到外来压力和影响的伤害。中国从自给自足的经济转变成了与国际社会相互依存的经济。中国因此扩大了对他国的影响力,但与此同时,中国也更加受制于他国对自己的影响。

从这个角度讲,美国自1972年以来一直遵循的接触政策取得了关键成效。美国成功地将中国的利益捆绑于由美国所建立的全球秩序。虽然中国在很多领域对于自身经济、政治和军队安全并不满意,并致力于进一步的提高,但是中国已经获得了影响世界秩序和西方繁荣的巨大能力。然而,中国还没有足够自信去挑战已有的国际秩序,满足自身的利益需求。

一、世纪之交的得与失

中国的全球化战略一般被认为是一个明确的政策选择,是一项获得完全成功的政策。实际上,实施该政策,中国政府也有点犹豫和矛盾,并付出了一定的代价。中国政府面临一系列难以处理却完全相反的棘手问题[4]。中国领导人没有提前设计好的蓝图供他们按图索骥,而是一边改革一边规划,邓小平称为"摸着石头过河"。中国的每一步改革都带来了积极的成果,这也使中国领导人不愿意屈从于外部尤其是外国的压力而按照他们的方式进行更深入的改革。

早在毛泽东逝世之前,时任副总理的邓小平就已提倡贸易政策的有限开放。但是邓小平的反对者们公开指责他的倡议是取悦资本主义,是提倡旧的生产工艺而非现代工业,是廉价出卖国家资源和主权。这些指责和其他因素导致了邓小平在1975年下台。邓小平在毛泽东逝世之后重新上台,推动经济政策的改革。他下放了进出口贸易权,使原本由十来家中央政府专营企业垄断的进出口贸易权下放到成千上万家中央各部委所属和各省政府所属的贸易公司以及政府所有企业。国际贸易总额几乎翻了两番,从1978年占国内生产总值的10%增长到2001年的38%。

在外商投资领域,邓小平原本只想通过在国有经济的出口部门引入资本和技术来加快出口额的增长。1979年,中国通过了《中外合资经营企业法》,确定了任何企业的外资所占比例不得超过50%。最初,在中国的外商投资仅限于4个小规模的经济特区,1984年扩大到14个沿海开放城市以及海南岛,1988年扩至北起辽宁省、南至广东省的整个沿海区域。而到20世纪90年代,中国实际上取消了所有外商投资区域限制。

1978年,中国打破了以往只对外援助(虽然数额不大)的传统,开始接受国外援助，接受联合国开发计划署的帮助。1980年，中国恢复了在国际货币基金组织和世界银行的合法席位，并接受这两个组织的援助。1986年，中国加入亚洲开发银行。到2001年，中国已经从一系列多边组织（如世界银行、联合国开发计划署和其他联合国部门）和国家（如日本和加拿大）接收了约400亿美元的海外开发援助。

这些融入世界经济的措施适逢其时。漫长而具有历史意义的全球化进程在20世纪80年代又一次迎来了飞跃。1980~2007年，全球国内生产总值年均增长率达到了3.1%。同时期的世界贸易额也增长了4倍，从4万亿美元增长到27.5万亿美元。在融入全球经济后，中国也紧跟发展潮流，其贸易额增长了30倍，从1984年的258亿美元增长到2005年的7620亿美元。到2004年，中国30.8%的工业产值有外资参与。外贸和外资对于中国供应商、客户以及竞争对手的联合和示范效应促进了中国经济更高质量的发展。通过与外方合作，中国企业获得了新技术，学会了新的管理方法，并打入国际市场。虽然这样的增长是不平衡的，但却是广泛的，中国每个区域、每个社会阶层都参与进来了。中国官方贫困线以下的人口从1978年的2.5亿人下降到2005年的2500万人[5]。

但中国政府为此也不得不在自主性上做出妥协，有些甚至超出了他们的预计。对外贸和外资的开放需要在法律环境和支持体制上做出改变，以适应对外经济交流。1979~2000年，中国通过了多部法律和条例用以管理对外经济关系，建立了专门的法庭及其他纠纷解决机制，放宽了签证限制，促进了早期旅游业的发展，使与外商接洽更便捷。外国客流量从1979年的180万人增长到2000年的8340万人，并继续不断增长。为了招待这些外国商客，中国旅馆的数量飞速攀升，并且大量的旅馆都从苏联风格转向西方标准。在银行、通信和交通领域也相应地进行着对外友好的改变。

到20世纪90年代晚期，外国官员一直在关注中国的关税、进口配额、认证要求、工厂卫生、金融服务和零售网络。穆迪和标普都已通过了对中国信用价值的评估。美国海关、食品药品监督管理局、商务部纷纷出面调查中国工厂。外国律师指出法律执行难的问题，并提出了修改法律和条例的建议。

中国还必须引入一些全新的机构，如股票市场、经纪公司、风险基金、期货市场和咨询公司。1982年，中国认为有必要修订宪法以保护外国投资者的合法权益。

随着中国越来越富强，中国经济也越来越依赖国际市场，尤其是美国和欧盟市场。前者在2007年以前一直是中国最大的出口市场，后者在2007年以后成为中国最大的出口目的地。美元和欧元随之成为中国（以及其他国家）外贸结算货币和外汇储备货币，中国的繁荣也与美元、欧元的健康发展休戚相关。

中国最大的安全威胁来自对外开放政策对社会和文化的深刻影响。1978~2003年，中国派遣了超过70万名学生到国外高等学府深造，以快速学习尖端技术，其中大部分人去了美国。但只有不到25%的留学生毕业后回国工作，即便回国的学生也常常带回了与中国官方意识形态不一致的思想。接受西方教育以及亲西方的经济学家、银行家、律师和商人在中国的政策制定中起着越来越重要的作用。年轻人已经失去对传统价值观的信仰，一些保守的中国人批评这些年轻人连西方的月亮都感觉比中国圆。基督教在中国飞速发展，在广大人群中传播，有几千万人参加一些非法的家庭教会。当地政府一般容忍这种行为，否则关停的行为会引起社会不稳定。腐败行为也大大增加，很多观察者或对或错地将此归咎于改革开放也放进了"苍蝇"。

对外开放政策不仅遭到国内的反对，还造成了中国与外国伙伴的大范围冲突。外国贸易伙伴指责中国政府的贸易保护主义和倾销（以低于成本的价格出口商品）。发达的工业国逼迫中国接受纺织和其他产品的出口配额，迫使中国满足西方的卫生、包装、标识和环保要求。中央政府对于西方的要求一再让步，但实际政策却由于地方保护主义、腐败和法律体系不健全而难以落地[6]。如中国不能履行其义务又会引起与其他国家新一轮的冲突。

二、深入改革，走得更远：加入世界贸易组织

改革开放最初的20年，中国不断面临国内批评和国际摩擦，唯一的出路是更加全面地加入全球经济体系中去[7]。而深入全球经济体系需要中国加入世

贸组织。加入世贸组织可以限制国内保守派对全球化的抵制，用规则来协调原本变幻莫测的与外国的经济关系，免受其他国家的政治压力。但是，只有当世贸组织确保中国更加深层次地与贸易伙伴国建立起相互依赖关系，更加牢固地将中国束缚于与国际伙伴国之间互惠又依赖的复杂关系网之中时，才会让中国实现其期望的结果。

加入世贸组织的谈判是艰苦的。申请者必须与每个现有成员达成双边协议（中国最初申请时有90个成员国，到完成对话时已经达到了142个），并给予每个成员国相同的待遇（最惠国待遇）。所有的让步都是由申请国做出，而且每个谈判国都会在前一个谈判国的协议上提出更多要求。

对于中国来说，谈判过程异常艰难。这是由于中国是申请加入世贸组织的最大的非市场经济体。核心问题是世界帮助中国更加全球化的代价有多大，以及中国降低进口和外商投资壁垒以换取进一步进入世贸组织成员国市场的速度有多快。这个问题对中西双方都是"政治毒药"，"入世"谈判也一直拖延了15年。中美之间的协议最终于1999年签订。在清除了和其他几个成员国的剩余问题之后，中国于2001年11月签署了"入世"协定，并于同年12月加入世贸组织。

中国的"入世"协议长达800多页，对于中国规定的具体义务事实上涵盖了经济的方方面面。根据其条款，中国在经济政策方面需要做出全面的改变，包括降低关税，清除非关税进口贸易壁垒，放弃出口补贴，允许外国商品进入中国市场并享受国内商品的待遇（国民待遇），加强知识产权法律保护，准许外资企业进入目前一直被禁止的敏感领域，如分销、特许经营、交通、通信增值服务、银行与金融、保险、安全、法律与会计、建筑以及教育领域。中国政府必须废止成千上万条与世贸规则不符的法律法规，改革法庭和法律系统、银行系统以及相关的管理机构。这些改变使中国经济成为世界上最开放的经济体之一。

不用说具体实施，仅仅与世贸组织协商这些改革承诺，中国政府就已经发现有必要创立或者重组无数的政府职能部门，招募或者培养无数的专职官员。而这些改革也改变着中国政府机构的构成基因。此外，为满足持怀疑态度的美国谈判官员,中国不得不接受过渡评价机制。这一机制要求中国连续八年单独接受其他成员国对其每年的"入世"协议执行情况进行评估。作为对中国实现放开市场承诺的回报,世贸组织按计划在2016年给予中国完全市场经济地位。该地位能够使中国免受一些种类的贸易纠纷。但是,与此同时,美国以及其他贸易伙伴国经常利用世贸组织纠纷解决机制,针对中国提起反倾销调查,并常常胜诉。

三、保持中国特色:中国模式

中国政府并没有因加入世贸组织而放弃所有立场。中国政府没有因西方压力而被迫转向全盘西化的经济制度。相反,中国决策者创立了独特的国家宏观调控下的市场经济模式,该模式保持了自制的关键因素。后世贸时代的中国模式通过全球贸易和投资获得增长的动力,同时保证了国内市场作为经济增长主力的地位。中国经济的成长受益于但并不受制于私有经济和外商投资。最重要的是,中国利用市场机制促进了生产效率的提高,同时保证了政府掌握经济制高点的能力。

在中国,私有资本包括外国资本,可以投资大部分领域。在20世纪90年代和21世纪,中国的私营企业增长速度高于国有企业,大部分商品的价格由市场机制确定,但是国家对经济的支配地位仍远远强于西方国家。政府继续拥有乡村和城市的所有土地,直接管理能源、供水、银行和铁路运输行业,并控制着原国有企业。这些国有企业通过由中国共产党来指定高层管理人员[8]、设立党委以及政府指导银行放贷等措施,进行了名义上的私有化改革。有1000家左右中国最大的国有企业组成国家队,共同控制着中国具有战略意义的行业,如能源、通信、重工业、国防工业、矿业、媒体、银行及交通[9]。到2010年,中国已有42家公司进入世界财富500强,其中大部分公司的国有经济成分占50%以上。中国政府通过使用直接和间接的政策杠杆,在决定土地、劳动力、住房、能源和贷款的价格方面起主要作用。在农业方面,国家继续通过控制土地使用、进行农业补贴、限制农产品进口以及其他措施来影响农产品价格。

中国的人民币过去很难兑换成外汇,但贸易需要货币能够在现金账户上兑换成任何外汇;而投资(资本账户)则较为长期,且数额巨大,货币只需由有资质的投资者在某些领域兑换即可。人民币兑换汇率只在一个小范围内浮动,浮动幅度由中国政府通过外汇买卖价格确定,而整个过程都掌握在中国政府自己手中。对于投资账户自由兑换货币的限制,有效地控制了国际资本对人民币的投机行为。否则,中国政府可能被迫允许人民币以超过决策者接受的速度增值。

虽然加入世贸组织使得中国经济对外国企业开放,但中国国内的公司受益于中国经济巨大的体量、复杂的结构、国有银行的低息贷款以及世贸组织规则的漏洞,依然占据着国内市场的主导地位。在加入世贸组织后不久,中国政府即推出了"走出去"战略,通过国有银行贷款激励并帮助中国企业利用与其他经济体的相互开放,参与到全球市场的竞争中去。

加入世贸组织没有让中国的发展依赖对外贸易。可以确定的是,中国外贸依存度(外贸占国内生产总值的比率)对于一个大型大陆型经济体来说是高的(2008年高达51.9%)。但是同年,中国的外贸依存度只名列第19位,低于印度尼西亚的54.5%,比法国的51.8%也只高一点。而且,外贸同时计入了进口额和出口额,而中国的出口产品主要是中国工人使用进口部件为外国品牌装配的产品。中国决策者在20世纪80年代中期把这一战略称为"两头在外",即产品所需部件及产品的市场都在国外。在这样的全球供应链中,外国品牌所有人赚取工程设计、品牌价值和市场营销的利润,外部生产商(通常在亚洲其他国家或地区)赚取高附加值部件的制造利润,而中国仅赚取装配产品的劳动力成本[10]。可是整个出口产品的价值却计入了中国外贸统计数据。

因此,中国经济增长并没有像20世纪50~70年代"亚洲四小龙"那样依靠出口驱动,并没有依赖持续的贸易顺差来刺激经济发展。实际上,从整体看,在对外开放的大部分时期,中国进出口贸易是平衡的,只是在2005年以后才出现了大额的贸易顺差。这段时期的大部分年份,中国对于美国不断增长的贸易顺差，以及和其他富裕国家尤其是欧洲国家的小额顺差，基本与中国进口生产部件、原材料和能源的贸易逆差相抵。即使在中国开始完全的贸易顺差以后，贸易净出口所占的国内生产总值也没有超过几个百分点，通常更少[11]。最主要的增长动力来自中国不断提高的生产力及生产效率、基础设施建设投资和富裕起来的国民不断增长的国内需求。2008年，当外国市场开始萧条，中国的国内市场已经足够壮大。在实施了一整套规模巨大的政府刺激政策后，中国成功地避免了周边经济萧条可能带来的经济增长的大幅减缓。

通过这些方式方法，中国找到了一条道路，让自己既投身于全球化经济浪潮，又避免将自己的命运交予外国之手。虽然中国国内很多没有竞争力的企业倒闭，但这提高了中国的经济效率，而留下来的企业则比以前更加强大。正如很多观察人员预料的，全球化没有导致中国国内的不稳定，相反，经济的繁荣巩固了政府的政权。政府使用大大增加的财政预算资源开始建立社会保障体系，渐渐消除了国内反对的声音。中国政府还利用自身不断提高的国际地位培育国民的民族自豪感。这些都巩固了其政权的稳定。

四、经济政策：另一种强大的政治力量

中国逐渐成为国际上一个重要的贸易和投资伙伴，其战略环境也变得越来越好[12]。到2010年，中国已经成为世界第二大贸易国，是国际社会几个主要大国的重要经济合作伙伴。西方国家联合起来像早期遏制中国那样来孤立中国已不可想象。西方那些支持对中国施压的选民（包括人权主义者、工人运动者、与中国竞争失败的生产商、版权和专利被侵害者）发现自己在政治上不敌那些与中国经济关系良好的选民（包括银行业、进口商、在中国设立工厂的跨国公司等）。在美国和欧洲都出现了强有力的商人团体，游说他们的国家与中国建立起稳定的关系。贸易威胁对中国已经不起作用[13]。

中国与其他国家的经济联系大大改善了中国与周边国家和地区的关系。中国香港商界坚信与内地的经济联系比政治改革对香港更有好处，所以支持1997年香港回归。海峡两岸之间的贸易与投资也削弱了"台独"的力量。韩

国基于贸易与投资的预期也在1992年放弃与台北所谓的"外交"关系，转而与北京建立起外交关系。21世纪初期，澳大利亚开始重视与中国建立起良好的关系，因为其繁荣越来越依赖于中国对矿产和能源的购买以及矿业投资。中国成长为更加发达的亚洲经济体的制造和装配中心，开启了历史上第一个亚洲经济融合时期，支持了中国在本地区实施的确保稳定的战略[14]。中国对原材料的需求使其成为非洲、拉美和中东很多国家的关键客户和外交伙伴。

经济纽带也为战略性的接触打开了道路。各国政府（包括越南、缅甸、尼泊尔、斯里兰卡、巴基斯坦、土库曼斯坦、乌兹别克斯坦、哈萨克斯坦和蒙古国）欢迎中国通过建设道路、管道、码头和铁路，将其交通网络深入其国内。这些建设项目既方便了中国进口能源，开放内陆城市进行跨境贸易，又加强了中国与邻国经济的紧密关系。其中，有些项目建设了可供军事使用的后勤设施[15]。

中国强劲的发展使其有足够的经济基础，从一个国际援助对象国转变为一个国际援助输出国。1982年，中国政府在商务部（原对外经济关系和贸易部）下设立了对外援助部门。在20世纪90年代，中国又设立了三家具有对外交流职能的银行：中国国家开发银行、中国农业发展银行和中国进出口银行，中国进出口银行对外提供优惠贷款。中国没有公布对外援助的官方数据，但有学者估算，政府开发援助从1996年的5亿美元跃升至2007年的超过30亿美元[16]。

五、投入军队现代化建设

经济的巨大发展让中国有能力从1989年开始每年都增加军费预算。从1990年开始，官方宣布的国防预算几乎每年都以两位数增长。大部分分析人士认为，如果以其他国家作为参照，中国政府全部国防开支的准确数字很可能会是官方数字的2倍。例如，2009年美国国防部估计，虽然中国官方的国防预算是700亿美元，但其实际军事相关开支大约为1500亿美元[17]。

中国国防现代化优先发展中国人民解放军海军。从20世纪90年代开始，中国造船综合体开始建造十几艘装备先进武器系统的新型远洋舰艇。其中包括四种型号潜艇、五种型号导弹驱逐舰和三种型号导弹护卫舰。中国还改造了一艘购买自乌克兰的航空母舰供海军使用。这些装备的入役让中国海军从一支近海防卫军队初步转变为远洋海军，或者说成为蓝水海军。除了加强其水面舰艇部队外，中国人民解放军海军部队还使用先进武器和传感器装备提高潜艇部队战斗力。在21世纪第一个十年，中国在海南岛新建了一个大型海军基地，标志着中国政府将继续实施强有力的潜艇计划，捍卫其在中国南海的主权。

中国人民解放军空军部队实施了全盘现代化。在1990～2010年，中国空军退役了70%（约3500架）的各型飞机，同时接收了几百架先进战机服役。此外，中国大力加强防空力量，建立了位居世界前列的地对空导弹部队，并通过使用少量的空中预警和指挥飞机强化了其攻击探测系统。

中国陆军也获得了新的装备。其中，比较引人注目的有陆续装备各地集团军的第三代99型主战坦克、装甲运兵车和步兵战车。新一代的火炮和多管火箭炮也逐渐装备部队。

第二炮兵部队（火箭军）掌管着中国包括常规弹头和核弹头在内的弹道导弹。中国弹道导弹武器库最大的发展是近程弹道导弹数量的增加。到2011年，中国近程弹道导弹的数量达到了1200枚。随着这些常规弹道导弹绝对数量的增加、命中精度的提高和移动能力的增强，中国对台湾地区产生了重大的影响，并对周边国家也产生了潜在的威胁。

经济全球化弱化了西方国家通过一些禁止条例来限制敏感技术流入中国的效果[18]。通过外国商业技术的转让、俄罗斯及以色列的技术支持、情报活动和国内研发，中国在航空、信息技术、通信技术和造船技术方面已经接近国际水平。2008年，中国建立了国家国防科学技术工业局（简称"国防科工局"）专门管理新型军事系统的研究、测试、开发和评估。国防科工局监管着由10家大型国防工业公司组成的一个军事工业综合体，该综合体雇员至少达到250万人[19]。虽然中国本土军事生产能力已在近几十年显著提高，但中国在可以预见的将来还需继续从国外进口一些成套军事系统和很多子系统。

六、软实力的回报

  中国不断增长的经济实力也给中国政府带来了软实力的巨大提升，使其能够不依靠武力和金钱而是使用自己的文化价值观念、自己的思想和公认的成功做事方式来对国际社会产生影响[20]。当中国国内生产总值在2010年超过日本成为世界第二大经济体的时候，中国领导人及金融界官员已成为在全世界广受欢迎的人物。有两个事件很好地标志着中国不断增长的国际威望：一是中国在2005年外汇储备就已突破了难以置信的2万亿美元，而且还在不断增长；二是2008年北京奥运会夺人眼球、余音绕梁的开幕式，中国以实际行动充分展现了其充满活力、广泛而自信的雄心壮志。

  中国对外关系的专家们早在21世纪早期就达成共识，软实力是中国综合国力的必要组成部分。这会减少世界对于中国崛起的恐惧，为中国的影响力创造一个更加友好的环境。他们认为，中国软实力的核心应该是中国的文化（包括传统艺术、文学、哲学和语言）以及一个热爱和平、支持国内外和谐的当代中国国际形象[21]。胡锦涛在中共十七大的报告中将这一政策作为官方政策落实："在当前这个时代，文化已经成为一个……国家整体竞争力的越来越重要因素……我们必须……将文化作为我国软实力的一部分来强化。"[22]中央委员会在2011年通过了一个更详尽的关于"深化文化体制改革"的官方决定，进一步强化这一政策[23]。

  中国外交部出资在多国进行"中国年"展出和活动。中国还将体现中国文化的文物出借给世界各国博物馆展出。2005年，中国政府同意挑选紫禁城（故宫博物院）的部分藏品到伦敦展出。通常只在秦始皇陵附近展出的兵马俑也在2007~2010年到大英博物馆等场所展出。从2004年开始，中国教育部和外国大学院校合作设立孔子学院，通过从中国派遣短期教师来教授中文，传播中国文化。在毛泽东时代被斥为落后和封建的儒家思想，现在被奉为代表着中国和谐、团结和礼仪的独特价值观念。几年之内，在五大洲60个国家一共设立了300多所这样的孔子学院，有超过20所孔子学院在美国设立，而且其中大部分在综合性大学成立。

中国媒体在国务院新闻办公室和外交部公共外交办公室的共同领导下进入了国际市场。早已开办的英文报刊如《中国日报》《北京周报》《中国画报》以及其他语言的类似出版物越来越专业、越来越出色。中国中央电视台、新华社网络电视台和中国国际电台都以多种语言面向世界广播。中国官方媒体新华社在纽约时代广场设立了办事处，与传统媒体竞争，向全球媒体提供新闻服务。随着中国媒体工作者在大学里接受更多的职业记者教育，中国新闻业的水平也得到了很大的提高。根据信息化政府的要求，一些中央政府、省级政府甚至更基层的政府部门在建立中文网站的同时还设立了英文网站。中国媒体的形式和内容都已现代化，而且在世界范围内越来越被认可为可靠的消息来源[24]。

中国的大学也力求达到国际水准，进行国际交流。2003年，上海交通大学开始对全球1200所大学进行年度排名。该排名受到广泛关注，更让人注意到中国对于其顶尖院校的大规模投入。在第一年的排名中，中国最好的大学（北京大学和清华大学）排在第201~250位。到2010年，排名所列出的这两所学校已经升至第151~200位，同时中国还有五所院校跻身第201~300位这个层次的大学之列。随着学术条件的改善，大量在外国获得博士学位的中国人回到中国成为教师。中国的院校每年也接收超过10万名外国留学生到中国学习中文或者攻读学位，其中大部分留学生来自亚洲和非洲。外国院校也在中国院校设立一些合作项目。中国教育部下属的国家留学基金委员会每年派遣几千名博士出国留学1~2学期，然后回国教书，以增加中国学术界的国际化特征。

七、国际体系中的义务和能力

中国加入世界体系并成为几乎所有国际组织的积极成员，这是对毛泽东时代中国国际姿态的巨大改变。在毛泽东时代，中国除了社会主义阵营几乎不参加任何国际组织[25]。中国承受了这些国际机制的非难，但也为自己争取到在未来改革中发声的权利。

1971年以前,中国在联合国的席位一直由"中华民国"占据。中华人民共和国重新获得该席位后,开始加入其他与联合国有关的国际组织,如世界卫生组织和联合国粮食农业组织。中国开始积极参与联合国人权相关组织,重新取得在世界银行、国际货币基金组织、亚洲开发银行、国际奥林匹克委员会等很多国际组织的席位。

中国加入国际体系后,与其他成员国一样严格遵守体系规则。即使是在国际人权领域,虽然其国内行为与国际非政府组织所宣称的人权条款的真正意图不相符,但中国还是参加了必要的会议并按时发布人权报告[26]。

中国对于国际组织规则的理解和遵循常与其他成员国存在差异。例如,中国使用世贸组织争端解决机制针对美国滥用倾销定义提起诉讼,中国与美国对于联合国安理会以联合国宪章所定义的"世界和平与安全"为理由,干涉他国内政的合理范围(如塞尔维亚和伊拉克事件)产生分歧。

中国最大的变化是加入了全球防扩散协议。在毛泽东时代,中国拒绝任何国际社会对其扩散导弹、核武器和其他大规模杀伤性武器行为的限制,认为那样限制的目的只是为了巩固两个超级大国的霸权。中国从20世纪80年代中期开始到90年代加入了众多国际条约,包括《禁止生物武器公约》(1984)、《不扩散核武器条约》(1992)、《禁止化学武器公约》(1993)和《全面禁止核试验条约》(1996)。中国还加入了大量其他协议、组织和委员会。中国通过外交手段努力防止与抑制朝鲜和伊朗的核计划。中国宣布支持无核区的倡议,支持禁止裂变材料流通条约,不首先使用核武器,不开发反弹道导弹,不进行太空军备竞赛。虽然中国加入各种军备控制和不扩散体制的动机不一样,但总体上来说,中国这样的改变反映了中国政府认为稳定的全球体制才能更好地确保中国安全。中国在这个国际体制中,如中东和亚洲,享有越来越多的经济利益[27]。

中国并不盲目服从,随着中国国力的增长,中国外交官对于国际规则的熟悉,中国不仅要做规则的遵循者,更要做规则的制定者。例如,作为世贸组织成员,中国已经在世界贸易体系中有足够的实力影响贸易规则的变革。

在2001~2008年的多哈贸易谈判中，中国和其他大型发展中国家与美国和西欧国家在采取措施保护贫困的第三世界国家农民免受进口富裕国家农产品可能带来的冲击方面产生冲突，导致这个回合的贸易自由化谈判以失败告终。世贸组织通过多边协商达成世界贸易通用规则的计划也由于这次谈判失败而受挫，有些人甚至认为该计划在可以预见的将来都无法推进。但是，中国继续通过与单个合作伙伴（如智利、澳大利亚和泰国）以及伙伴群体（如东南亚国家联盟，2010年中国与其订立的自由贸易协议生效）订立协议的方式进一步扩大贸易。这样的协议虽然对于贸易额的促进难以计算，但这样的协议反映了符合中国总体外交战略的多极世界的形成和第三世界国家的合作。在国际气候大会上，中国和其他发展中国家一起坚持发达国家应当承担减少温室气体排放的主要责任，应当帮助支付发展中国家政策调整所造成的损失。中国和其他国家共同制定规则，所有的国家通过他们在谈判桌上的席位为自己谋取利益[28]。

中国和其他国家一样，加入国际机制喜忧参半。加入国际机制意味着放弃纯粹的独立自主，接受国家共同体、独立国际机构甚至非政府组织和其他私人行为体作用下的并不完善的国际舆论的影响。但是，不参加更意味着放弃全球化所带来的利益。

八、全球经济带来的连带脆弱性

全面投身全球化除了增强中国国力外，还给中国安全带来了新的挑战，这是所有深入全球化的国家所面临的风险。所有国家在管理自己经济的过程中都有意无意地相互伤害。到中国加入世贸组织，全球化经济的规模和相互依赖性已经大大超过中国及其他国家的预期。1980~2005年，国际贸易占全球国内生产总值的比率从38.5%增至54%，国际投资的比率从0.5%增至2.3%。全球经济领域的这种增量给就业市场、商品价格和外汇市场带来了前所未有的压力。政治上，经济全球化产生了贸易保护主义的需求，尤其针对中国，其他国家惧怕"中国威胁"会影响到本国经济稳定。当全球化经济相互伤害的可能性达到新高时，强化的全球化经济使分配责任解决系统性的问题变得更加困难。中国的经济和政治体制使其具有独特的能力来面对这样的挑战，同时，中国经济在世界上的位置也使其在面对挑战时遭遇自己的困难。

第一，全球化关系着跨国就业市场。即使工人不能自由到其他国家工作，但很多工作比以往更容易转移到低成本、高质量的地区。1985~2004年，中国乡镇企业每年创造大约350万个新的工作岗位，主要吸纳农业生产效率提高后节约的劳动力和一部分就业市场的新生劳动力（每年新增2000万人以上）[29]。这些工人从20世纪80年代开始生产服装、玩具、鞋子、自行车、电灯和电动工具。他们渐渐提高工作的技术含量，到90年代，开始生产电脑、家用电器、特种钢材、汽车和船舶。中国制造商接着放眼更高科技的国际市场，包括飞机制造、电动汽车、豪华汽车、电子行业、制药和环保技术等领域。

中国出口制造业的就业增长并不意味着其他领域就业的衰落。首先，随着全球经济的发展，不仅中国，其他国家的制造业也在不断发展。其次，中国人民生活水平的提高也给中国的合作伙伴带来了工作机会，包括农业（向中国出口肉类、大豆、苹果等农副产品）、制造业（向中国提供装配零部件）、高科技行业（向中国出售飞机、发电站、精密加工设备和医疗器械等产品）、知识产权产品（包括电影、音乐、软件等）和服务（法律和金融服务）。正是因为这样有活力的经济活动，美国虽然对中国的贸易赤字增长了，但从2001年以后对中国的出口额每年都在增长。最后，其他国家的就业市场正以各自的进程不断发展，而不受中国的影响。在富裕国家，技术的进步导致生产能力的提高，更少的工人可以生产更多的产品，工人从制造业流向服务业。发展中国家的就业市场紧跟经济的发展而发展。

的确有些工作迁移到了中国，但西方国家早就失去了其中大部分的工作，因为工人工资的提高使低价商品的生产变得不再经济。这些工作是从亚洲其他经济体或者其他国家（如墨西哥）流入中国，以利用中国低劳动力成本和越来越可靠的生产质量。同时，这样的流动对其他发展中国家产生压力，迫使他们寻求不仅对中国也对其他国家的新的竞争优势。发达国家直接流失工作到中国的实际数量是很少的，但政治影响很大。

除了这些复杂的原因外，中国的经济规模和增长速度很自然地让中国成为西方国家针对失业的指责对象。消费者只是在软件上看不到"印度制造"的标识，飞机上看不到"巴西制造"的铭牌，但他们在鞋子、收音机、玩具和衣服上能看到"中国制造"的标签，可实际上这些产品很多不是真的中国制造，而只是中国装配。美国、欧洲和日本的工人及行业团体比其他国家提出更多针对中国的反倾销调查请求。劳动者权益组织曝光了中国出口加工工厂侵害劳动者权益的行为。中国政府针对这样的指责，一方面扩大从美国和欧洲进口的范围，另一方面强调中国低价格、高质量的商品改善了西方国家民众的生活水平。在发展中世界，中国把自己塑造成一个经济上有益的邻居。但由于世界范围内就业岗位加速流动，这并不能阻止从整体上对全球化特别是对中国的敌视。

第二，全球化的不断发展也意味着商品市场的连带脆弱性的增加。到2010年，中国已经是世界上很多战略物资（如石油、谷物、羊毛、棉、橡胶、铜、铅、锌、锡、镍、铝和稀土）的最大消费国之一，很多情况下也是这些物资的最大进口国[30]。随着全球经济的发展，国际需求也在快速增长，当商品价格上涨以及商品供给发生困难时，市场供给中断或者需求突涨都会导致市场的波动。为避免短期通胀效应，政府就会补贴汽油、电力、交通、肥料等产品的国内价格。这样的补贴不仅耗费政府的金库，而且会导致商品的浪费，破坏金融和环境。

中国决策者努力从以下几个方面长远保证商品不会短缺。根据"粮食安全"的标准，中国发布政策保护耕地、提高粮食每公顷产量以及通过减免税收和补贴农民来鼓励他们在种植更加有利可图的作物的同时种植粮食，努力确保粮食进口维持在粮食消费的5%左右。根据"能源安全"的要求，中国推动更加高效地使用能源，投资国内石油和煤炭生产、水电、核电、太阳能、风电。中国还寻求锁定外国"股本油"，以确保自己在全球石油短缺时还有油可买。中国购买国外铜矿、铁矿和钴矿的股份。中国还限制稀土出口，以保证自己国内电子产品、电池和太阳能面板的生产。

但是，面对高速增长的经济，这些政策只能减缓而不能阻止对商品安全的侵蚀。不断扩大的工厂、道路、机场和住房在不停地蚕食耕地。水资源短缺，不足以为提高大米和小麦亩产量的绿色革命提供高强度的灌溉。人口不仅在增长，人们的饮食结构也在发生变化。随着人们有钱购买更多鸡蛋、肉类、养殖鱼类和啤酒，满足人们生活的粮食需求量也大大增加。新的工厂、汽车和飞机需要更多的碳水化合物能源，而这些已经超出中国所拥有的国内外煤矿和石油资源的承载能力。

中国这种剧烈增长的需求在世界上其他国家常被看作破坏世界市场稳定的因素，引起人们的警觉。其实际影响依商品的不同而不同。例如，中国对石油需求的增长导致了原油价格的上涨，但至少在1995～2004年，全球石油产量也增加了，这缓和了中国需求对于石油价格的刺激作用。在2004年，中国消费的石油只占世界总消费量的8%，而美国吞下了世界石油总产出的25%。与此相反的是木浆（造纸关键原料），在这个十年里虽然中国需求量也在增长，但其价格却基本保持稳定。而金属废料（钢材市场的重要商品）在这个时期由于中国和韩国、土耳其等钢材生产国需求旺盛而价格增长剧烈。

人们担心中国巨大的人口数量和高速的经济发展（再加上印度等其他国家的崛起）不仅会影响商品价格，更会最终达到人们一直讨论的地球承载极限[31]。增长极限论、石油峰值论（石油消耗殆尽的危险）等思想威胁着中国的安全，不断给中国政府施压去控制民众生活水平的提高。而不断提高的民众生活水平是中国政府维持国内稳定的关键因素。

第三，全球经济连带脆弱性的领域还有货币和外汇管理。对于国内企业来说，和外国企业买卖产品需要使用美元、欧元、日元和少量其他外汇储备货币。随着中国全球贸易在2005年左右出现顺差，中国储备了大量这些货币。由于绝大部分国际贸易以美元结算，所以大部分的顺差是美元（到目前为止，中国只有极少量对外贸易基于货币互换使用人民币和其他非储备货币，如巴西雷亚尔）。面对这样的情况，政府不得不进行两种政策抉择：如何处理人民币和外币的兑换汇率；如何使用由贸易顺差带来的外汇储备。

中国政府选择对人民币汇率和外汇储备管理都进行控制。中国人民银行设定人民币对全球储备货币的兑换汇率，国家外汇管理局管理外汇储备。首先，中国政府保持这些管理功能主要是防止外汇价格的波动导致国内经济的通胀，因为这会影响中国公民的社会福利和政治忠诚度。其次，中国政府通过控制汇率来促进中国出口业务。最后，通过使用外汇储备来缓解与美国等有影响力的外国政府的政治关系，如购买美国国债，以帮助美国政府解决财政赤字问题。

同样，中国政府保守的外汇储备管理让中国经济的巨额投资只能得到低回报（有时甚至亏本）。2011年，中国持有相当于3.2万亿美元的外汇储备，这一数字世界第一。这些外汇储备的结构尚不可知，但大部分专家估计虽然21世纪以来美元相对其他储备货币价格下跌，但中国的外汇储备仍有大约70%是美元标价的资产。2007年中国设立了一个主权财富基金——中国投资有限责任公司，使用一小部分外汇储备进行更加积极的投资以获取更好的收益，但是该公司最初的一些投资做得很糟糕。中国的外汇储备总量太大，不适合将大部分储备进行激进的管理。中国也不能将大部分美元兑换成其他货币，否则会让自己手上的美元更加贬值，同时会伤害自己主要外贸市场的经济状况，这些市场上中国商品的价格也会随之上涨。因此，通过持有美元，中国经济的健康状况在某种程度上被美国政府金融管理所绑架。但在2008年美国爆发金融危机后，中国政府对美国的金融管理智慧失去了信心。

中国的汇率操控和外汇储备管理增加了以美国政府为首的一些国家宣扬的"中国威胁论"的内容。中国政府出于应对美国政府的压力，同时也为了实现将人民币作为国际兑换货币的长期目标，于2005年实施了浮动汇率政策。人民币对美元的汇率从2005年的8.27升值到了2011年的6.36，实现了23%的增值幅度。但人民币的重新估值并没有给中美贸易平衡带来显著的效果，缓慢且不规律的升值速度也没有平息对中国的指责。美国政府不时威胁中国如果不加快汇率完全由市场决定的步子，就会对中国进行贸易制裁。

九、其他全球体系中的连带脆弱性

连带脆弱性不仅存在于经济领域，而且围绕相互联系的生活领域，其中最重要的是环境、公共卫生和新信息技术领域。此外，虽然各国更多的是无意而非故意伤害其他国家，但是这样的伤害可能会很严重，而且随着全球系统日益复杂且难以控制，这样相互伤害的可能性越来越大。

以环境领域的连带脆弱性为例，中国是世界上污染最严重的国家之一。中国的污染在很大程度上是为外国客户生产而造成的。还有很多污染来自西方国家向中国倾倒已经过了使用寿命的电子垃圾。从这方面来说，加入全球经济体制让中国人民承担了沉重的经济和健康代价[32]。相应地，中国的一些行为也损害了外国民众的环境。更深远的影响是，中国经济增长所带来的需求间接导致了东南亚、非洲和拉美地区的森林砍伐、水污染和生态栖息地的破坏。

解决这些环境问题符合中国的长期利益。中国的环境问题通常由生产效率低下导致。改善环境对所有人都有好处。污染企业整顿会导致一部分人失业，但生态修复和绿色行业会增加就业。那样的变革会是痛苦而且代价高昂的，会损害民众利益。和其他国家一样，中国对于环境保护条例的实施要滞后于政策上的承诺。而且，到底谁来承担环保的成本也是悬而未决。但是外国批评者宣称中国不公正地使用落后的环保标准来支持出口和竞争就业，中国则指责发达国家使用他们的环保标准来设立针对中国商品的进口障碍。

气候变化是环境连带脆弱性的典型例子。地球大气运动将所有国家的污染都混合在一起，造成对所有人的伤害，无人能够幸免。中国每人每年消耗2.6吨燃煤（如2009年），已经成为世界上二氧化碳和其他温室气体比较大的排放国之一。如果中国只能通过燃煤来满足其飞速增长的能源需求，就无法做到大规模地转向可再生能源。中国正在发展核电，但核电厂非常昂贵而且建造周期长，需要复杂的安全设施，也可能存在自身的环境风险。大型水电项目，如三峡大坝项目，可能会造成生态栖息地的破坏和人口的迁移，在国际上存在争议。油气资源使用量的增加会让中国更加依赖能源进口，而且也存在其自身的环境问题。而这样的环境问题，如果中国政府致力于发展国内汽车工业满足中产阶层私家车的需求，可能变得更加糟糕。

中国政府已经开始承认其在全球生态系统中的利益，并参与制定不断改进的世界标准。中国设立了国家环境保护总局（在2008年升级为国家部委）以及地方环保机构，签署了大量国际环保协议。中国政府逐步减少家庭使用煤炭煮饭和取暖，要求国有企业更加高效地使用煤炭，并安装排放过滤装置。但是中国政府拒绝减缓发展速度以缓解（中国宣称的）发达国家造成的环境问题。在2009年的哥本哈根气候大会上，中国坚持不会采取额外措施减少排放，除非发达国家大量减少他们自己的排放并大额补贴中国和其他发展中国家由于减少排放带来的损失[33]。

中国和其他国家在公共卫生领域也具有连带脆弱性。艾滋病病毒和艾滋病是从外部传入中国的。现在艾滋病有三种传播方式，其中两个与跨国传播相关：缅甸边境的静脉毒品注射传播和东部沿海的性工作传播；第三个传播方式是河南的输血传播，其随着血液买卖的禁止和受害者的死亡而渐渐消失。中国原发的疾病到目前为止还没有一种大规模地传播出去。但是2003年的SABS病毒和2003年的禽流感是从中国传播到邻国的。这让世界警觉中国也有可能产生疾病媒介，并通过现代交通很快地传播到世界各地。因此，国际卫生组织，如世界卫生组织，开始给中国政府施压，要求其比以往更加快速、更加准确地共享信息。这会对中国熟悉的自治造成影响，但长远看，这是有益的。

连带脆弱性的第三个例子是互联网和其他形式的新兴信息技术。20世纪90年代中期，互联网在中国开始腾飞。只花了十年时间，网民就达到了5亿人。2000~2009年，中国手机使用者从7%增加到了56%，短信和微博的使用量在不断上升。中国政府把信息技术运用作为经济增长点来推动，并且投入大量资源建立了一个多层面的控制系统（通常被称作"防火长城"）来防止互联网信息破坏国内政治稳定。互联网同时也是中国对外国互联网使用者实施威胁的一个渠道。例如，五角大楼、谷歌和其他无数中国以外的机构与个人报告受到来自中国的网络非法入侵、网络钓鱼和病毒攻击，但很难区分这些网络攻击者是个人还是中国政府机构。

十、全球化条件下的"中国威胁"

如果做一个大胆的假设,中国经济继续以过去30年的速度再增长10年或者20年,则中国将拥有资源进一步建设其军队,获取海外基地,会感觉到需要使用武力去保护其不断扩张的利益。技术的扩散会影响美国在军事和信息技术领域的领先地位,所以即使美国继续其军事现代化进程,中国还是有可能缩小差距[34]。人民币有可能替代美元成为最大的国际储备货币。中国文化和价值观念有可能随着中国的产品获得全球影响力。如果美国拒绝这个趋势,那么这两个国家可能走向战争[35]。

但是这种把中国的崛起纯粹看作对西方利益的威胁是对中国在国际体系中的地位的片面理解。虽然加入全球体制让中国经济、军事和软实力得到了切切实实的提高,但是这也增加了中国的对外依赖性和脆弱性。随着中国经济的增长,这两种趋势都在加强。在中国开始加入全球化体制之后,其经济增长导致了与美国及其盟国之间的摩擦,但是他们的共同利益又会防止这些摩擦升级成直接的经济、政治或者军事冲突。

中国越富裕,就会越重视海洋航道的安全、国际贸易和金融体制的安全、防扩散、对全球气候变化的控制和公共卫生领域的合作。当中国成为世界上最大的经济体,其繁荣还将继续与美国、欧洲和日本的繁荣捆绑在一起。中国与其竞争对手一方面从总体上防止国际体制内一些不可预测的崩溃因素,另一方面会发现自己依然与其他国家的福利捆绑在一起。全球化不仅给中国,还给所有全球体制的参与者带来了安全风险,但是全球化也给每个国家带来了太多利益,没有哪一个成员会选择退出。

来源:Nathan A. J. & Scobell A. Globalization as a security strategy:Power and vulnerability in the "China model" [J]. *Political Science Quarterly*,2013,128(3):427-454.

译者:曹雁华

译者邮箱:cao.yh@ntu.edu.cn

参考文献

1. Classic statements include David A. Baldwin, *Economic Statecraft* (Princeton, NJ: Princeton University Press, 1985); Paul Kennedy, *The Rise and Fall of Great Powers: Economic Change and Military Conflict from 1500 to 2000* (New York: Vintage Books, 1987); Robert Gilpin, *Global Political Economy: Understanding the International Economic Order* (Princeton, NJ: Princeton University Press, 2000); Robert O. Keohane and Joseph S. Nye, *Power and Interdependence: World Politics in Transition* (Boston, MA: Little, Brown, 1977).

2. Alexander V. Pantsov and Steven I. Levine, *Mao: The Real Story* (New York: Simon & Schuster, 2012), chaps. 29, 30.

3. Ezra F. Vogel, *Deng Xiaoping and the Transformation of China* (Cambridge, MA: The Belknap Press of Harvard University Press, 2011), chaps. 6, 7.

4. A similar process is described in David W. P. Elliott, *Changing Worlds: Vietnam's Transition from Cold War to Globalization* (New York: Oxford University Press, 2012).

5. Many of the economic data used here and elsewhere follow Barry Naughton, *The Chinese Economy: Transitions and Growth* (Boston, MA: MIT Press, 2007).

6. Martin K. Dimitrov, *Piracy and the State: The Politics of Intellectual Property Rights in China* (New York: Cambridge University Press, 2009).

7. Much of the material in this section derives from Scott Harold, "Freeing Trade: Negotiating Domestic and International Obstacles on China's Long Road to the GATT/WTO 1971-2001" (Ph. D. diss., Columbia University, 2007).

8. Richard Mac Gregor, *The Party: The Secret World of China's Communist Rulers* (New York: Harper Collins, 2010).

9. Vikram Nehru, Aart Kraay and Xiaoqing Yu, *China 2020: Development Challenges in the New Century* (Washington, DC: World Bank, 1997), 29-30.

10. The datum is from Dong Tao, a Credit Suisse economist, quoted in David

Barboza, "Some Assembly Needed: China as Asia Factory", *The New York Times*, 9 February 2006, accessed at http://www.nytimes.com/2006/02/09/business/worldbusiness/09asia.html, 8 August 2008. Another report said the value of exports to the Chinese economy was as little as 20 percent of the face value of the exported products; see David D. Hale and Lyric Hughes Hale, "Reconsidering Revaluation: The Wrong Approach to the U.S.–China Trade Imbalance", *Foreign Affairs* 87 (January-February 2008), 57–66.

11. Information provided by Daniel H. Rosen, Rhodium Group, personal communication, 19 March 2013.

12. The subhead for this section borrows a phrase from Jonathan Holslag, "China's Regional Dilemma: An Inquiry into the Limits of China's Economic and Military Power" (Ph.D. diss., Vrije Universiteit Brussel, 2011).

13. Ka Zeng, *Trade Threats, Trade Wars: Bargaining, Retaliation, and American Coercive Diplomacy* (Ann Arbor: University of Michigan Press, 2004).

14. Hideo Ohashi, "China's Regional Trade and Investment Profile" in David Shambaugh, ed., *Power Shift: China and Asia's New Dynamics* (Berkeley: University of California Press, 2005), 71–95; Deng Ziliang and Zheng Yongnian, "China Reshapes the World Economy" in Wang Gungwu and Zheng Yongnian, eds., *China and the New International Order* (London: Routledge, 2008), 127–148.

15. Jonathan Holslag, "China's Roads to Influence", *Asian Survey* 50 (July-August 2010), 641–662.

16. Deborah Brautigam, *The Dragon's Gift: The Real Story of China in Africa* (New York: Oxford University Press, 2009), 179.

17. *Military and Security Developments Involving the People's Republic of China*, 2010 (Washington, DC: Office of the Secretary of Defense, 2010), 42–43.

18. Carla Hills and Dennis Blair, chairs, *U.S.–China Relations: An Affirmative Agenda, a Responsible Course*, Task Force Report (New York: Council on Foreign Relations, April 2007), 47–54.

19. Tai Ming Cheung, *Fortifying China: The Struggle to Build a Modern Defense Economy* (Ithaca, NY: Cornell University Press, 2009); Evan Feigenbaum, *China's Techno-Warriors: National Security and Strategic Competition from the Nuclear to the Information Age* (Stanford, CA: Stanford University Press, 2003).

20. Joseph S. Nye, Jr., *Soft Power: The Means to Success in World Politics* (New York: Public Affairs, 2004); Joshua Kurlantzick, *China's Charm Offensive: How China's Soft Power Is Transforming the World* (New Haven, CT: Yale University Press, 2007); David M. Lampton, *The Three Faces of Chinese Power: Might, Money, and Minds* (Berkeley: University of California Press, 2008).

21. Bonnie S. Glaser and Melissa E. Murphy, "Soft Power with Chinese Characteristics: The Ongoing Debate", in Carola McGiffert, ed., *Chinese Soft Power and Its Implications for the United States: Competition and Cooperation in the Developing World* (Washington, DC: Center for Strategic and International Studies, 2009), 10-26, accessed at http://csis.org/files/media/csis/pubs/090305_mcgiffert_chinesesoftpower_web.pdf, 9 December 2010; Joel Wuthnow, "The Concept of Soft Power in China's Strategic Discourse", *Issues & Studies* 44 (June 2008), 1-28.

22. Hu Jintao, *Hold High the Great Banner of Socialism with Chinese Characteristics and Strive for New Victories in Building a Moderately Prosperous Society in All Respects: Report to the Seventeenth National Congress of the Communist Party of China* (15 October 2007), accessed at http://news.xinhuanet.com/english/2007-10/24/content_6938749_6.htm, 10 December 2010.

23. "Zhonggong zhongyang guanyu shenhua wenhua tizhi gaige tuidong shehuizhuyi wenhua dafazhandafanrong ruogan zhongda wenti de jueding" (Decision of the CCP Central Committee on Some Important Questions Concerning Deepening the Reform of the Cultural System and Promoting the Great Development and Great Flourishing of Socialist Culture), 18 October 2011, accessed at http://economy.caijing.com.cn/2011-10-26/110933747.html, 22 January 2012; an official English translation was not available at the time this document was consulted.

24. Anne-Marie Brady, *Marketing Dictatorship: Propaganda and Thought Work in Contemporary China* (Lanham, MD: Rowman and Littlefield, 2007).

25. Elizabeth Economy and Michel Oksenberg, eds., *China Joins the World: Progress and Prospects* (New York: Council on Foreign Relations, 1999).

26. Rosemary Foot, *Rights Beyond Borders: The Global Community and the Struggle Over Human Rights in China* (Oxford: Oxford University Press, 2000); Ann Kent, *China, the United Nations, and Human Rights* (Philadelphia: University of Pennsylvania Press, 1999).

27. Other factors included American lobbying and China's "social learning" from other states. Evan S. Medeiros, *Reluctant Restraint: The Evolution of China's Nonproliferation Policies and Practices*, 1980–2004 (Stanford, CA: Stanford University Press, 2007); Alastair Iain Johnston, *Social States: China in International Relations*, 1980–2000 (Princeton, NJ: Princeton University Press, 2008).

28. Ann Kent, *Beyond Compliance: China, International Organizations, and Global Security* (Stanford, CA: Stanford University Press, 2007); Rosemary Foot and Andrew Walter, *China, the United States, and Global Order* (New York: Cambridge University Press, 2011).

29. The number of jobs created by township and village enterprises is taken from Naughton, *The Chinese Economy*, 286, fig. 12.2; the number of new entrants into the workforce is calculated using Naughton, *The Chinese Economy*, 175, table 7.3.

30. David Hale, "China's Growing Appetites", *The National Interest* (Summer 2004), 137–147.

31. Lester R. Brown, *Who Will Feed China? Wake-Up Call for a Small Planet* (New York: Norton, 1995).

32. Jonathan Watts, *When a Billion Chinese Jump: How China Will Save Mankind—or Destroy It* (New York: Scribner, 2010).

33. Foot and Walter, *China, the United States, and Global Order*, chap. 5.

34. But for an argument that this is unlikely, see Michael Beckley, "China's

Century? Why America's Edge Will Endure", *International Security* 36 (Winter 2011/2012), 41-78.

35. Aaron L. Friedberg, *A Contest for Supremacy: China, America, and the Struggle for Mastery in Asia* (New York: Norton, 2011); Martin Jacques, *When China Rules the World: The Rise of the Middle King Domand the End of the Western World* (London: Allen Lane, 2009); John J. Mearsheimer, *The Tragedy of Great Power Politics* (New York: Norton, 2001); Arvind Subramanian, *Eclipse: Living in the Shadow of China's Economic Dominance* (Washington, DC: Peterson Institute for International Economics, 2011).

澳大利亚 2015 年国防白皮书：
寻求在东南亚的战略机遇，
以应对中国和平崛起

约翰·李（John Lee）

译者导读：澳大利亚国防白皮书是澳大利亚国防部牵头负责的关于澳大利亚防务政策和发展规划的纲领性文件，是其国防政策的重要指针，更是理解澳大利亚国家利益关切和对外战略的一份重要的外交文件。《澳大利亚 2015 年国防白皮书：寻求在东南亚的战略机遇，以应对中国和平崛起》一文简要概述了澳大利亚近期的东南亚战略和国防思想；着重强调中国的崛起与东南亚地区战略稳定性之间的重要联系；最后概括地提出了澳大利亚可以在东南亚寻求扮演的角色的建议。文章通过文本研究和比较研究的方式将澳大利亚 2015 年国防白皮书与之前两版进行对比，同时结合当前国际形势特别是东南亚地区安全与稳定中的焦点问题，得出结论：东南亚的重要性只有在涉及东亚和中国时才凸显；澳大利亚与东南亚国家的关系对东亚有着重要的意义，会对该地区战略稳定产生影响；东亚大国与美国之间的力量关系是未来亚洲稳定的主要因素，但这些并不能单独决定该地区的未来。

澳大利亚新一届政府努力发布 2015 年版国防白皮书。前两版白皮书对东南亚采取了一种风险管理为主导的方式，但忽略了在该地区的战略机遇，把东南亚视为与东亚发展基本无关的一个独立地区，并且未能把澳大利亚在东南亚的政策与限制中国的"过度自信"、鼓励中国的和平崛起以确保亚洲战略稳定的更高目标联系起来。在提出了澳大利亚近期在东南亚的国防思想概要后，这份白皮书在说到该地区的战略稳定时，概述了为什么应对中国是其中的关键因素。然后探讨了中国的战略和行为如何被东南亚地区的事件与关系所塑造和影响，并且更加宽泛地提供了一些关于在涉及堪培拉以中国为重点目标和亚洲的战略稳定时澳大利亚在东南亚所寻求扮演的角色的建议。如果这些在 2015 年国防白皮书中的内容能够实现，那么澳大利亚这个经常被批评为全力维护与美国这个超强同盟之间关系的国家，将向自己和亚洲证明其对美新澳条约的严重依赖不是其在亚洲战略创新的障碍。

关键词：澳大利亚国防白皮书；托尼·艾伯特的外交政策；东南亚战略规划；澳大利亚国家安全；应对中国崛起

由托尼·艾伯特领导的保守的自由党于 2013 年 9 月的大选中获胜，意味着澳大利亚现在致力于编写一版新的国防白皮书——该国六年来的第三版——并在 2015 年初发布。预定在这个时间是因为艾伯特和他的非正式国防部长大卫·约翰斯顿在竞选期间先后公开承诺在入主政府 18 个月内提交新的白皮书。该计划已经展开，以确保该文件能够按时发布。尽管过去几十年国防规划者的首要考虑是为确保"澳大利亚的防御战略"通过获得军事能力来打击任何直接威胁到本土的敌人。但是在 2000 年、2009 年和 2013 年分别由约翰·霍华德、陆克文和吉拉德政府发布的国防白皮书都赞成把"确保亚太地区战略稳定"作为一项决定国家安全利益的重要内容。这一点是现已宣誓就任澳大利亚国防部长的约翰斯顿参议员在当选前发布的政策文件中一再重申的。

尽管有些如"亚洲世纪"等毫无意义的短语现在被广泛应用于澳大利亚的战略、国防和经济论述中，但是澳大利亚的一些邻国怀疑堪培拉过于关注中国、日本等东北亚大国，而忽视了东南亚的主要国家，后面这个地区在本文中是指在地理上位于中国以南、印度以东、巴布亚新几内亚以西和澳大利亚以北的国家组成的亚洲子区域。客观地讲，堪培拉的注意力适当地指向了其在亚洲最大的三个贸易伙伴——均位于东北亚的中国、日本和韩国，而潜在的地区性不稳定的结构性原因主要是中国作为强国的重新崛起所主要驱动的可能的"不稳定"造成的东北亚现象。

即便如此，此前的澳大利亚国防白皮书往往对东南亚假以"风险管理"的方法，由此他们假定堪培拉应该确保其有足够的军事能力来管理和控制在此地区发生的可能对其国家利益不利的发展风险。这是一个明智和审慎的立场，并且已经在探索东南亚战略的可能性中，尤其是在澳大利亚在南亚的关系和其带来的能力如何有助于确保东南亚战略稳定的更广泛目标中进行了小范围的应用。

换句话说，战略分析支撑了2015年版国防白皮书应该去做的几件事情。与其把东南亚作为一个独立的战略地区，更需要把东南亚的单边和多边机遇与强大的东亚国家（尤其是中国）所做出的战略决策的未来形势结合起来。此外，在构想澳大利亚未来在东南亚的地位和作用时，堪培拉应该超越其风险管理方法。相反，堪培拉应该将东南亚视为一个充满战略机遇的地区，将其直接放入确保整个亚洲更加稳定的目标中。为支撑这个论点，本文由以下三部分组成。首先，简要概述了澳大利亚近期的东南亚战略和国防思想。其次，当提到该地区战略稳定性时，概述了为什么中国是其中的关键因素，还有中国的目标达成战略是如何被东南亚地区的事件与关系所塑造和影响的。最后，本文更概括地提出了一些有助于亚洲战略稳定的、澳大利亚可以在东南亚寻求扮演的角色的建议。

一、充满风险的东南亚地区

尽管2009年和2013年国防白皮书的焦点集中在中国不断增长的实力的军事和战略意义上，但东南亚并没有被这两份文件或者澳大利亚更普遍的战略政策所完全忽视。例如，2009年白皮书承认"一个稳定、安全的东南亚符合澳大利亚的战略利益"，同时2013年政策声明承认东南亚"处在印度洋和太平洋之间的地缘战略中心位置"，并且其是"增强东亚、南亚和西亚之间商品、人口和思想交流的管道"。此外，该地区"横跨马六甲海峡这个世界第二繁忙的航道"，并且是"必须采取合作战略协定的关键地区，由此可以很好地反映一个崛起的中国和他的邻国如何处理之间的关系"。

这些都是明智合理的言论。然而，很少进一步提出将澳大利亚在东亚的战略目标（尤其是相对于中国）和在东南亚的目标联系起来。所提出的关键的东南亚国家这一方和另一方中国之间关系的恶化将表明该地区是进入稳定时期还是紧张的竞争时期的观点无疑是非常正确的。北京、马尼拉或者河内在和平处理中国南海争端上的失败显然对亚洲的稳定预期是一个不好的预兆。

即便如此，在前两版白皮书中都很少探索在一定程度上澳大利亚在东南亚的战略关系和决定有助于在面对中国的崛起和与其他国家未解决的争端时保持和提高该地区的稳定甚至是相互合作。除了作为该地区外交健康的一个指标，或作为一个标示着中国的"过度自信"和"冒险主义"的"黑暗"转变的早期预警系统外，东南亚在很大程度上还是一个充满危机与陷阱的地区。

例如，当涉及应对东南亚的风险时，两版白皮书都把澳大利亚的注意力投向了印度尼西亚。2009年白皮书承认了"（印度尼西亚）在过去十年的引人注目的获益"，这个国家已经"成功地完成了向多党民主的转变"，并且如果这种趋势继续下去的话，"印度尼西亚将作为一个稳定的民主国家伴随着社会凝聚力的提高继续发展"。然而紧接着的下一段就警告说一个"被公共问题、贫穷和失败的国家机构所困扰的虚弱和分散的印度尼西亚，将潜在地成为我们自身安全的威胁来源，（与此同时）雅加达的一个独裁或者过度民族主义的政权也会对其邻国造成战略风险"。

事实上，在2009年白皮书中"一个安全的直接近邻"子标题下面的一个明显的段落明确地陈述道，澳大利亚"拥有在我们的方法内防止和减轻邻国发展可以承受持久军事行动的能力的任何企图的持续的战略利益"，并且"保持军事优势可以提高邻近国家能够发展如此能力的军事现代化门槛"。类似的评估也在2013年白皮书中出现，即"控制通往我们的大陆的海上和空中途径是保卫澳大利亚的关键"。这包括"在我们选择的时间地点"对空中和海上的控制，"拒绝和击败敌方攻击与保护关键海上通信线路"（SLOCs）的能力，和"拒绝敌人途经我们的海上对前沿作战基地强行进入或者对澳大利亚引导打击的自由"的能力。虽然2009年白皮书明确指出印度尼西亚是构成这种潜在威胁的最有可能的东南亚国家，但在2013年白皮书中又更加巧妙但仍然很明确地陈述到印度尼西亚轨迹的"非凡重要性",并且是澳大利亚"在该地区的最重要的外交关系"。当把这些段落联系上下文来理解就是,这部分是在澳大利亚的邻近地区中识别出威胁和不稳的可能来源,其中非常明确地表明堪培拉对其与印度尼西亚之间的关系采取了抱着最好的期望但是几乎专注于做好最坏准备的方式。

即使把更加积极和建设性的作用归于像印度尼西亚这样的国家,但它也被局限在主要保持东南亚范围内的稳定的背景下,而很少为更普遍的澳大利亚的目标做出更广泛的战略利益考虑。例如,在2009年白皮书中,东南亚繁荣稳定的好处是可以削弱东南亚敌对国家崛起的前景(印度尼西亚)。而在2013年白皮书中仅仅陈述一个繁荣和民主的印度尼西亚将在促进地区稳定中发挥着越来越重要的作用,并且在东盟内部、东亚峰会、亚太经济合作组织和G20中更加有影响力。

这些论点与观察是合理和相关的。然而,在把应对中国崛起作为亚太(或是在2013年白皮书中提出的地缘战略术语"印度—太平洋")和平稳定的最重要因素的环境下,把东南亚看作一个只包含对澳大利亚构成战略风险甚至是直接威胁的国家和区域,无疑只是风险管理和战略分析方程的一部分。寻找战略机遇的机会,并且/或者如何把可能的风险转化为机遇,与应对中国和平崛起和建设性崛起的努力联系起来无疑是同样重要的。

事实上,面对不可预测的未来可能的风险,风险管理是战略和国防规划的关键。在这样的背景下,促使澳大利亚改变与东南亚关键国家之间的关系以压制中国的"过度自信"和"冒险主义",这对2015年国防白皮书的制定者来说无疑是一个重要的探究。东亚和东南亚是一个被经济、地缘战略(特别是海上交通线)在现实中紧密联系起来的主观上的空间结构体,并且是从日本和韩国扩展到菲律宾、泰国和澳大利亚的亚洲海上垂直平面的同盟和安全伙伴关系系统。只关注于把东南亚作为一个需要被应对或减轻的战略和军事风险因素,意味着任何最大化堪培拉在应对中国崛起中发挥共同性和建设性作用的能力的整个亚洲的战略规划将有可能是不足或欠缺的。

二、应对中国和平崛起的重要性

2009年国防白皮书由于其对中国的评估备受争议,认为中国进行的军事现代化超越了台海冲突的范围,将会以一个相当大的幅度拥有亚洲最强的军事力量,并因此成为引起中国邻国和澳大利亚担忧的潜在原因。2013年白皮书则通过声明澳大利亚欢迎中国的崛起并把中国军事现代化视为其经济增长的自然合理的结果来软化"中国威胁论"。在某种意义上,这是不相关的,因为无论中国快速的军事建设被认为是否合理都可能会引起不安。无论如何,给读者留下的印象是毫无疑问的,澳大利亚可能需要"采取军事行动来反击对我们伙伴的侵略和胁迫",并且东南亚和东北亚的领土争端直接关系到相关地区国家对中国军事现代化发展的担忧。换句话说,中国的军事崛起仍然是亚太地区"不稳定"和"威胁"的首要因素,并且无论这种可能性多么遥远,澳大利亚都有可能需要参与美国领导的对抗中国人民解放军的军事行动。

虽然2015年白皮书在本文撰写之时还没有正式开始制定,但是应对中国崛起的"风险"将再度作为首要考虑的特征却很明显,因而排除了回归到20世纪70年代早期到1997年占据主导地位的、更加狭隘的澳大利亚国防原则。这是由于一些更广泛的地缘战略和澳大利亚特殊原因形成的事实。

白皮书中的战略分析和评估从识别不稳定的来源及其原因开始,并且由此构建出了一个可信的基础用以识别对澳大利亚的安全、经济和政治利益的可能威胁。虽然以下的言论已经被广泛讨论,并且大多数将不会是澳大利亚独有的,但是它们在后文中值得不断重复以便梳理出澳大利亚可用的战略机遇。

就战略分析和前景展望而言,中国如此凸显的首要原因就是其是"二战"后以美国为首的西方联盟以外的第一个崛起的东亚强国。这也是该地区战后在美国引导的安全秩序之外出现的第一个经济和贸易强国。这意味着经济和外交一体化的中国进入该地区对中国自称的"和平崛起"是一个良好的基础,目前还不清楚北京未来是否满意仍然在此地区保持做一个"搭便车"者,正如日本和韩国仍然是美国的盟友,在此地区迄今仍然由美国占支配地位。不像战后的日本，中国不把自身视为一个战败国，需要像日本一样从区域和世界大战的灰烬中崛起，而是一个寻求摆脱一个半世纪以来被外国羞辱和欺压的国家。

正是在这种背景下，北京对美国同盟势力在该地区的保留和加强的批评也是可以理解的（包括澳大利亚在2011年做出的在达尔文增加美国海军陆战队军人的进驻，并将人数增至2500人的决定，这一决定也被作为直接针对中国的过时的和挑衅性的冷战思维的证据）。类似的关于冷战思维的批评也指向美国与日本和菲律宾结盟。事实上，相对于把美国这种轴辐式或旧金山同盟系统视为"促进稳定"的一系列协定，北京认为这些协定不但是过时的，而且更是对东亚和东南亚稳定的潜在破坏。

第二个原因是中国的国防开支在亚洲占据主导地位（这里定义此区域覆盖东北亚、东南亚和南亚，但是不包括俄罗斯、蒙古国和中亚）。把这个区域作为一个整体来说，中国占据32.5%的军费开支，其次是日本的18.9%和韩国的9.2%。如果考虑到东南亚最具影响力的几个国家如新加坡、印度尼西亚和泰国分别占该地区军费开支的3.1%、2.5%和1.7%，则中国在该地区军事预算方面的统治地位显而易见。诚然，中国的规模、增长和人口自然会导致在该地区国防支出中占据主导份额，但也是因为在过去十年解放军的军费支出增长率超过了GDP的增长率，并且可能在可以预见的未来继续这样做。换句话说，对中国日益增长的军力是"自然而然"的观察中，不能忽略中国在该区域军费支出方面的军事优势只会继续增长这一"令人不安"的现实。

能力问题决定了规模问题。即使对多方面涉及中国、日本、韩国、菲律宾、越南、文莱、马来西亚和印度尼西亚的有争议的海权主张的可信性采取中立的立场，中国也是对该地区产生最重要影响的国家。而其他这些国家，包括日本，没有能力或者倾向去挑战美国在该地区的海上霸权，而中国似乎有这样做的能力和潜在可能。日本和韩国的冒险主义由于其依赖美国为其提供安全保护而被限制，而东南亚国家由于其军事手段匮乏也无法打乱广泛的地区战略平衡，而中国不受这两个因素中任何一个制约。

不仅中国的军事预算规模举足轻重，更重要的是中国的军事原则和高度定制的反介入/区域封锁能力尤其值得重视。这是基于先进的潜艇、弹道导弹、鱼雷、信息技术和其他专门设计的网络毁坏功能，用以打破美军获取及维持对围绕中国领海边缘的被称为第一岛链的海上控制权。第一岛链从俄罗斯远东的库页岛横跨日本、菲律宾北部、婆罗洲直至马来西亚。正如五角大楼所说："中国已经采取措施来遏制和反击第三方的介入，特别是美国的介入……中国的反介入/区域封锁措施集中于针对约束和控制其他国家对中国领海周边（包括西太平洋）的介入。"即使早前在2011年"中国不太可能在2020年前具备能够计划并支撑在远离中国的高强度作战行动中的大量军力"的评估是正确的，但反介入/区域封锁措施主要也是通过威胁对美国海军造成无法承受的损失来阻止美国介入中国周边如台湾海峡、东海和南海的冲突。即使达不到此目的，也可以延迟美国海空军介入的时间或者减弱美国海空军介入的效力，这样中国就能够在那个时间窗口内把现实任何有争议的岛屿或领土变成既成事实。

尽管中国人民解放军海军联合作战能力尚有欠缺——意味着中国将不能在未来几十年取得其周边的海上控制权，但是如果军事平衡发生从毫无疑问的美国海上霸权到怀疑美国是否准备承受巨大的军费开销来保护其盟国的领土和利益的转变，就会具有重大的意义。这些对中国实力和"过分自信"的担忧反过来又造成这个地区的国家如日本、韩国和新加坡升级军事实力以捍卫他们的利益，在此过程中可能会重新唤起并加剧之前在毫无疑问的美国海上霸权时期被限制的潜在对手和其他东南亚第三方国家之间的军备竞赛，引发拥有超越邻国的军事优势的澳大利亚国防体系把阻止任何敌人向其领土挺进作为首要考虑的担忧。

请记住所有这些都不能否认澳大利亚的直接邻国如印度尼西亚和南太平洋的弱国可能会对堪培拉发起更多的直接挑战。这里我要指出的是，任何关于这个更广泛地区战略稳定的讨论都不得不把中国放在分析的中心。此外，中国在任何澳大利亚战略评估中都仍然处于核心也有一些澳大利亚的特殊原因。

原因之一是美澳联盟——《美新澳条约》只是其一个正式要素——作为澳大利亚的安全基础拥有两党的政治支持。《美新澳条约》本身是一份仅仅由四页十一条组成的相对简洁的文档，并没有宣称一方受到攻击就可以援引集体安全责任条款来强制其他方提供军事援助。但是作为一个不断被重新解释以便涵盖新的和正在形成的对两国利益的挑战和威胁的动态文档,《美新澳条约》构成了一个越来越广泛和意义深远的联盟的基础,此联盟不仅涉及对澳大利亚对抗超级大国(拥有远超澳大利亚的军事实力的国家)的安全担保和保护,还包括情报和军事科技的共享。正如2013年白皮书所说:

  澳大利亚与美国的同盟关系是澳大利亚最重要的防务关系,并且在澳大利亚国家安全战略中被认为是澳大利亚战略和安全筹划的支柱。通过这个联盟,澳大利亚可以获得自己不能产生的功能、情报和能力的入口……

  澳大利亚获得的安全和其他利益并不是免费的。60年来澳大利亚战略的一贯组成部分就是"联盟管理",这是指通过提供政治、战略和军事支持来确保堪培拉仍然是华盛顿有价值的盟友。澳大利亚是"二战"以来唯一一个在每一次美国重大军事行动(在韩国、越南、科威特、阿富汗和伊拉克)中提供支持的盟友,这点并不是巧合。至关重要的是,美国几乎肯定会期待来自澳大利亚的外交和军事支持,以支持美国在东亚或东南亚的任何重大军事行动。

  除了朝鲜以外,在亚太地区最有可能与美国发生热战争的就是中国,可能是关于台湾问题或者是美国为保护日本或菲律宾等盟友的利益来对抗中国人民解放军。正是为了这些目的,澳大利亚的军舰会定期被编入美军航母战斗群。这是澳大利亚最紧迫的"战略困境"的核心。2013年国防白皮书中认为不断增长的美中之间的经济依赖并不意味着澳大利亚将必须在其与美国的长期联盟和与中国不断扩大的关系之间做出选择,这个观点与其说是一个结论,不如说是一个愿望。虽然普遍认为澳大利亚在美国领导的对抗中国的战争中的任何参与对堪培拉来说都是一种战略(和经济)灾难,但前国防部高级官员艾伦贝姆的"澳大利亚保持中立或者支持中国(如果在美国和中国发生战争的情况下)都不是一个现实的战略反应"的观点在几乎所有的高级政客和官员之间广泛共享。

  而2013年国防白皮书中没有提供任何提示来说明澳大利亚可以如何发挥作用,以减少中国的行动可能引发与美国(同时澳大利亚为其盟友提供支持)

的热战争的可能，尽管这种作用是次要的，2015年白皮书的任何可信的战略基础都需要提出关于堪培拉如何能促使中国方面保持克制和谨慎的合理论证与可行选项。

换句话说，如果防御立场和外交的主要作用是防止战略灾难，那么必须对像澳大利亚这样的中等国家可以做什么来帮助应对中国的和平崛起做出更加认真的思考。考虑到涉及的高风险，简单地依靠希望一个经济上相互依存的亚洲能够遏制历史潮流避免重大战争似乎是不负责任的。需要注意的是，随着遍及亚太的经济相互依赖的不断加强，中国作为一方和像美国和日本等国家作为另一方之间的战略竞争不但没有减弱反而加剧了。

原因之二是中国在亚洲海上交通线安全方面（也可能是在印度洋）日益增长的利益使解放军海军的活动径直进入了澳大利亚战略规划者的视线，而这些规划者可理解的注意力集中于澳大利亚北部和西北部海上通道的安全。这并不意味着堪培拉已经断定北京是一个在最靠近澳大利亚海上通道的海上交通线获取更大利益的敌人；如果像中国这样一个正在崛起的国家没有在保护关系到其持续发展的海上交通线过程中获取不断增长的利益的话，堪培拉一定会感到惊讶。但是它意味着对澳大利亚的核心目标来说，中国的崛起能否被和平应对变得越来越重要，导致的结论就是在这个大国地区中的中等国家不应该让这些任务完全取决于偶然或者其他主权国家的国防外交。

三、中国在该地区的战略优势和制约

作为这个地区很多国家新兴的经济伙伴及战略竞争对手，中国拥有很多优势，但同时在这个地区也面临相当大的战略和其他方面的制约。

中国国防开支的主要优势包括其政治经济制度允许中国共产党可以更有效地把资源分配到国防开支中，而无须像本区域的其他国家相同程度的公共辩护。2012年中国官方的国防预算为1064亿美元，但是权威机构如国际战略研究所（IISS）和斯德哥尔摩国际和平研究所（SIPRI）估计真实的数字分别接近1367亿美元和1660亿美元。虽然国际战略研究所的数字只占2012年中国 GDP 的 1.67%，但这大约相当于 2012 财年中国中央政府公共财政支出 1.03 万亿美元预算的 13.3%，而后者是比占国内生产总值比例更好的政府重点支出指标。中国的国防支出在过去的十年中以每年超过 15% 的速度增长，远远高于每年的经济增长率。如果再更进一步考虑花费到人民武装警察（其主要作用是控制国内骚乱）军事训练上的 1150 亿美元，2012 年北京在国家安全方面分配了接近 1/4 的中央预算或者大约 2510 亿美元。

这样的国家安全支出对一个仍然把经济增长和提高人民生活水平放在首位的发展中国家来说高得超乎寻常。按照占中央预算的比例，北京的国防支出远远超过把中央预算的 14% 分配到国防发展中的印度，而同年印度尼西亚的国防支出仅占其中央预算的 4.6%。与此相比，美国的军事预算刚好低于其政府总支出的 15%（在伊拉克和阿富汗的军事行动支出不包括在内），日本和韩国分别为 2% 和 11.5%。

虽然评论家在形成澳大利亚战略前瞻时聚焦于众所周知的或被认为的中国的能力和优势，但 2015 年白皮书的起草者注意到了中国的战略制约。这是因为北京的视野被至少与其优势一样多的劣势所制约。中国受到制约的核心是中国的战略期望和目标经常以一种潜在不利的方式直接或者间接地影响到了每个东亚和东南亚海上国家的战略利益。对与中国有着突出的海上争议的国家如日本、菲律宾和越南来说，中国的军事崛起对他们的国家利益构成了相当大的潜在"威胁"。对其他沿线国家如新加坡、印度尼西亚和澳大利亚来说，中国在美国主导的联盟系统之外崛起的前景是意义非凡的，因为尚不明确中国是选择仍然在现有安全秩序之内做一个"搭便车"者还是以其军力的增长做一个现有秩序的越来越强大的"挑战者"。

这种结构的现实造成了每个主要的海上国家通过向美国（在很多情况下，还有其他的亚洲近邻）不同程度的军事和战略上的靠拢来阻止中国的崛起，同时仍然期望中国能以令人满意的方式出现。这种向美国靠拢和对抗中国的举动同时向各国总是权衡该地区最强大的参与者（美国）的现实传统和之前中国期望的冷战后的亚洲多极格局发起了挑战。

事实上，为什么亚洲国家更倾向于选择美国而不是中国的领导地位或者美国太平洋舰队与中国海军更公平的力量对比是有很多令人信服的原因的。首先，美国不像中国，与该地区的国家之间没有领土和海上争端。其次，亚洲海上国家历来不希望有本土强国在该地区崛起，并且选择一个外部的相对"无害"的国家的存在作为对本土强国的平衡和制约。基于此，美国太平洋舰队会保持在一个相对严格的控制下，因为其在亚洲的海上军事行动需要当地国家的默许来维持其向前的军事立场。此外，如果被要求撤离，像1991年在菲律宾苏碧湾发生的那样，美国即使不情愿也会采取相对和平的方式。考虑到驱逐一个优势亚洲海军离开其领土或区域更困难，美国太平洋舰队在实施该地区公共安全任务时在某种程度上更加受到结构性约束。

更深层次的原因是美国需要该地区的关键国家和区域组织如东盟默许其安全关系。因此，美国与日本、韩国、菲律宾和泰国的同盟关系及其与新加坡等国家的安全伙伴关系有着广泛的地区支持。除了平壤和北京以外，这些双边安全关系被认为符合该地区的利益而不是作为一种可能促进分裂、战略竞争和军备竞赛的手段。这些关系作为该地区稳定的协定享有广泛的支持和合法性。因此，如美日同盟并没有像很多现实主义者可能认为的引起其他国家对它们的不利权衡。美国与其地区伙伴间的各类安全关系被认为是它们之间的互补而不是竞争。

亚洲自"二战"以后具有美国的战略领导地位被如日本、韩国、新加坡、泰国和菲律宾等关键国家广泛接纳甚至支持的特点。对迫在眉睫的多极亚洲的期待在1991年苏联解体后达到了狂热。尽管美国军费开支占全球军费开支的比例从1991年的28%增长到了2007年的49%，但亚洲海上国家似乎一点也不担心美国军力的增长。事实上，自从美国给了海上国家在美国强权后面"搭便车"的许可之后，这一点受到了该地区的欢迎。最近这段时间，几乎所有的亚洲国家都害怕美军在该地区减防而不是增兵。

如果中国像许多人猜测的那样在未来真的寻求挑战美国的权威，这无疑令中国十分沮丧。近代历史似乎证明了绝大多数情况下，任何平衡和/或见风使舵一向是保持现有的美国主导的统治集团，而不是取代或改变它。例如，日本、韩国和新加坡等亚洲国家过去利用它们不断增长的实力来支持美国在安全事务中发挥更大的作用而不是对抗和阻碍它。越南现在不顾其与美国之前的冲突历史也在做同样的事情。现在马尼拉甚至在考虑邀请美国海军重回苏碧湾。在多边环境下，该地区的海上国家一贯拒绝中国提升将美国排除在外的组织的地位，从而有助于建立和巩固美国在亚洲安全体制结构中的存在。

这里的底线是尽管中国有一定的军事规模和经济拉动，但是其没有海上战略盟友并缺少真正的合作伙伴。虽然中国如此重要和强大以至于不能去挑衅或抛弃，并且所有国家都在寻求与中国互利的经济关系，但是中国仍然不被每个亚洲海上国家所信任。中国既不能通过军事威慑周边国家的方式走向领导地位，也不能通过经济诱惑周边国家的方式走向顶端。只要美国仍然参与该地区事务，中国就缺乏从根本上挑战亚洲主要海上国家的战略方向的经济优势。

四、指向东南亚的对中国战略

即使在战略规划中中国的重要性得到了广泛的共识，但澳大利亚东南亚战略关于其对华方式的改变也不会立即显现。毕竟与东亚相比，东南亚还是一个较小的地区，2012年其仅占亚洲总国防开支的11.6%，相比之下保守估计中国占据开支的32.5%。考虑到澳大利亚的国防开支仅相当于亚洲的8%，很明显不管是澳大利亚还是其在东南亚的伙伴都不能够有意义地改变该地区的军事平衡。

关键是找到能帮助应对中国崛起的不对称战略，尽管这些战略本身也许不是决定性的。鉴于中国的战略在亚洲海上的孤立，北京的根本战略由两个相互联系的方法组成。一是寻求任何可以限制、规避、排除或者绕过军事更加强大和有着更好的战略定位（通过其盟友和安全伙伴）的美国的机会。二是重组把美国排除在外的战略关系和外交协商，这样其他国家就流向与中国的双边关系。这帮助中国抵消其相对于美国处于劣势的战略和军事的弱点，并且发挥了其作为亚洲最大、发展最快并且可以说是最强大国家的优势。这些方法在很多方面非常明显。例如，中国关于现有联盟表现出冷战思维是不稳定因素的批评，主要是试图逐步降低该地区国家保留美国军事设施的欲望，如此则美国的优势军事地位将不能持久。同样可以说，中国支持"新安全观"是基于"共同合作"安全原则而不是基于排外的联盟原则。中国政治和军事官员的定期声明——澳大利亚必须在美新澳联盟和与中国的更好的伙伴关系之间做出选择，既是中国挫败的表现，也是对战略的不成熟的执行。同理，很多评论家认为北京把首尔视作美国联盟中的薄弱环节，因此韩国是潜在的"摇摆国家"。

中国一方面继续提升"东盟+3"等把美国领导地位排除在外的组织，另一方面也试图把美国排除在东亚峰会等新兴组织之外（虽然现在这明显是注定要失败的努力）。当讨论到与东南亚各国的海上纠纷时，北京的外交战略之一是防止有任何东盟集团联手对抗中国的言论和行为出现，从而使这些论坛无效且没有意义。这种方法在 2012 年 7 月金边举行的东盟部长会议中表现得最为明显，在东盟外长没有就是否在官方公报中提及黄岩岛争端（中国和菲律宾都对其有主权主张）达成一致的情况下，中国对东盟轮值主席柬埔寨施压，在公报中删除了这一条。北京极力主张的与其他国家的海上和其他争端应该由独立的争端双方进行双边谈判而不是进行多边讨论的方式就是对这种针对东盟的分化否定的战略的补充。此外，北京一贯告诫美国及其盟友不要参与中国南海的各类争端，声称第三方的参与将破坏和加剧现有的紧张与分歧。至少，美国作为一个更强大的第三方，他的不介入，允许中国能够在最小的压力下拖延与众多国家的任何全面和解，同时事实上巩固其主张，这种方法在东南亚被描述为"对话并获取"。

总之，中国的战略旨在简化该地区事务：在排除了强大的美国霸权影响后，使其变为一对一的谈判。而作为对策，应在满足尽量避免公开对抗或挑衅中国的前提下，在澳大利亚最大利益和能力内通过对东南亚的一系列政策使中国事务复杂化。这可以用多种方式来实现。

第一，重申并重振美新澳联盟。这点早已开始实施并且肯定是 2015 年白皮书的核心点，澳大利亚战略规划者也应该认识到堪培拉在确保中国不处于挑战或破坏现有的美国主导的联盟系统核心的位置上拥有持久的战略利益，并且美新澳联盟的健康状况将在东南亚产生强大的示范效应。

在这样的背景下，为提高国防开支（现在仅占 GDP 的 1.59%，处于 1938 年以来的最低水平）提供了现实的途径，也为在该地区为美国主导的联盟的责任分担贡献出真正的意愿和能力提供了可信的证明。相反，任何搭联盟伙伴"便车"的行为将增加对区域联盟未来生存能力的怀疑。请牢记很多东南亚国家都处在所谓的"战略维持模式"，正密切关注其他美国盟友和伙伴在做什么。目前为止，还没有美国的盟友和伙伴实现战略转身。强大和生机勃勃的美新澳条约联盟关系——结合澳大利亚国防军更强大的实力来帮助维持和加强印度洋地区的基于控制的海上共有权——将会增强旧金山体系的关键联盟核心非常强大这一信心。这将通过鼓励潜在的"摇摆国家"保持既有路线并且不改变它们对中国的战略方针来帮助"战略维持模式"继续存留。如果联盟和共同体有效运作，中国在任何事务上成功挑战战略环境的能力和感知将会明显削弱。

第二，不只是与美军的互操作性和共同意愿，澳大利亚还需要确保得到像新加坡、马来西亚、泰国、菲律宾甚至是越南以及印度尼西亚等东南亚国家的对强大和生机勃勃的美新澳联盟的强烈和广泛支持。这就是 2011 年发布的在达尔文驻扎 2500 名美国海军陆战队的公告的外交缺陷所在，即使这个战略本身是合理的。虽然堪培拉和华盛顿将此决定视为广泛受欢迎的美国对亚洲的"支点"和"再平衡"战略的重要核心，但是没有预先给予雅加达足够的关于此公告的信息，造成了印度尼西亚外长马提·纳塔莱加瓦对此安排提出质疑：是否会引起紧张和怀疑的恶性循环。

事实上，强大的美国在澳大利亚和该地区其他地方驻扎极大地符合印度尼西亚的利益。雅加达的抱怨实际上是对堪培拉没有按照 2006 年签署的安全合作框架内的澳大利亚—印度尼西亚协定或龙目岛条约中的约定在国防事务中加强双边磋商和合作的外交批评。澳大利亚这次外交失误的发生可能是因为杰拉德政府没有把握住与美国关系的升级不仅是澳大利亚也是整个地区的战略利益，因此澳大利亚没有想到提前获取雅加达对达尔文公告的理解和同意。

第三，澳大利亚需要将其与东南亚国家之间的双边关系背后的战略构想和聚焦中国的战略结合起来,而不是把这两者视为不相关的内容。为了促使北京谨慎和克制,把对于中国的战略估算复杂化符合堪培拉的利益。为实现这点,需要把澳大利亚的重心放到那些在战略稳定、现状维持和集体反对使用武力解决突出争端等方面有着共同利益的国家,与其发展日益紧密的在该地区的战略和军事关系双边网络。通过这样做,北京在争议事务(例如,对中国南海的主权主张)上的军事尺度突破的战略和外交估量将产生有可能会损害中国利益的充满不确定和非预期的因果关系。

这方面已经有了一些进展。例如,2011年澳大利亚与印度尼西亚举行了从1999年澳大利亚支持东帝汶的独立而与印度尼西亚的双边关系进入紧张以来的首次海上联合军演。2012年,澳大利亚空军与来自美国、印度尼西亚、新加坡、泰国和新西兰等国的空军举行了联合军演。同年,澳大利亚和菲律宾批准生效了2007年签订的旨在为未来双边合作和联合军演提供法律基础的访问部队地位协定,并且在2012年9月签署了一个更广泛的军事合作协定。澳大利亚与越南也在2012年举行了首次外交事务和国防战略对话,并且同意设立年度国防部长会议。

这些都是大有前景的,并且反映了不断增长的亚洲内部与美国以及相互之间的安全关系网络。然而,战略和国防规划仍然过多地受到风险管理而不是战略机遇方法的影响。这令人立刻联想到澳大利亚对印度尼西亚的战略态度。2009年国防白皮书最坦率地声称在澳大利亚手段内防止任何国家发展能够承担持久军事行动的能力符合澳大利亚的持久战略利益,而印度尼西亚被认为是最有这种可能的东南亚国家。除了澳大利亚事实上并不能防止像印度尼西亚这样的国家获取这些能力以外,可能即使试图这么做也不符合澳大利亚的利益。

相反,与其防止周边强国的崛起(这是不可能的并且因此会弄巧成拙),澳大利亚国防规划者最好是明智地积极帮助和鼓励这些友好的、民主的和稳定的东南亚国家的崛起,同时这些国家的崛起为未来真正战略伙伴关系的可能打下了基础,并且向它们证明堪培拉在共同建立该地区海上秩序和法制的过程中寻求它们的协作。这样做会改善澳大利亚对于东南亚国家的立场,使北京试图让尽可能多的国家保持中立的愿望复杂化，因此为澳大利亚提供了未来的战略和外交缓冲来对抗敌对的东亚国家。

澳大利亚国防部长在1986年制作的国防实力评价中把印度尼西亚确认为澳大利亚最重要的邻国，认为印度尼西亚群岛潜在地形成了对澳大利亚北部通道的保护屏障。鉴于印度尼西亚公认的重要性，除了偶尔的军事演习以外，澳大利亚没有采取积极的方法在政治和战略上对印度尼西亚进行拉拢。如果堪培拉能够说服雅加达在寻找机遇时考虑到南方，并且在定位风险和威胁时考虑到北方，那么鉴于两国间通常很艰难的历史关系，堪培拉将取得一项重大的战略成就。

当然，澳大利亚国防军仍谨慎地确保其拥有对任何未来寻求妨碍澳大利亚北部通道的东南亚国家构成最小威慑的能力，同时放弃了其能防止其他国家获得在其通道内采取军事行动的能力这种不可能的期望。如果像印度尼西亚这样的国家在其更加军事化和分裂化的立场中做出了意料之外的更坏的转变，则堪培拉很确定其在新加坡和马来西亚中能够找到其自愿的南亚特别安全盟友。

第四，即使不是东盟成员国，澳大利亚也可以把它的重心放到对该地区的海上和其他争端进行谈判常态化的多边途径上。澳大利亚许多官员和战略家对东盟主导的"对话活动"私下持有怀疑的态度，但是这么做忽略了鼓励这些国家去持续进行往往徒劳的多边进程，实际上可以作为对单边行动和军事过度扩张的制约因素。

此外，澳大利亚很多官员和战略家忽略了这些所谓"无权威"的东盟主导的机构的另一个重要优势。这些机构足够强大，促进了成员之间建立相互信任的进程，并且给批判过于武断的行为提供了一个平台。但是它们在阻碍成员国在加强它们自身安全基础中寻求平行协定方面并没有那么严格或有约束力。澳大利亚将会很好地参与到东盟在过去20年里组合成的战术中。

虽然澳大利亚在1974年就成为东盟的对话伙伴，并且是1994年东盟地区论坛的创始成员，但是堪培拉并没有在东盟主导的论坛的议程设置和参与中充分发挥与其作为东南亚重要国家地位相称的作用。在特定时期与东南亚关键国家间的政治分歧对此并没有帮助，如前总理保罗·基廷在1993年因为马来西亚前总理马哈蒂尔·穆罕默德没有出席APEC会议，所以宣称后者是"顽固的"，造成他们之间的私人冲突，还有约翰·霍华德在1998年和1999年担任澳大利亚总理时公开表达了对逮捕和审判当时的马来西亚副总理安华·易卜拉欣的关切。同时澳大利亚和印度尼西亚之间的政治紧张局势是周期性且众所周知的，陆克文在2009年关于"亚太共同体"的提议故意把东盟排除在外，并且在过程中激怒了新加坡等国家。关键是如果没有集中在下面两点上对该地区进行长时期的拓展和外交的话，澳大利亚会发现很难对东盟主导的论坛施加更大的影响：一是避免与关键领导人之间不必要的政治冲突；二是愿意不断投入政治资本和外交资源来研究东盟"笨拙"的做事方法，而不是沉迷于提出另一种备选的更简练的架构的诱惑中。

澳大利亚是所有的关键安全论坛如东亚峰会和东盟国防部长扩大会议的参与者，给堪培拉带来了在多边亚洲发挥更具建设性作用的结构基础。虽然澳大利亚在这些论坛中的作用并不是决定性的，但是接受东盟做事方法和多边谈判的行为模式的非东盟成员越多，中国就越难驳回、忽略或规避它们。

五、结　论

东南亚首脑拒绝任何让它们加入旨在遏制中国崛起的大联盟的公然和"笨拙"的举动，当然任何堪培拉如此的举动也会被严厉地拒绝。澳大利亚需要确保其在东南亚的任何战略转变不被以这种方式理解。

相反，澳大利亚需要明白它也在寻求通过促进美国在亚洲持续的军事行动并且改进它自己的关系网络去防止中国的崛起。只要与东南亚事务有关，这都是一个非常合理的理由，正如所有的如澳大利亚一样的海上国家都寻求鼓励中国随着其实力的增长表现出克制和合作，特别是涉及海上争端的时候。

正如堪培拉能够认清的，把澳大利亚的重心和能量放到该地区的双边安全网络和多边政治体制中只能增加任何大国不理智行为的成本。网络越复杂，澳大利亚与东南亚国家之间的关系越复杂（类似于复制该地区的经济相互依赖性和融合性），和平和稳定的前景就越好。

可以肯定的是，北京会出现反对该白皮书中的建议的声音，指责这将被证明是不适合当代的冷战思维。但是由于很多原因，北京没有反对这些的"坚实基础"。一是这些关系没有对东亚，特别是台海的军事平衡造成任何重大的影响，这些地区仍然是决定中国力量结构和军事现代化的军事行动发声场。二是在所有大国在东南亚表现出军事上的克制，并且为所有国家保持海上运输通道的开放，让所有国家可以自由进入方面，澳大利亚和东南亚拥有共同的利益，这是在东南亚所有战略合作的主要基础。各类安全关系因此享有鼓励和平引导并制止武断的军事行动的行为准则的共同目标，特别是关于有争议的领土，而"不是本质上特别针对中国"。

记住这里提出的论点并没有暗示东南亚本身对澳大利亚不是一个重要的地区，而是其重要性只有在涉及东亚和中国时才凸显。本文认为与东南亚国家的关系对东亚有着重要的意义，因此会对该地区战略稳定产生影响。东亚大国与美国之间的力量关系是未来亚洲稳定的主要因素，但这些并不能单独决定该地区的未来。

最后，国防白皮书存在的目的是使国内外大众理解澳大利亚的思维和政策，并且为国防部门和武装力量提供指导。澳大利亚与美国的特殊联盟及其技术和创新实力，还有军事职业化水平意味着在未来一段时间内它将仍然是一个强大的中间力量。但是在下一版国防白皮书中关于公开寻求堪培拉在东南亚的可用战略机遇并把这些与明智的聚焦中国战略联系起来等方面，澳大利亚将向它自己和亚洲证明其对美澳联盟的严重依赖不是其在亚洲战略创新的障碍。

来源：Lee J. Australia's 2015 defence white paper: Seeking strategic opportunities in Southeast Asia to help manage China's peaceful rise [J]. *Contemporary Southeast Asia*，2013，35（3）：395–422.

译者：齐宁　刘淑萍　李非凡

译者邮箱：2633209994@qq.com

暴风雨来临之前：
中国对美国亚洲权力的挑战

约翰·米尔斯海默（John J. Mearsheimer）

译者导读：本文认为中国的迅速崛起改变了世界力量的平衡。存着怀有对中国和平崛起的怀疑和对中国未来发展的不确定性，作者呼吁澳大利亚选边美国，尽管后者并不温和。文章描绘了"即将到来"的中美地区霸权之争，以及由此带来的周边国家与中国之间紧张的国际关系。作者假想了这种激烈的中美对抗，并且片面地把冲突的原因归结为中国的崛起，其背后反映的是作者西方中心主义的立场和所谓修昔底德陷阱的逻辑。中国毕竟不同于西方，中国有自己的文化定力，有自己的发展方式，相对于西方"零和博弈"的思想，中国更主张包容、多赢和协同发展的国家崛起道路。

摘要[1]：中国的崛起正在对全球力量的平衡产生切实的影响，由此引发的一个重要问题就是中国到底是否能够和平崛起。澳大利亚应该对中国的崛起表示忧虑，因为它很有可能促发中美之间一场紧张的安全竞争，甚至有引发战争的危险。然而我不认为中国会单方面造成这种安全竞争，美国也会因为其挑衅行为而增加亚太地区的风险。

就中国近期的外交政策来看，中国在崛起道路上的意图并不清晰，中国未来的行事方式也不明朗，而美国的政策和行为在中国看来也充满着威胁和挑衅。可以肯定的是，未来亚太地区的安全问题将围绕中美两国的博弈展开，并且两国都将拥有一支战斗力强大又带有不确定性的军队。在有霸权才有安全的逻辑下，美国不会放弃地区霸权，而中国则会通过模仿美国历史上的崛起方式努力控制亚太地区形成地区霸权，这必将遭遇美国的竭力遏制，甚至中国周边国家也会尽其所能阻止中国获得地区霸权[2]。不过，中美对抗毕竟不同于冷战时期的美苏对抗，两者在地缘政治和意识形态方面都明显不同。但就中澳关系而言，随着中国的迅速崛起，长远来看澳大利亚将不得不选边美国以求遏制中国。

几十年来，美国一直是这个星球上最强大的国家，自"二战"以来就在亚太地区部署了强大的军力。美国的这种存在对澳大利亚甚至更广大地区都具有深远影响。这就是澳大利亚政府的认识，至少是2009年国防白皮书的反映："几十年来，澳大利亚一直都很安全，这很大程度上得益于美国战略优先政策主导下广泛的亚太地区获得的史无前例的和平与稳定。"[3]换言之，这期间美国在本地区扮演了和平主导者的角色。

然而，根据白皮书中的后面一句话，"随着经济形势的变化引起战略权势的重新分配，这一秩序正在发生改变"[4]。此观点当然也就是说中国的崛起正在对全球力量的平衡产生实质性影响。尤其中美之间的力量对比正在缩小差距，而且极有可能的是这一地区的"美国战略优先"将不复存在。这并不是说美国将从这一地区消失，事实上它的存在将由于中国的崛起而可能加强，但是美国将不会像1945年以来那样在亚太地区独占鳌头。

从这一讨论延伸出来的最重要的问题是中国是否会和平崛起。以评估现在到2030年澳大利亚战略形势为主要任务的国防白皮书清楚地表明，堪培拉的决策者们为亚太地区正在发生的权力转移表示担忧。只需看一下该文档中的这些评论就能清楚："随着其他权力的崛起，美国的主导地位迅速受到挑战，权力关系将不可避免地发生变化。当这一切发生的时候，就将可能出现误判。这些权力之间正在形成冲突，概率虽小但仍然令人担忧。"[5]此外，白皮书还讲到"不断升级的战略竞争引起的各种风险可能出人意料地爆发出来，足以成为我们国防计划中需要考虑的一大因素"[6]。简言之，澳大利亚政府似乎感觉到中美之间的权力再平衡可能不利于周边国家的和平。

澳大利亚应该为中国的崛起感到担忧，因为它有可能导致中美之间一场激烈的安全竞争,而且引发战争的风险极大。此外,大部分中国的邻国,包括印度、日本、新加坡、韩国、俄罗斯、越南以及澳大利亚都将与美国一道遏制中国的崛起。坦率地说,中国不可能和平崛起。[7]

不过,需要强调的是,我并不认为中国会单方面推动这场安全竞争,美国也可能因为其挑衅行为而进一步增加亚太地区的风险。

当然,不是所有人都会同意我对形势的评估。很多人认为中国将和平崛起,而美国与一个强大的中国发生冲突也不是不可避免的。当然他们假定中国将以和平为目的,并且期待这样的事实有助于该地区的稳定,尽管潜在的权力平衡预期将发生巨大改变。

一、中国的和平崛起

此处我将考察经常用于支持这一乐观预测的三个重要论据。

第一,有些人认为中国可以通过向它的邻国和美国说清楚崛起的和平目的,以及承诺不通过武力改变权力平衡,从而减少外界的担忧。这一观点同样反映在国防白皮书中,"如果中国不能解释清楚或者主动与他国就本国军事计划建立互信,中国军队现代化的进度、幅度和结构将造成它的邻国的担忧"[8]。这一观点的实质是认为北京有能力让澳大利亚和其他国家相信它当前和未来的这一决心。

不幸的是,各国永远都不会确信彼此的真实意图。[9]他们无法高度确定他们要应对的是一个修正主义国家(revisionist state)还是现状国家(status quo power)。例如,针对冷战时期苏联是否决议控制欧亚大陆,专家们至今依然没有达成一致意见。同样,对于德意志帝国是否是一个高度挑衅性国家(这是引发第一次世界大战的主要原因)也没有定论。这一问题的根源在于,不同于军事力量我们能看到和测算,意图是无法实证检验的。意图存在于决策者的头脑中,特别难以辨识。人们可能认为中国领导人能够用语言解释他们的意图,但是话语是廉价的,而且领导者们向来会对外国受众撒谎。[10]因此,要知道中国现任领导人的真实意图是困难的,当然这并不意味着他们必然就是修正主义者。

但是即便我们能够确定中国今日的意图，也无从知晓他们未来将会怎样。毕竟，没有人知道今后5~10年谁将主宰一国的外交政策，更不知道他们是否更具挑衅性。在判断一国未来的意图上我们面临着极大的不确定性，包括中国。我们怎么强调这一事实都不会过分。

第二，有些人认为一个善意的中国可以通过建立防御性而不是进攻性军事力量避免冲突。换言之，北京可以通过拒绝拥有用以改变权力平衡的武力，从而表明它是一个现状国家。毕竟，一个几乎没有任何进攻性军力的国家不可能是一个修正主义国家，因为它无法开展挑衅行为。不足为奇的是，中国领导人经常强调他们的军队只限于防御目的。例如，《纽约时报》近日发表了一篇有关中国海军的重要文章，称其领导人声称中国海军"纯属自卫防御力量"（purely a self-defense force）[11]。

这一论证方式的一个问题在于我们很难区别进攻性和防御性军事能力。1932年世界裁军会议期间谈判各方试图就此做出区分，但是发现他们困扰于判断诸如坦克和航空母舰等武器本质上是进攻性的还是防御性的问题[12]。基本问题在于各国发展起来用于保卫自身的这些武装力量通常具有显著的攻击能力。

看一下中国现在的所作所为。它正在建设具有显著投射能力的武装部队，并且正如国防白皮书告诉我们的那样，中国的"军事现代化将日益表现在军力投射能力的发展上"。[13]例如，中国正在建设可以将军力投射到西太平洋地区所谓的"第二岛链"的海军部队。同时他们也表示正计划打造一支可以在阿拉伯海和印度洋地区活动的"蓝水海军"（blue water navy）。出于可以理解的原因，他们希望有能力保护自己的海上通道而不需要依靠美国海军来处理。尽管他们目前并不具备这样的能力，但正如罗伯特·卡普兰（Robert Kaplan）在《外交事务》（Foreign Affairs）上发文指出的那样，"中国的海军领导人正展示出20世纪之交美国海军战略家阿尔弗雷德·赛耶·马汉（Alfred Thayer Mahan）所言的激进哲学（aggressive philosophy），后者主张海上控制和决战"[14]。

诚然，大部分中国领导人认为他们的海军是防御性的，即使它已经拥有相当大规模的攻击能力,而且这种能力还将继续增长。事实上,他们把自己的海军战略称为"远海防御"[15]。如卡普兰所言,随着中国海军规模和战力的不断增长,其周边邻居,包括澳大利亚,都不会将它视为防御性国家,而视为极具攻击性的力量。因此,任何人想通过观察中国的军力来判断它未来的意图就会得出这样的结论,那就是北京意在进攻[16]。

第三,有些人认为中国最近针对它邻国的行为还根本称不上攻击性,这足以表明中国未来几十年里将如何行事。这一观点的核心问题是我们通常无法依据一国过往的行为来判断其未来的表现,因为领导人更迭的缘故,有些领导人可能比其他人更加强硬。此外,国内外情势的变化也会改变人们对使用军事行动的依赖性。

在这方面,中国就很能说明问题。目前,北京并不具备强大到令人生畏的军事实力,而且它也无心与美国挑事。这并不是说中国就是纸老虎,只不过它现今无力引起太多麻烦,即便是在亚太地区。然而,随着时间的推移,这种局面将发生显著变化,中国将拥有实实在在的攻击能力(offensive capability)。我们将拭目以待,看看它将如何信守维持现状的承诺。至少现在我们还无法判断中国未来的行为,因为它进行挑衅的能力还非常有限。

所有这些告诉我们,中国接下去意欲何为我们无从知晓,我们也无法根据中国近期的外交政策来预测它未来的行为。然而,有一点看起来很明确,中国最终将会拥有一支具备强大进攻能力的军队。

二、并不温和的美国

到目前为止,我一直都在讨论美国人或澳大利亚人会如何评估中国未来的行为。不过,为了全面理解中国的崛起将如何影响亚太地区的稳定,我们还需要考虑中国领导人如何借助观察美国的意图、实力和当前行为来解释未来美国的行为。

显然,中国领导人无法知道未来几年谁将负责美国的外交政策,更不知道美国的对华政策将会怎样。但他们知道包括奥巴马在内冷战后所有的美国总统都表示他们将致力于维护美国优势（American primacy）[17]。这意味着华盛顿将会竭力阻止中国变得太过强大。

至于实力，美国的国防开支几乎是世界上所有其他国家的总和[18]。再者，由于美国军队定位于打遍全球，它具有充分的军力投射能力。其中，这些力量或者部署在亚太地区，或者根据需要能够从其他地区快速转移过来。中国不得不视美国在其周边地区庞大的军事存在而为防范其主动进攻做好准备[19]。确实，当华盛顿将航空母舰开进台湾海峡，如1996年的做法，或者在西太平洋地区重新部署潜艇，中国会将此种海军力量视为进攻而非出于防御的目的。

这并不能否定大部分美国人，诚如大部分中国人那样，认为他们的军队只是防御的工具；而假如你在枪管的另一端，你就不会这么理解[20]。所以任何中国人想通过评估美国的军事实力来衡量它的意图，都有可能认定它是修正主义国家而非现状国家。

最后一个问题是有关美国近年来的表现以及这些行动向我们预示未来美国可能采取怎样的行动。正如我前面所言，过往的行为不足以告诉我们未来的行动，因为形势在发生变化，新的领导人有时对于外交政策的理解不同于他们的前任。但是中国领导人试图通过考察美国近期的外交政策来判断它将如何行事，他们几乎可以断定这是一个好战而危险的国家。毕竟，美国在冷战结束之后的21年里打了14年的仗，即2/3的年份在打仗。同时不要忘了奥巴马政府目前显然还在考虑向伊朗发动新的战争。

有人可能提出，尽管这些都是事实，但美国毕竟还没有威胁要攻击中国。这一观点的问题在于，美国民主和共和两党的领导人都清楚地表明他们相信美国是一个"不能缺席的国家"（indispensable nation），因此它有权也有责任担当世界警察[21]。再者，大部分中国人都十分清楚20世纪初美国是如何通过推动臭名昭著的"门户开放"（Open Door）政策欺负羸弱的中国。中国官员们也没有忘记中美1950~1953年在朝鲜半岛的那场血战。难怪《经济学人》(the Economist) 最近报道称"一位中国退休海军上将把美国海军比喻成一个有犯罪前科的人'在家门口游荡'"[22]。由此看来，我们其实应该感到欣慰，在判断潜在对手未来意图的时候，各国通常不会太过在意它的历史表现。

所有这一切告诉我们，未来亚太地区的安全环境将围绕中国和美国发展，而每一个大国都将拥有显著的军事实力以及难以预料的意图。

还有一个因素也对未来中美关系产生了深远影响。如果其他国家受到一方挑衅者的威胁，则它们找不到向任何中立国求助的可能。在国际体系里没有任何守夜人，这意味着这些国家必须依靠自己来确保生存。[23]因此，每一个领导人必须问自己这样一个核心问题：在他国可能拥有显著攻击意图和攻击性军力的世界，遇到其他国家威胁到我国却又找不到求助对象的时候，我该如何使我国的国家安全最大化？在未来几年，这个问题比其他问题将更加引起美中两国领导人的思考，如同过去几年的情况一样。

三、地区霸权之争

我认为这个问题有一个直接的答案，所有大国都知道而且都如法炮制。[24]任何国家要想生存，最好的方式就是比其他国家更加强大，因为弱国由于担心遭遇沉重打击不可能攻击强国。例如，西半球没有国家胆敢攻击美国，因为它相对于它的邻国而言是如此强大。

更准确地说，对任何大国而言，最理想的状态就是成为体系里的霸权，因为只有这样，它的生存才会获得保障。所谓霸权，就是一国凭借其强大的实力统领其他国家。换言之，没有其他国家具有这样的军事实力向它挑起一场真正的战争。

如今当人们说起霸权，他们通常指向美国，即说它是全球霸权。我并不喜欢这一称谓，因为任何国家，即便是美国也几乎不可能获得全球霸权。统治世界的主要障碍在于远距离军力投射的困难，特别是跨越大西洋和太平洋这样广阔水域的能力。

大国所希望的最好结局就是获得地区霸权，并且有可能的话控制附近容易通过陆路进入的另一个地区。现代历史上，控制西半球的美国是唯一一个地区霸权。另有五个其他大国曾试图控制他们所在的地区——拿破仑时期的法国、德意志帝国、日本帝国、纳粹德国以及苏联，然而最后无一成功。

需要指出的是，美国获得西半球霸权并非偶然。1783年它刚刚获得独立的时候，还只不过是大西洋沿岸由13个州组成的弱国。在随后的115年里，美国的决策者们不懈追求地区霸权。作为人们所熟知的"天定命运"（Manifest Destiny）的一部分，他们把美国的国界从大西洋一直推到了太平洋。的确，美国属于第一世界（the first order）中的扩张主义国家。亨利·卡伯特·洛奇（Henry Cabot Lodge）曾清楚地指出，美国的"征服、殖民和领土扩张的记录在19世纪无人能比"。[25]此外，我还可以加上20世纪。

但是19世纪的美国领导人并不仅仅着眼于把美国变成一个强大的领土主权国家（territorial state），他们同时决心把欧洲列强从西半球赶走，并且清楚地表明不希望他们再回来。这一政策到如今依然有效，这就是著名的"门罗主义"（Monroe Doctrine）。1898年，美洲大陆最后一个欧洲帝国瓦解，美国成为一个地区霸权。

获得地区霸权的国家通常有一个更长远的目标：他们试图阻止其他地区大国复制他们的成功。换言之，地区霸权并不欢迎竞争对手。例如，美国就在阻止日本帝国（Imperial Japan）、德意志帝国（Imperial Germany）以及苏联获得地区主导权的过程中扮演了重要角色。地区霸权总是很警惕其他地区跃跃欲试的力量，生怕控制那些地区的力量成长为特别强大的对手而最终自由横行于全球并在本国后院惹是生非。拥有地区霸权的国家总是期望在其他地区存在至少两个大国，从而出于地缘关系他们不得不将注意力放在对方身上而不是远方的大国身上。再者，如果他们中间出现一个潜在的霸权国家，该地区的其他大国可以联手遏制它，从而使域外大国保持安全。

出于某种充分的战略原因，美国花了一个多世纪追求地区霸权，成功以后又努力确保没有国家可以像它控制西半球那样控制亚洲和欧洲。这就是美国的底线。

四、模仿山姆大叔

有关中国的崛起，美国的过往行为能告诉我们什么？特别是我们该期望日益强大的中国如何行事呢？此外，美国和中国的邻国又会如何应对一个强大的中国？

我预料中国将会像美国在漫长历史上的表现那样[26]。具体而言，我相信中国将会设法控制亚太地区，就像美国控制西半球。中国有很好的战略理由最大限度地扩大它与潜在的危险邻国如印度、日本和俄罗斯的实力差距。中国将力图确保它足够强大以至于亚洲没有其他国家有本钱能威胁它。中国不太可能通过追求军事优势进而发动战争来征服本地区其他国家，尽管这种可能性总是存在的。而更有可能的是中国会向其邻国清楚地表明它所能接受的行为，就像美国清楚地告诉美洲其他国家它是老大一样。我必须补充一句，获得地区霸权恐怕是中国收回台湾的唯一方式。

一个强大的中国还可能把美国从亚太地区赶走，就像19世纪美国把欧洲列强从西半球赶走那样。我们可以料想中国推出中国版的门罗主义，就像20世纪30年代的日本帝国。事实上，我们已经看到了这种迹象。如中国官员告诉两位美国高级决策者，美国不可以再干涉南海事务，因为中国将之视为"核心利益"，如同台湾和西藏问题一样。[27]而且中国对黄海也有同样的态度。2010年7月末，美国和韩国海军举行了联合军演以回应所谓朝鲜击沉韩国军舰一事。那些海军军演本计划在黄海地区举行，即邻近中国海岸线，然而中方的强力抗议迫使奥巴马政府不得不将地点往东移至日本海地区。[28]

这些充满野心的目的对中国来说也合乎情理。中国希望在其周边看到一个军事实力羸弱的日本和俄罗斯，如同美国希望加拿大和墨西哥军力羸弱一样。没有一个理性的国家希望在本地区看到其他国家的强大。所有中国人都记得20世纪日本强大而中国羸弱的时候发生了什么。再者，一个强大的中国有什么理由接受美国的军队在其后院活动呢？只要域外大国派军队进入西半球，美国的决策者们总会表示愤怒。那些外国势力总是被视为对美国安全构成潜在威胁。同样的逻辑也适用于中国。当美国军队被部署在中国家门口的时候，它凭什么感到安全？根据门罗主义的逻辑，把美军从亚太地区赶走难道不会让中国感到更安全吗？

我们凭什么相信中国的行为将有别于历史上的美国？中国人比美国人更

讲原则？更加道德？他们的民族主义不像美国人那么强盛？不如美国人那么在意自己的生存？当然都不是。这就解释了为什么中国可能模仿美国试图成为一个地区强国（regional hegemon）。

那么，如果中国设法控制亚洲，美国会做何反应？从历史经验看非常清楚，美国不会容忍竞争对手，就像它在20世纪展现出的那样，它一定会努力维持作为世界唯一地区强国的地位。因此，我们有理由相信美国将竭尽全力遏制中国，削弱中国直至它无力称雄亚洲。本质上，美国针对中国的行动可能类似于冷战时期对付苏联的做法。

在亚太地区，中国的邻国肯定也会害怕中国的崛起，它们也会想方设法阻止它获得地区霸权。事实上，已经有很多证据可以证明，一些国家如印度、日本、俄罗斯，甚至一些小国如新加坡、韩国、越南都对中国的崛起感到担忧，它们纷纷寻找方式予以遏制。如印度和日本于2008年10月签订了一个《安全联合申明》（Joint Security Declaration），很重要的一个原因就是担心中国不断增长的实力。[29]印度和美国这两个冷战时期关系紧张的国家过去十年来成为好朋友，很大一部分原因是因为它们都惧怕中国。2010年7月，奥巴马政府内阁很多人在全世界宣扬人权的重要性，却宣布与印度尼西亚的精英特种部队恢复关系，尽管后者侵犯人权的历史由来已久。这一转变的原因就是华盛顿希望随着中国实力的不断上升，印度尼西亚能站在它这一边，并且如《纽约时报》报道的那样，印度尼西亚官员"暗示如果这一禁令不被取消，那他们将寻求与中国军方建立关系"。[30]

横跨马六甲海峡这一重要水域的新加坡由于担心中国不断崛起的实力，极其希望深化与美国业已密切的关系。为此，它已经在新的樟宜海军基地建立了一个深水码头，以便美国海军在必要的时候从新加坡派出航空母舰。[31]而最近日本决定允许美国海军陆战队继续留在冲绳，部分原因也是出于对中国日益增长的地区实力的担忧以及在日本保留美国安全保护伞的需要。[32]大部分中国的邻国将最终加入美国领导的抗衡联盟以阻止中国的崛起，与冷战时期英国、法国、德国、日本甚至中国投入美国的怀抱来遏制苏联有很大的相似之处。[33]

五、与冷战相对照

然而，冷战时期超级大国之间的竞争与未来中美之间的竞争还是有很大不同的。首先，在地理位置上当时苏联处在欧亚两个大陆，它威胁要控制这两个地区。因此，美国被迫在欧洲和亚洲都建立起制衡的联盟。其次，中国完全是一个亚洲大国，不可能真正威胁到欧洲。于是大部分欧洲国家不太可能在遏制中国的过程中扮演积极的角色，而可能满足于置身事外。

美国和苏联同样在石油资源丰富的中东地区相互竞争。两个超级大国都曾在本地区拥有同盟，它们彼此之间有时还进行战争。由于中国对波斯湾石油的依赖，它就有可能与美国争夺在这一重要战略区域的影响力，就像当初的苏联那样。但是中国不可能入侵中东，这一方面是因为它离中东太遥远，另一方面是因为美国一定会设法阻碍这一进攻。中国更有可能应本地区亲密伙伴的请求在这一区域驻军。例如，我们可以想象一下中国和伊朗建立起亲密关系，然后德黑兰请求北京在它的领土上驻军。简而言之，美国人和苏联人曾经在欧洲、亚洲和中东地区激烈对抗，但中国和美国却只可能在后两个区域展开竞争。

尽管当时的美苏对抗扩散到全球大部分地区，但主要战场还是在欧洲的中心地带，那里曾是大规模传统战争争夺欧洲大陆控制权的危险之地。该情势对双方都特别重要，不仅是因为在那个战争时期存在着核武升级的巨大可能，而且还因为苏联的决定性胜利将会彻底改变全球力量的平衡。如今很难想象中美之间也会发生同样的情况，主要是因为亚洲的地缘关系与欧洲很不一样。唯一可能把两国拖入一场传统陆战的地方就是朝鲜半岛，事实上1950~1953年发生的战争就是如此，而如果朝鲜与韩国之间爆发冲突，这样的战争有可能再次发生。但是这种冲突的烈度不会达到北约与华约争夺欧洲控制权的程度。

除了朝鲜半岛以外，我们可以想到促发中美之间开战的因素还有台湾问题、有争议的岛屿或中国沿海岛屿问题，或者中国与中东之间海上通道的争夺问题。如同朝鲜半岛问题一样，假设这些问题引发战争，其结果依然不会达到冷战时期欧洲中心地区超级大国之战的后果。因为现在的赌注要小得多，而且一系列可能发生冲突的情况都关系到海上战争，这是一个更容易控制风险升级的地方，所以我们可以想到中美之间相对于北约和华约之间更容易发生战争。同样值得注意的是，当时的超级大国之间不存在领土争端，包括柏林问题，后者是一个充满了强烈民族主义情绪的问题，就如同今日中国面临的台湾问题。因此，我们不难想象中美就台湾问题开战，尽管这并不是说发生这一战争的概率一定有多高。

冷战和未来的中美对抗之间还有另一个重要差异，那就是意识形态。受到双方意识形态差异的驱使和对地缘政治因素的考量，当时超级大国间的竞争非常激烈。共产主义和自由资本主义成为强大的意识形态对手，不仅仅是因为它们对社会秩序理解的根本差异，而且还因为美国和苏联领导人都认为共产主义是一种可以输出的政治模式并且终将占领全球。这一概念让本已恶劣的"多米诺理论"（domino theory）更是大行其道，进一步让美国领导人相信它们有必要在全球各地打击共产主义。随着自由资本主义的泛滥严重威胁到马克思主义统治的合法性，苏联领导人也感到了实实在在的忧虑。这种水火不容的意识形态对抗最终强化了对抗中零和博弈的特点，并让双方的领导人为此不惜代价走向对抗。

毫无疑问，中美之间也存在着意识形态差异，但是它们并没有对两国关系产生深远的影响，而且也没有足够的理由让我们相信在可预见的未来它们将会如此。尤为甚者，中国欢迎市场经济，而且它并不把现行的国家资本主义当作一个可以输出的模式推向世界。在这方面，倒是美国表现出输出本国制度的欲望，但是这一愿望因为2008年金融危机的影响以及在阿富汗、伊拉克遭遇的挫折而有可能受到影响。这一情况应该会让北京和华盛顿之间未来的对抗不至于像超级大国之间充满意识形态的竞争那么激烈。

最后，冷战时期苏联及其亲密盟友与西方国家几乎没有经济往来。事实上，双方的精英阶层之间也没有直接的联系，广大民众之间更是缺少联系。而中国的情况正好相反，它不但与世界经济紧密融合在一起，而且与西方国家的各类精英积极往来。对于那些认为经济上的互相依赖可以促成和平的人来说，这就是好消息。[34]而对于那些认为这些联系常常构成大国间摩擦的重要来源的人来说，又是坏消息。[35]我的观点是经济上的相互依赖并不能对地缘政治产生这样或那样的重大影响。要知道，1914年第一次世界大战爆发的时候各欧洲大国都是高度繁荣和相互依赖的。

六、崛起的中国与澳大利亚

我想更具体地讨论一下中国的崛起将如何影响澳大利亚的问题。毫无疑问，澳大利亚有地理优势，它远离中国，两国之间还有巨大的水域将其分开。当然，在日本帝国期间，澳大利亚也曾处于类似的境地，这也有助于解释为什么1941年12月日本军队在整个亚太地区横冲直撞的时候却没有入侵澳大利亚。

我们可能会认为澳大利亚的地理位置意味着它无须顾虑中国，因此当遏制中国的制衡力量结成联盟之时它可以置身事外。的确，2009年白皮书提出了这种可能性，即"澳大利亚政府可能认识到为确保国家领土和人民的安全，保持军事中立是最佳方式"。[36]然而这不会发生，因为中国如果继续保持迅速崛起之势，将最终构成对澳大利亚的严重威胁而迫使后者不得不加入美国领导的制华联盟。对此，我有三点理由：

第一，别忘了我们并不是在讨论当前的中国军队，它的确还没有大规模军力投射的能力，对其邻国也不构成太多威胁。我们讨论的是澳大利亚该如何认识经过20多年经济快速成长并且依靠强大的财富建立的充满了尖端武器的军队，我们在讨论一支以武器装备而论实力接近美国的中国军队。这样一支中国军队相对美军应该有两项重要的优势：一是它比美军更加庞大，甚至大很多。要知道到21世纪中叶中国人口将比美国人口至少多三倍。[37]二是美国在与中国的竞争中将明显处于下风，因为美军的军力投射将需要跨越6000英里的海洋，而中国军队只需在其后院活动即可。简言之，2030年中国军队的进攻能力将远超2010年。

第二，1942年日本帝国尽管没有对澳大利亚发动水陆攻击，但是它认真地考虑了这一选项，它最终决定放弃不仅仅是因为这一行动的困难，而且还因为当时日本认为它有一个对付澳大利亚的替代方案。[38]具体而言，它认为可以通过控制西太平洋对澳大利亚进行有效的封锁，进而迫使其中立。尽管这一策略最终失败了，但我们不应该否认日本帝国对澳大利亚构成了严重威胁这一事实，这就是澳大利亚在"二战"中义无反顾地与美国并肩作战的原因。

第三，未来几年中国的战略家们将对澳大利亚给予严重关注，主要是因为石油。中国对石油进口的依赖已具相当规模，未来几十年仍将显著增长。进口石油很多将来自中东，而且大部分都是靠海运。尽管也有通过管道和铁路经过缅甸与巴基斯坦运输的说法，但事实上海运仍是相对容易而且便宜的方式。[39]中国人对此很清楚，而且正是这一原因，他们现在正在设法建立一支蓝水海军，他们希望能够保护往返于地中海的海上通道。

不过，中国要保护这些海上通道面临着一个重大的地理问题，这对于澳大利亚具有重要的启示。具体而言，有三条主要的海上通道可以连接南海与印度洋。其中，几个东南亚国家将这两个大型水域分割开来。这意味着，如果中国希望控制往返于石油重地地中海的海上通道，那它就必须随时能够进入至少其中一条通道。

中国的船只可以经由印度尼西亚、马来西亚和新加坡围绕的马六甲海峡航行，或者向南经过龙目海峡或者巽他海峡，这两个海峡都穿越印度尼西亚并且都连接着澳大利亚西北部广阔的印度洋海域。一旦与美国发生冲突，中国就不可能穿越马六甲海峡，因为美国的亲密盟友新加坡扼守着该通道。这就是中国战略家们所说的"马六甲困局"（the Malacca dilemma）[40]。因此，中国有强烈的愿望希望它的船只能穿越印度尼西亚境内的那两大水域。

这样的形势之下，几乎可以肯定中国将在澳大利亚北部水域甚至印度尼西亚本土保持重要的军事存在。为保险起见，中国将高度关注澳大利亚的军力投射能力，并将努力确保这些军力不会被用于封锁龙目海峡或巽他海峡，或者威胁在印度洋的中国船只。中国为了消解澳大利亚对它的海上通道的威胁而采取的行动——请记住我们讨论的是一个比现在强大很多的中国——将一定会迫使堪培拉与华盛顿紧密合作以遏制中国。简言之，澳大利亚借以防范扩张中的中国的地理屏障是有局限性的。

我所描绘的随着中国经济持续强劲的增长可能发生的情节并不令人乐观。事实上，前景令人不安。我希望可以讲一个关于亚太地区未来和平的更加乐观的故事，但是事实上国际政治充满着肮脏和危险，而且任何良好的愿望都不足以改变欧亚大陆上崛起新兴大国时带来的激烈的安全竞争。毋庸置疑，这样一个大国正在崛起。

来源：Mearsheimer J. J. The gathering storm：China's challenge to US power in Asia ［J］．*Chinese Journal of International Politics*，2010，3（4）：381-396．

译者：汪学磊
译者邮箱：stonewxl@163.com

注释

1. 原文并无摘要，本摘要由译者基于原文概括而成。

2. 译者注：此处集中体现了作者代表的二元对立的西方中心主义思想和国强必霸、零和博弈的陈旧逻辑。对此，中方反复强调反对"赢者通吃"，绝不会走国强必霸的老路，不搞零和博弈，而是坚持和平发展，奉行合作共赢。

3. Department of Defence，Australian Government，Defending Australia in the Asia Pacific Century：Force 2030，49. http：//www. defence. gov. au/whitepaper/docs/defence_white_paper_2009. pdf，accessed on October 20，2010.

4. 同3，49。

5. 同3，33。

6. 同3，49。

7. 译者注：这仅是作者一家之言。正如他下文所说的，还有很多人认为中国将和平崛起。

8. 同7，34。

9. Dale C. Copeland，The Origins of Major War（Ithaca：Cornell University

Press, 2000), Chapter 1; Thomas Hobbes, Leviathan, ed. C. B. Macpherson (Harmondsworth: Penguin, 1985), 94-99, 131, 169-70, 194; John J. Mearsheimer, The Tragedy of Great Power Politics (New York: Norton, 2001), Chapter 2.

10. John J. Mearsheimer, Why Leaders Lie: The Truth about Lying in International Politics (New York: Oxford University Press, 2011).

11. Edward Wong, "Chinese Military Seeks to Extend its Naval Power", New York Times, April 23, 2010.

12. Marion W. Boggs, Attempts to Define and Limit "Aggressive" Armament in Diplomacy and Strategy (Columbia: University of Missouri, 1941); Keir A. Lieber, War and the Engineers: The Primacy of Politics over Technology (Ithaca: Cornell University Press, 2008), 12-13, 35-37.

13. Department of Defence, Australian Government, Defending Australia in the Asia Pacific Century, 34.

14. Robert D. Kaplan, "The Geography of Chinese Power", Foreign Affairs, Vol. 89, No. 3 (2010), 34.

15. Edward Wong, "Chinese Military".

16. 译者注：作者前文承认"我们很难区别进攻性和防御性军事能力"，此处又认定中国是"极具攻击性的力量"、"意在进攻"，前后矛盾，难免有主观臆断之嫌。

17. In April 2010, the Australian journalist, Kerry O'Brien asked President Obama, "How hard is it going to be to for Americans to adjust in a mature way to the increasing prospect that you can't be number one forever?" Obama replied: "I actually think that America can be number one for a very very long time but we think that there can be a whole host of countries that are prospering and doing well. Here's one way to think about it. The Chinese standard of living and industrial output per capita is about where the United States was back in 1910, I mean they've got a lot of catching up to do". Transcript of "Face to Face with Obama", The 7:30 Report, Australian

Broadcasting Corporation, April 14, 2010.

18. The United States accounted for 43 percent of worldwide spending on defense in 2009, according to the SIPRI Yearbook 2010: Armaments, Disarmament and International Security, Summary (Oxford: Oxford University Press, 2010), 11.

19. Toshi Yoshihara, "Chinese Missile Strategy and the US Naval Presence in Japan: The Operational View from Beijing", Naval War College Review, Vol. 63, No. 3 (2010), 39–62.

20. This phenomenon where the measures a state takes to increase its own security decrease the security of other states is commonly referred to as the "security dilemma". See Charles L. Glaser, "The Security Dilemma Revisited", World Politics, Vol. 50, No. 1 (1997), 171–201; John H. Herz, "Idealist Internationalism and the Security Dilemma", World Politics, Vol. 2, No. 2 (1950), 157–180; Robert Jervis, "Cooperation under the Security Dilemma", World Politics, Vol. 30, No. 2 (1978), 167–214.

21. Secretary of State Albright said on February 19, 1998 that, "If we have to use force, it is because we are America. We are the indispensable nation. We stand tall. We see further than other countries into the future".

22. "Naked Aggression", Economist, March 14, 2009, 45.

23. Kenneth N. Waltz, Theory of International Politics (Reading: Addison-Wesley, 1979), 91, 107, 111.

24. John J. Mearsheimer, Tragedy of Great Power Politics, Chapter 2.

25. 同24, 238。

26. 译者注：这也只能是作者的"预料"而已。

27. Edward Wong, "Chinese Military".

28. Chico Harlan, "South Korea and US Send Message to North Korea with Drills in Sea of Japan", Washington Post, July 26, 2010; Peter Lee, "South Korea Reels as US Backpedals", Asia Times online, July 24, 2010; Ben Richardson and

Bill Austin, "US-South Korea Drills to Avoid Yellow Sea amid China Concern", Bloomberg Businessweek, October 13, 2010; Michael Sainsbury, "Don't Interfere with Us: China Warns US to Keep its Nose Out", The Australian, August 6, 2010.

29. David Brewster, "The India-Japan Security Relationship: An Enduring Security Partnership", Asian Security, Vol. 6, No. 2 (2010), 95-120.

30. Elisabeth Bumiller and Norimitsu Onishi, "US Lifts Ban on Indonesian Special Forces Unit", New York Times, July 22, 2010. Also see Robert Dreyfuss, "Containing China is A Fool's Errand. Yet Obama's Deal with Indonesian Thugs is Aimed at Exactly That", The Nation, July 23, 2010; John Pomfret, "US Continues Effort to Counter China's Influence in Asia", Washington Post, July 23, 2010.

31. "Singapore Changi Naval Base", http://www.globalsecurity.org/military/facility/singapore.htm, accessed on October 20, 2010.

32. Blaine Harden, "Japanese Prime Minister Yukio Hatoyama Resigns", Washington Post, June 2, 2007; "Japan Agrees to Accept Okinawa Base", http://www.upi.com/Top_News/US/2010/05/23/Japan-agrees-to-accept-Okinawa-base/UPI-2831274623169/, accessed on May 23, 2010.

33. For more evidence of Asian countries beginning to balance against China, see Andrew Jacobs, "China Warns US to Stay Out of Islands Dispute", New York Times, July 26, 2010; Jay Solomon, Yuka Hayashi, and Jason Dean, "As China Swaggers, Neighbors Embrace US", Wall Street Journal, May 25, 2010.

34. See Norman Angell, The Great Illusion: A Study of the Relation of Military Power in Nations to Their Economic and Social Advantage (New York: G. P. Putnam's, 1912); Thomas L. Friedman, The Lexus and the Olive Tree: Understanding Globalization (New York: Farrar, Straus and Giroux, 1999); Richard Rosecrance, The Rise of the Trading State: Commerce and Conquest in the Modern World (New York: Basic Books, 1986).

35. Kenneth N. Waltz, Theory of International Politics, Chapter 7.

36. Department of Defence, Australian Government, Defending Australia in

the Asia Pacific Century, 46.

37. According to the UN, China will have about 1.417 billion people in 2050, while the United States will have 0.404 billion, which would give China a 3.5 : 1 advantage. These numbers are taken from the "population database" in UN Population Division, World Population Prospects: The 2008 Revision (New York, 2009).

38. H. P. Wilmott, The Barrier and the Javelin: Japanese and Allied Pacific Strategies, February to June 1942 (Annapolis: US Naval Institute Press, 1989), Chapter 2.

39. Andrew S. Erickson and Gabriel B. Collins, "China's Oil Security Pipe Dream", Naval War College Review, Vol. 63, No. 2 (2010), 89-111.

40. Toshi Yoshihara, "Chinese Missile Strategy", 42.

促进多边主义，还是寻求新霸权：
中国的多极化愿景

巴泰勒米·库尔蒙（Barthélémy Courmont）

译者导读：话语权是一个国家强大的主要表征和综合实力的集中表现。近年来，中国在国际上的文化话语权问题已成为国际学术界关注的热点话题。法国智库学者、法国国际关系与战略研究所（IRIS）主任研究员巴泰勒米·库尔蒙撰文指出，中国的崛起及其在国际体系中与日俱增的影响力，引发了政府的多极化愿景问题。在文中探讨了中国对多极世界所持的态度，并得出中国的大战略既务实、又积极，有利于维持机遇与义务之间的均衡的结论。库尔蒙具有极强的国际社会洞察力和精准的全球本土化视野，认识到中国有可能部分取代美国，成为世界新秩序的缔造者和引领者。为了应对全球性挑战，中国除了尊重国际法则、捍卫多边策略之外，"寻求霸权无疑是其中一个抉择"。但我国领导人认为，中国永远不会寻求霸权和扩张。因为霸权不是中国的文化基因，强国一定会寻求霸权的论断并不适用于中国。

摘要：中国的崛起及其在国际体系中与日俱增的影响力，引发了中国政府的多极化愿景问题。因经济实力剧增，中国试图对世界新秩序重新定义，通过力推多边主义，使自己成为举足轻重的行动者，而又慎于承担相应的责任和义务。中国对其合作伙伴，尤其是周边国家中的合作伙伴强烈施加其观念，并不惜冒着产生某种新霸权主义的危险。本文旨在探讨中国对多极世界所持的态度，并得出中国的大战略既务实、又积极，有利于维持机遇与义务之间的均衡的结论。

关键词：中国；多边主义；多极化；霸权

促进多边主义，还是寻求新霸权：中国的多极化愿景

自新千年伊始，中国的外交政策便强力捍卫多极化。至少可从表面上、从官方姿态上注意到这一点①。中国领导人鉴于中国是国际体系中一个新兴的务实大国，无意于惹是生非，即构建一种倾向于多边主义与多极化相结合、远离超级大国地位的话语体系，同时为地缘政治问题的治理提供新视角。中国政府似乎在拟定促使中国未来几年内真正承担大国地位的外交政策，强调多极化和捍卫多边主义必须从理论上成为实现更高目标的工具，当然中国也可能因此招致其他强国的抗衡②。对中国领导人来说，与和平崛起和软实力不同的是，促进多极化并非他们最近才有的官方态度。中国共产党一贯致力于对多极世界的捍卫。我们特此引述周恩来在20世纪50年代中期为支持第三世界运动而采取的行动纲领，它反映出北京拒绝与华盛顿和莫斯科结盟的决心和意志。之后，邓小平反复指出不结盟的观点，批评冷战的两极性，拒绝直接参与东西方的抗衡，再三申明中国不谋求任何超级大国的地位。这一姿态早在邓小平于1974年4月联合国大会上发表的讲话中就显露端倪③，后面的几届中国领导人都在不同的场合反复重申这一立场，而且至今仍然是中共的官方立场④。

随着中国强调一以贯之的低调姿态（尽管也引起过西方国家的无端猜测），它已一跃成为世界强有力的领导者，并宣称其大国地位。胡锦涛在2009年9月23日召开的第六十四届联合国大会上发表讲话时指出，"中国越是发展，对世界的贡献就越大，给世界带来的机遇也越大"。这里所说的"机遇"就是当下的中国不仅可以向新兴国家提供多样性的发展模式，而且作为肩负

---

① 详见 Marc Lanteigne 著 Chinese Foreign Policy: An Introduction (London: Routledge, 2009)。另见 Mark Leonard, What Does China Think? (London: Fourth Estate, 2008)。

② 有关强大的中国和其他大国的关系研究，可参见华盛顿布鲁金斯学会副研究员 David Shambaugh 著 "Coping With a Conflicted China"，载《华盛顿季刊》(The Washington Quarterly), 34-1 (2011年冬季号)，第7-27页。另见 David Shambaugh 所著关于中美关系的论文: "A New China Requires a New U. S. Strategy"，载《当代历史》(Current History), 109 (2010年9月号)，第219-226页。

③ Deng Xiaoping, "Chairman Mao Zedong's Theory on the Division of the Three Worlds and the Strategy of Forming an Alliance Against an Opponent"，中国外交部英文网，http://www.fmprc.gov.cn/eng/ziliao/3602/3604/t18008.htm（登录日期: 23 July 2012）。

④ 详见胡锦涛在2007年召开的中国共产党第十七次全国代表大会上的讲话及温家宝在2008年联合国大会前"联合国千年发展目标高级别会议"上的讲话。

重任的大国，可以为诸多重大国际问题提供解决方案①。

一切都似乎只是时间问题，中国时而采取主动的态度，时而采取响应的态度，在国内国际舞台上屡获成功，更加雄心勃勃②。接踵而至的问题是，如果天赐良机，继任的领导人又做同一选择，中国是否会逐步走向霸权的不归路呢？2012年10月即将召开的中共党代会拟宣布事关未来发展方向的大政方针，除了领导层的过渡因素外，中国对世界新秩序所持的态度也将严重影响其国际立场。从这一点看，尽管中国的政治社会改革有可能出现，但至少在短期内③，中国仍会根据自身日益提高的国际地位，对其国际姿态进行重新调整。正如塞缪尔·金所说，中国"是一个强国，已实现其所愿"④。中国领导人并不完全热衷于外交伎俩⑤，但他们清醒地意识到，中国的崛起必须成为现实，不仅仅是目标，而要实现这一目标，必须伴以国际视野。中国对自身日益增强的力量越来越自信，强烈意识到在国际评论家面前不能授人以柄、予人口实，所以他们的"态度变得更加模棱两可，总是游离于现实政治和孔子、孙子构建的崇尚武力克制的传统模式之间"⑥。中国对多极性的理解似乎证实了这一点，同时也阐明了他们如此重视实用策略的原因。

---

① 详见 Michael Fullilove 著"China and the United Nations: The Stakeholder Spectrum"，载《华盛顿季刊》(The Washington Quarterly)，34-3（2011年夏季号），第63-85页。
② 详见 Salvatore Babones 著"The Middling Kingdom: The Hype and Reality of China's Rise"，载《外交》(Foreign Affairs)，90-5（2011年9月、10月号），第79-88页。
③ 关于该问题的最新研究成果，参见 Zheng Yongnian, Chen Gang and Lye Long Fook, China's Politics: Preparing for Leadership Reshuffling and Maintaining Status Quo，载《东亚政策》(East Asia Policy)，4-1（2012），第5-13页。
④ Samuel S. Kim 著"China as a Great Power"，载《当代历史》(Current History)，96-611（1997年9月号），第246页。
⑤ 关于北京外交政策争论的综述，可参见 Zhu Liqun 著 The Remarkable Policy Paper，辑入 China's Foreign Policy Debates, Chaillot Papers, Paris, Institut d'études de sécurité de l'Union européenne, 2010。另见 Linda Jakobson and Dean Knox, New Foreign Policy Actors in China, SIPRI Policy Paper, n°26, Stockholm, SIPRI, 2010。
⑥ Lucas Domergue 著 La Chine, puissance nucléaire: stabilisation régionale ou prolifération? (Paris: L'Harmattan, 2005)，第105页。

一、多边主义促进多极化思想的形成

中国政府希望自己在国际舞台上摆出低姿态，拒绝接受超级大国的地位，更无意于将本国模式施加于人——这一基本态度在中国领导人促进本国跻身多极世界的意图中表露无遗。为了实现这一宏愿，中国已成为多边主义的巨头，且反对在国际舞台上出现任何国家任何形式的霸权主义。这一战略，通常深受中间力量的青睐，有助于中国在世界舞台上打造自我形象，凸显其重要的国际地位。这就是为什么捍卫多边主义和多极化成为中国政权智慧的两大支柱，也是为什么这两大概念被巧妙嫁接。这一国际姿态需要一种娴熟的外交政策作为支撑，正如欧洲国际关系研究院院长 Irnerio Seminatore 所言，"外交遂成为一种积极的途径，无须侵略，无须外事，即可克服联盟内的惯常行为"[1]。在地区事务或国际事务中，中国确实采取这种行为模式处理与其他国家和地区的关系。基于数十年来积累的丰富的多边主义经验，中国眼下将多极化视为所有策略中的最佳选择。

在 20 世纪 50 年代和 60 年代，中国断然拒绝参加任何国际组织。这之后，在关于全球问题治理的各种多边对话中（除 20 世纪 50 年代第三世界运动的意义之外），中国与美国及联合国成员国进行了战略和解[2]，同时开始对多边主义流露出兴趣。中国逐渐进入大多数国际组织（包括军备控制协约，如 1992 年的"核不扩散条约"），但最大的壮举莫过于 2001 年加入世界贸易组织[3]。这种逐步融入国际体系的结果是与中国对多边主义的理解相适应的。贝努瓦·维曼德由此指出，"中国以现实主义立场展开多边互动，摒弃极端主

---

[1] Irnerio Seminatore 著 "Chine/Etats-Unis: un nouveau duopole de puissance"，载《国家防御评论》(Revue défense nationale)，727 (February 2010)，第 81 页。

[2] China and the USA engaged a political dialogue in the early 1970s that led to the diplomatic recognition of the People's Republic of China by Washington in 1979, while Beijing replaced Taipei as permanent member of the UN Security Council in 1971.

[3] On Beijing's posture within international organizations, 参见 Justin S. Hempson-Jones 著 "The Evolution of China's Engagement with International Governmental Organizations: Towards a Liberal Foreign Policy"，载《亚洲观察》(Asian Survey)，45-5 (2005 年 9 月、10 月号)，第 703-721 页。

义，开始学会思考如何建设性地参与国际体系了"[1]。由此可见，多边主义对中国外交政策的制定产生了积极影响。该国外交部长杨洁篪曾表示，中国正式将多边主义与其在国际体系中所负的重大担当相维系。中国外交将进一步发挥其重要的作用：

　　中国越发展，承担的国际义务就越多，而且永远不会只追求自身利益，而牺牲他国利益。因为我们深知，在相互依存的世界里，中国的未来与世界的未来紧密相连。只有当我们努力扩大共同利益，分担责任，寻求双赢时，自身利益和他人利益才可能有最大值。这就是为什么中国在注重自身发展的同时，越来越多地承担与其实力和地位相应的国际义务[2]。

　　中国如此频繁地参与国际政治事务是前所未见的，它一改昔日大国拒绝承担相应义务的本质——历史上就曾有人对中国在国际事务中的重要性提出过质疑[3]。通过对相应义务的履行，以及对多边主义的深度理解和对多极化的延伸，中国提出诸多有关超级大国在世界新秩序中的定义问题[4]。在汉语里，多极性（多极化）和多边主义是截然不同的，但在中文官方话语体系中，却很难忽略两个概念间的混淆性特征。尤其是本届领导人似乎更愿意使用多极化这个词，更强调事物的发展过程，而非现有的思想认识。中国外交政策的基本原则，特别是致力于国际合作、和平治理争端的"和平发展"与"和谐

---

[1] Benoît Vermander 著 "La Chine, ou les limites du multilatéralisme conditionnel"，载《中国社会史》（Monde chinois），10（2007年春夏季号），第91页。

[2] Yang Jiechi 著 "A Changing China in a Changing World"，在2010年2月5日"慕尼黑安全问题研讨会"（Munich Security Conference）上的演讲，链接：http：//www.fmprc.gov.cn/eng/wjdt/zyjh/t656781.htm searched date：23 July 2012）。

[3] Barry Buzan 和 Rosemary Foot 等主编，Does China Matter? A Reassessment（London：Routledge，2004）。

[4] The journalist Fareed Zakaria pointed out that "what is worrying is that China seems to be satisfied with a minimal engagement and exclusively to serve its interests, without any interest in maintaining global rules". Fareed Zakaria，"How to Be a Real Superpower"，载《时代周刊》（Time）（2011年11月28日），第22页。

世界"两个概念，均基于多边主义原则，服务于中国国家利益①。

多极化最终被确立为中国优先考虑的国策。中国一贯否认任何形式的"胜出"，反对所谓以全球对抗导致赢家和输家为特征的全球化原则。在皮埃尔·冈特勒看来，"全球化的'赢家'之概念有违于中国人对当今世界的理解"②。中国认为全球化是机遇，而不是抗衡，中国的屡次成功似乎证实了这一良好趋势③。正如中国国际法学者易显河所言："和谐世界的概念之美在于，它既有中国文化特色，又符合联合国的宗旨和原则，更符合主要文明形式中显露出的对和平的共同诉求。"④

这一思想不再是官方话语，而是普遍流传于中国知识分子和普通百姓中间，他们普遍认为多极化是平衡多种文明的良性回归，他们拒绝任何国际霸权原则。这一模式反映的更多是一种战略，而不是愿望，他们意识到多极化是最可能有助于服务自身利益的一种体制。诚然，中国迄今还没有一幅关于世界新秩序的成熟蓝图，但这一蓝图肯定会出现，与此同时，为抗衡中国的世界新秩序愿景出笼了五花八门的诋毁策略，从单极性向恢复全球权力平衡的过渡方案也将得到发展⑤。软实力战略自 2007 年在中国共产党全国代表大会上确立为国策以来，已成为符合中国意愿、为全球化提供定义及操作方法时的一个重要策略选择。哥伦比亚大学学者塞缪尔·金指出，"随着过去 30 年国民经济突飞猛进的发展，中国作为国际社会中'负责任的大国'，所承担

---

① 参见 Avery Goldstein 著 Rising to The Challenge: China's Grand Strategy and International Security (Stanford: Stanford University Press, 2005)。

② Pierre Gentelle 著 "Un scénario pour la Chine jusqu'en 2100: 'vaincre sans combattre'"，载《中国社会史》(Monde chinois), 7 (2006 年春季号)，第 15 页。

③ Stuart Harris 著 "China and the Pursuit of State Interests in a Globalizing World"，载《太平洋评论》(Pacifica Review), 3-1 (2001 年 2 月号)，第 15-29 页。在过去十多年里，中国从全球化过程中看到了跻身大国的机遇，参见 Samuel S. Kim, "China's Path to Great Power Status in a Globalization Era"，载《亚洲视角》(Asian Perspective), 27-1 (2003 年)，第 35-75 页。

④ Yee Sienho 著 "Towards a Harmonious World: The Roles of International Law and Co-progressiveness and Leader States"，载《中国国际法论刊》(Chinese Journal of International Law), 7-1 (2008 年)，第 102 页。

⑤ Randall L. Schweller and Xiaoyu Pu 著 "After Unipolarity: China's Visions of International Order in an Era of U. S. Decline"，载《国际安全》(Intenational Security), 36-1 (2011 年夏季号)，第 41-72 页。

的国际义务与其大国地位相对称——该理念已开始主导中国的全球化话语，即便是胡锦涛也开始更多地关注中国在全球化世界中的软实力外交，对东南亚、非洲和拉丁美洲更是如此"①。

就北京而言，多极化始于双边合作关系的改善机制，旨在先提升中国在本区域的地位，再提升其在国际上的地位。魏明德（Benoit Vermander）如此解释道，"中国的多极化愿景在1996年与俄罗斯达成的一项合作伙伴原则的协议中即得到充分体现。合作伙伴之目的即以双极性战胜单极性，构建远离冷战体系特征的国家间和地区间的睦邻友好关系"②。中国似乎对多极化更有兴趣，崇尚多边主义、力挺多边行动计划已被中国政府的如下愿望所证实：确保若干国际中心的存在，却又慎于摆出迫使中国发挥更重要作用的强国姿态。此外，多极化更为灵活，无须承担任何特别的责任或义务。

中国对多极化的捍卫，无论是在提升国际形象，还是在大战略成功的潜力方面，都不会冒太大风险③。中国外交学会会长杨文昌指出，"合作性多极化是21世纪上半叶的基本特征，而是否能将这一愿望变成现实，将取决于大国之间的关系如何"④。中国试图在这一微妙的游戏中发挥主导作用——促进合作，在重责任、轻利益的前提下，不急于构建任何世界新秩序。对世界大国作用所持的这一现实主义愿景，象征着中国务实的国际姿态，既积极主动，又不囿于一成不变的法则。

二、一个分为"三大极"的世界

中国的多极化愿景体现了政治—战略的权力平衡，也体现了对经济大国

---

① Samuel S. Kim 著 "China and Globalization: Confronting Myriad Challenges and Opportunities"，载《亚洲视角》（Asian Perspective），33-3（2009年），第53-54页。

② Benoît Vermander 著 "La Chine ou les limites du multilatéralisme conditionnel"，载法国外交部《分析与预测中心会刊》（Les carnets du CAP）（2005年春季号），第76页。

③ 中国学者关于中国大战略研究的有趣综述，详见 Ye Zicheng 著 "Inside China's Grand Strategy: The Perspective from the People's Republic"（Lexington: The University Press of Kentucky, 2010）。

④ Yang Wenchang 著 "Ushering in an Era of Multipolar Cooperation"，载《外交》（Foreign Affairs Journal），89（2008年秋季号），第1页。

间权力平衡优先权的充分认识。在这一点上，中国拒绝任何形式的"G2"（与美国决斗或与美国加强合作），更倾向于三极性（东北亚、北美、欧洲联盟）的存在。在北京的欧洲模式中，特别是在试图建立一个独立于美国的结构中，我们窥见了这一新型国际竞争中的第三类行为者。欧元与美元的较量，欧洲国家的出口能力及其技术创新能力之强，在中国比在美国得到更广泛的承认，迄今仍然缺乏对在美欧洲项目的充分评估——这一不良状况因当前的欧元危机而严重加剧。中国领导人则认为，欧盟是一个不可或缺的力量，它们特别依赖国内生产总值和富裕人口（逾5亿人）的重要作用，特别依赖与世界不同地区建立的多重伙伴关系。

多极化这一长期以来被视为专属经济领域的概念，现如今已应用于其他领域，如布鲁塞尔和北京有望达成共识的一些领域。北京正在密切关注欧盟的政治和战略定位。上海复旦大学美国研究中心主任沈丁立表示，"中国普遍认为，独立的欧洲防御概念是倾向于多极世界概念的，它抗衡美国主导的单极世界"①。杨洁篪也明确表示过中国对欧盟表现出的兴趣，他在2010年慕尼黑讲话中指出："我们在促进多边主义和寻求和平解决国际争端方面已达成共识，还需要在应对气候变化及其他全球性挑战上开展更密切的合作。我们的共同利益日益扩大，我们在国际事务中分担的责任正在增加，我们的合作基础更加强大，我们彼此间的交流和协调也日益频繁，所有这一切都将强有力地推动中国和欧盟关系的发展。"②整整一年中，因为中国对欧盟的重要性日益增强，中国与欧盟的关系总体上是积极的，其中包括在经济和多极化世界愿景等层面。中国在欧盟眼里更像是一只"可爱的熊猫"，而不像在美国眼中的一条"威胁之龙"。这一情形在未来可能会有所变化，主要取决于下一届中国领导人的姿态和策略。

---

① 沈丁立著"Why China Sees the EU as a Counterweight to America"，载《欧洲世界》（Europe's World），10（2008年秋季号），第49页。

② Yang Jiechi, op. cit.

同时，中国强调欧美之间①乃至欧洲国家之间在某些个案中存在的差异。对毛泽东"三个世界"的这一现代理解，旨在凸显西方国家的分裂状态及其作为地缘政治体系的不合理性。因此，当西方强国继续就单极性和多极性的概念进行无休止的争论，甚至陷入分裂状态时，中国正在顺利搭建适应当前国际环境的新型模式。

"软平衡"这个主要用以抗衡美国的概念，通常被定义为"通过使用非军事手段抵制不合作"②。这既反映了中国对美国的态度，又反映了中国在寻求以反单极化共识为基础而建立的权力平衡。在这一愿景中，我们看得一清二楚，自冷战结束以来，中国不仅摒弃了单极世界的观点，而且做出如下假设：单极世界不可能是长久之物，如果不是幻想之物的话③。

对欧洲作为一种力量的认可，聊以满足人们欲了解全球化如何在区域层面得到反映、一体化又如何影响多极化的愿望。中国将全球化视为"各种文化世界、多极性大国以及其他国家的领土统一的过程"④，而欧洲模式无疑提供了相关的答案。

将多极世界分为三个主要区域的设想并不排除考虑其他更为区域化的集群，且有充分理由在前进中展开凶猛的"魅力攻势"，以确保领先于另两极的地位。中国正在努力加快其国际化进程，将行动计划扩展至不同国家和地区，同时加强对东南亚、非洲、中东或拉丁美洲新兴国家的经济控制权。中国人

---

① 在这一意义上，中国确认美国在过去的十多年里缺乏对世界（包括欧洲）的诚信，并采用了类似于新现实主义者所提出的论据。参见 Stephen M. Walt 著 Taming American Power: The Global Response to the U. S. Primacy (New York: Norton, 2005)。

② Jack S. Levy and William R. Thompson 著 "Balancing on Land and at Sea: Do States Ally against the Leading Global Power?" 载《国际安全》(International Security), 35-1 (2010年夏季号)，第9页。另见 Robert A. Pape 著 "Soft Balancing against the United States", 载《国际安全》(International Security), 30-1 (2005年夏季号), 第7-45页。

③ 参见 Christopher Layne 著 "The Unipolar Illusion: Why New Great Powers will Rise", 载《国际安全》(International Security), 17-4 (1993年春季号)，第5-51页。另见 Christopher Layne 著 "The Unipolar Illusion Revisited: The Coming End of the United States' Unipolar Moment", 载《国际安全》(International Security), 31-2 (2006年秋季号), 第7-41页。

④ Thierry Sanjuan 著 "Refonder la mondialisation chinoise", in Jean-Eric Aubert et Josée Landrieu 主编, Vers des civilisations mondialisées? De l'éthologie à la prospective (La Tour d'Aigues: Éditions de l'Aube, 2004), 第122页。

已意识到，大国之间的竞争需要扩大合作伙伴和盟国的圈子，事实上他们在过去的十多年里已经在着手实施包括经济和贸易在内的强国出口政策。大规模投资、发展基金、自由贸易协定和基础设施建设方案等都充分体现出北京对发展中国家政策的特点。在中国（不仅仅在中国），这些发展中国家被视为未来的强国[1]。

这一针对中国力量的预测具有软实力战略之特征。中国的文化软实力战略出现于2002年之后，在2007年召开的中国共产党第十七次全国代表大会上得以正式确立，并已取得巨大的成功[2]。由于中国的主要竞争对手（尤其是美国和日本）制造了诸多棘手问题，中国政府才不得不制定这一战略，尽管目前仍缺乏一个真正的计划方案或普适性价值。正如苏菲·温特斯所概述的："中国并非世界文化价值观的承载者，但她希望利用日本之弱点（主要是第二次世界大战留下的记忆）[3]，以区域的主导者身份，在国际舞台上大放异彩。而日本因其'二战'形象遭遇了诸多问题，这些问题又使他们更大规模地遭受美国在过去十多年中所经受的困难，向世间昭示了日本形象在世界不同地区惨遭重创的过程和原因。"

饶有趣味的是，与美国和欧盟不同，中国目前并不打算在它出口货物的各个地区实施特定的贸易框架，而是扩大其力量范围。但我们可以预见，在

---

[1] 关于这一问题已有数部论著问世。鉴于与其他经济大国的潜在竞争性和高贫困率等因素，非洲是一个典型的例子。参见 Edward Friedman 著 "How Economic Superpower China Could Transform Africa"，载《中国政治学》(Journal of Chinese Political Science)，14-1（2009年3月号），第1-20页。关于中国更多参与区域性经济和政治活动的研究分析，参见 Martin Jacques 著 When China Rules the World: The Rise of the Middle Kingdom and the End of the Western World，第2版（London: Penguin, 2012）。

[2] 关于中国软实力的宏观研究分析，详见 Huang Yanzhong and Ding Sheng 著 "Dragon's Underbelly: An Analysis of China's Soft Power"，载《东亚研究》(East Asia)，23-4，2006，第22-44页。On the soft power debates in China, 参见 Li Mingjiang 著 "China Debates Soft Power"，载《国际政治研究》(Chinese Journal of International Politics)，2-2（2008），第287-308页；Joel Wuthnow 著 "The Concept of Soft Power in China's Strategic Discourse"，载《问题与研究》(Issues & Studies)，44-2（2008），第1-28页；Joshua Kurlantzick 著 Charm Offensive: How China's Soft Power is Transforming the World（New Haven: Yale University Press, 2007）；另见 Barthélémy Courmont 著 Chine, la grande seduction: Essai sur le soft power chinois（Paris: Choiseul, 2009）。

[3] Sophie Wintgens 著 "Chine, la 'révolution tranquille'd' une puissance ascendante", in Sebastian Santander 主编，L'émergence de nouvelles puissances: Vers un système multipolaire?（Paris: Ellipses, 2009），第126页。

未来几年内，中国的国际雄心会膨胀，尽管它作为超级经济大国的身份似乎迄今未遇到任何挑战①。

三、中国及其邻国：迈向新的地区霸权？

由于中国的国际雄心已达到世界强国的地步，寻求与邻国的和谐关系成为其优先选项。中国领导人清醒地认识到，承认中国在国际体系中的分量，确立其未来的发展和管理模式，首先不可或缺的一步即是在本区域内得到更广泛的认可②。这一认识值得赞赏，因为它能促使中国对邻国关系的变化更为敏感，同时也带来国际事务中的不确定性——因为缺乏竞争对手，可能会渐渐将区域政策升级为某种霸权。因此，在未来几年内，我们必须密切关注北京将如何在其区域范围内试行其多极性策略。中国试图控制其邻国，甚至冒天下之大不韪，将其强国的"极性"理念推至"同化"的境地。一切皆有可能，包括中国的邻国政策，特别是对东北亚国家的政策，都将被融入中国的"称霸野心实验室"，其影响可谓全球性的。阎学通深信，中国有可能稳步发展其称霸能力，但同时也质疑，这一称霸能力是否能体现新的国际法则，甚至还断言这一战略终将失败③。英国学者马克·雅克则认为，"中国的优势将以人道权威为特征，代表一种新的全球领导姿态"④。换言之，称霸能力可能直接影响中国权力的确立，最终影响其制定新的发展模式和管理模式。中国的邻国对这一问题尤为敏感。

多年来，区域性问题是中国发展的主要障碍，因此，弗朗索瓦·乔伊欧

---

① 近期研究成果详见 Arvind Subramanian 著 "The Inevitable Superpower：Why China's Rise is a Sure Thing"，载《外交》（Foreign Affairs），90-5（2011年9月、10月号），第66-78页。

② 这一必要性提高了在亚洲实施多极化的需求。参见 Bates Gill 和 Michael Green 等主编，Asia's New Multilateralism：Cooperation, Competition, and the Search for Community（Oxford：Oxford University Press, 2009）。

③ 阎学通著 "International Leadership and Norm Evolution"，载《国际政治研究》（Chinese Journal of International Politics），4-3（2011年秋季号），第233-264页。

④ Martin Jacques, op. cit., 第595页。

认为"中国的世界力量受到区域弱势的限制"[1]。与日本的困难关系，与韩国的疏于对话，加剧了中国与其邻国——从苏联到东南亚国家及印度关系中诸多问题的出现，但这种情形在过去20年中有了改善。如今俄罗斯与中国保持密切的政治和战略关系，与冷战时期的多重紧张关系形成了鲜明对照。中亚国家与上海合作组织的大规模合作与此密不可分。和1962年战争期间不同，印度不再是中国的竞争对手，双方在边境承认问题上做出了诸多努力，使两个新兴大国一改抗衡型的邻里关系为日益升级的伙伴关系。中国是东南亚国家最大的经济和贸易伙伴，2010年1月1日通过的不少于六个东盟国家参与的自由贸易协定标志着这一关系的迅速变化，虽然仍存在如与越南的紧张局势。近年来，韩国不可逆转地转向其强大的邻国，而日本——中国的宿敌，现在似乎已不再回避必要的对话，以实施全方位的伙伴关系。中国与韩国总统和日本首相在2012年5月14日的会议以及关于实施自由贸易区的会谈中确认了东京在经济领域与北京合作的必要性。另外，自2008年3月马英九第一次担任台湾地区领导人以来，开启了两岸关系的新篇章，大大加强了与北京的伙伴关系。

　　2012年1月马英九连任，再次证明两岸人民对两岸友好合作关系的大力支持。

　　如果说中国在诸多领域逐渐成为主导者，那么这情形在冷战结束后的周边地区得到了快速发展，在过去的十年中表现尤为突出。

　　中国获得如此大的进步绝非偶然，恰恰反映了务实战略之威力。中国即便不一定有兴趣成为区域一体化组织的成员国，但也在密切关注该组织在其周边的发展。因此，多极化战略对北京而言更多的是一种观察方式，与邻国建立更加确定的关系，凸显北京的多边化愿景，从而取得更积极的成果[2]。

　　中国为了强化其在亚洲特别是东南亚的存在感，曾悉心研究过日本从20

---

[1] François Joyaux 著 La tentation impériale：Politique extérieure de la Chine depuis 1949（Paris：Imprimerie nationale，1994）。

[2] 见 Eric Boulanger, Christian Constantin 和 Christian De Block 等著 "Grandes manœuvres autourde l'ASEAN：les perspectives américaine, chinoise et japonaise sur le régionalisme asiatique"，载《研究通讯》（Cahiers de recherche）07-05-CEIM，2007年11月30日。

世纪 50 年代开始在该地区的实践经验。就第二次世界大战后的日本而言，"经济增长和政治无作为的基本方向是外交政策的精心建构和卓越执行之产物"①。北京也深知，中国的经济力量是一大优势，在外交发展政策中有资金保障，但同时必须辅之以明智的外交政策，而地方执行者的重要性也不可低估。有强大的经济作为基础，中国将成为东南亚国家不可或缺的伙伴，与此同时，将可能成为国际政治舞台上的主角。中国的影响地位与昔日日本在该地区所拥有的地位旗鼓相当，得益于实施这些折中的方案或明智的政策②。

虽然日本的存在主要基于经济实力，"但如果由此得出日本在亚洲是用钱'购买'其影响力的结论是不正确的。其实远非如此。在很大程度上，日本的商业巨头和政治精英是靠'溜须拍马、笼络人心'赢得其权力的。换言之，他们掌握了亚洲的网络技术——一个大多数国家缺乏现代商业法律框架之区域的网络技术。他们善于使用社会纽带克服大多数西方商业人士所认为的混乱局面、不确定性及风险来源"③。因此，日本在亚洲获得如此大的影响力，不仅通过其巨大的经济实力，还通过逐渐参与一些仰赖地方当局和强大网络的对话④。当然，中国目前正试图这么做，特别是通过海外侨民，就像日本几十年前在东南亚所做的那样。其区别主要在于当地人对这种权力的看法，在这一愿景中，中国的历史遗产并不像日本在帝国时期那样对自己不利。中国打算效仿日本，利用经济实力影响邻国，虽然结果并非无可厚非，但无论是在经济上还是在战略上都无疑是一种趋势⑤。

如上所述，中国和俄罗斯的战略伙伴关系始于 1996 年，在某种意义上颇具中国目标及中国方式之特征。与昔日的对手打交道，北京不仅要与单极化

---

① Kenneth B. Pyle 著 "Japan, the World and the Twenty-first century"，辑入 T. Inoguchi 和 D. Okimoto 主编，The Political Economy of Japan: Volume 2, The Changing International Context（Stanford: Stanford University Press, 1988），第 452 页。

② Mark Beeson 著 "Japan and Southeast Asia: The Lineaments of Quasi-Hegemony"，辑入 Anthony McGrew 和 Chris Brook 主编 Asia-Pacific in the New World Order（London: Routledge, 1998），第 21-36 页。

③ Walter Hatch 和 Kozo Yamamura 主编，Asia in Japan's Embrace: Building a Regional Production Alliance（Cambridge: Cambridge University Press, 1996），第 131 页。

④ 关于该主题及其对亚洲其他国家的延伸，详见 Peter J. Katzenstein 和 Takashi Shiraishi 主编，Network Power: Japan and Asia（Ithaca: Cornell University Press, 1997）。

⑤ Gilbert Rozman 著 Chinese Strategic Thought Toward Asia（New York: Palgrave McMillan, 2010）。

抗衡，还要通过扩大双边关系和实施一系列不同权力的协定，防止双极性的可能回归。中国力求达成共识，建立一个为更多人接受、为更多强国共享的安全愿景，使更高效、更强大的多极化体系正常运转①。这一做法已融入北京的国际战略决策，在对周边国家的策略中已有所体现。

虽然中国在诸多方面表现显著，更加确保了该区域的安全性，但它的这一姿态显然是基于政治考量②。在博波洛看来，中俄之间的友好关系与其说是真正战略伙伴关系的发展，还不如说是多种情形的融合③。俄罗斯从与中国的睦邻关系中获益，提高其在国际体系中的地位。而中国则把俄罗斯视为一个强大的合作伙伴，不仅有助于中国稳定漫长的边界线，而且还有助于其跻身一个政治—战略地理时代（而当年北京借助上海合作组织的力量，其控制反限于西亚），这无疑是对美国势力及其在联合国安理会势力的一种平衡。从这一意义上说，北京创造了一个"极"，尽管这个"极"在许多方面是虚拟的，但却是真实的。中国和俄罗斯之间的友好关系充分阐释了中国多极化的愿景——一个在国际关系中注重战略伙伴关系、维护共同目标和共同利益的现实愿景。我们所考虑的，也正是彼得·费迪南德所说的，是一种"反应"，如果不是对全球化适应的话④。

另外，对朝核问题的治理是华盛顿欲与北京建立全面合作伙伴关系（默认中国在该地区日益增长的重要性）的一个有价值的指标，同时也显示，由于这一愿景可能对美国在东北亚的安全问题带来不利影响，实现起来可能有难度。美国驻朝鲜特使斯蒂芬·博斯沃思（Stephen Bosworth）在奥巴马政府起始阶段提出过诸多倡议，旨在使中国更迫切地参与谈判，说服平壤放弃核

---

① 见 Zhao Tingyang 著，坏世界研究：作为第一哲学的政治哲学（Investigations on the Bad World: Political Philosophy as First Philosophy. Beijing: People's University Press, 2009）；另见 Weixing Hu, Gerald Chan and Daojiong Zha 著, China's International Relations in the 21st Century: Dynamics of Paradigm Shifts (Lanham: University Press of America, 2000)。

② Jean-Pierre Cabestan 著 "La politique étrangère chinoise: une Chine sans ennemis n'est pas forcément une Chine rassurante"，载《希罗多德》（Hérodote），125（2007年春季号）。

③ Bobo Lo 著 Axis of Convenience: Moscow, Beijing, and the New Geopolitics（Washington D. C.: Brookings Institution Press, 2008）。

④ Peter Ferdinand 著 "China and Russia: Converging Responses to Globalization"，载《国际事务》(International Affairs), 83-4（2007年7月号），第 655-680 页。

计划，反过来抗衡中国欲控制朝鲜半岛局势的企图。尽管奥巴马政府做出重大努力，但大多数专家对是否能在2009年迅速达成协议持悲观态度①。这一挫败与美国和中国的关系以及在确定共同策略上产生分歧有关②。自奥巴马实施朝核问题新的行动计划以来，情形并未得到明显改观。在华盛顿，这一难题更令人扼腕叹息，因为它反映了奥巴马政府在说服其"合作伙伴"充分合作时的无能。从这一意义上说，它大大削弱了美国在该地区的主导地位，反而确认了中国日益提高的重要性。

四、多极化防御背后的资源

如前所述，中国正在成功地"诱导世界的走向"，特别是其中的发展中国家，这样既能保持中国的可持续发展，又能稳固其国际地位③。中国部署了巨大的资源来发展电力（除了投资外，还诉诸一系列经济和贸易协定），以更好地施展和实现国际雄心，与中国人民解放军军事力量现代化并驾齐驱，确保中国在今后几十年内成为美国之后的第二大世界军事强国。由此可见，中国的多极性（根据其领导人的意愿）可权当一种过渡手段，以更多地参与国际事务，特别是参与联合国领导下的国际和平特派团，这样势必大受欢迎。

现在的情形与数年前不同，已经不再是中国在国际舞台上是否"至关重要"的问题④，而是要思考实现什么目标，其主要目标是什么的问题，以及实现这些目标需要采用什么方法和途径的问题。北京对这方面的解释与众不同。中国的第一选择是"互相尊重规则"，使之趋于正常化，利用其日益增长的力

---

① Ralph Cossa 和 Brad Glosserman 著 "Old Challenges, New Approaches"，载《比较关系研究》(Comparative Connections)，11-2（2009年7月号），第1-5页。

② Robert Sutter 著 "The Obama Administration and China: Positive but Fragile Equilibrium"，载《亚洲视角》(Asian Perspective)，33-3（2009年），第81-106页。

③ 中国软实力的现实已得到众多专家，包括软实力概念的提出者 Joseph Nye 的充分认识。参见 Joseph Nye 著 "The Rise of China's Soft Power"，载《亚洲华尔街日报》(Wall Street Journal Asia)，2005年12月29日。

④ 参见 Gerald Segal 著 "Does China Matter?" 载《外交》(Foreign Affairs)，78-5（1999年9月、10月号），第4-36页。

量维护国家利益，同时也符合当前国际体系中的全球化标准。这不仅意味着中国欲保持低调，更意味着中国已经承认，西式的全球化比任何其他体系都能更好地服务于其国家利益。这无疑加速了中国在过去 20 年中的崛起，但与此同时，中国又似乎不太可能在未来长期保持这一崛起态势，因为政权性质和西方制度迟早会给它带来政治变革——无论我们称为民主化也好，现代化也罢。中国的第二选择又是什么呢？就是与西方模式相抗衡的中国模式，特别是经济模式，这种模式虽然尚未通过，但此尴尬的情形在未来几年内可望改变。一些美国专家已经开始质疑他们曾经认为可能出现的对抗，如果不是在某些方面不可避免的话。中国"追赶西方"[①] 之后存在赞成国际关系中这一愿景的可能性，对此开始进行反思。必须明确指出，中国很少隐藏自己对全球化的意图和立场，她通常站在西方国家的立场强烈谴责所谓的全球化[②]。皮埃尔·甄泰莱由此注意到，"中国及其追随者——所有新兴国家，均参与了对全球化即将增强西方对世界其他国家的束缚"之信念的传播[③]。这一观点以及其他新兴大国的趋同性进一步使中国成为一个真正对立模式的潜在领导者。

对本阶段竞争带来的后果进行评估是困难的，但它们无疑将对权力平衡产生重大影响，而且可能显著改变大国之间的现存关系。多极化及其愿景（包括对多边主义的处理），将随着中国的介入而彻底改变。这听起来似乎是一个悖论：一个崇尚实用主义的国家在国际体系中进行自我定义，既不希望过多参与其中，也不遵守美国外交政策。当然，随着情境的变化，直接源于思想意识的客观行为也会随之改变。

有时，中国多极化策略的特点表现为一种极端愤世嫉俗的实用主义，对主要的国际问题却保持沉默。

叙利亚的案例也具有启迪意义。北京在 2011 年 10 月 5 日与俄罗斯联手投

[①] 参见 Feng Zhang 著 "The Tianxia System: World Order in a Chinese Utopia"，载《全球亚洲》(Global Asia)，4-4（2010 年冬季号），第 108-112 页。

[②] 研究进展详见 Fred C. Bergstein, Charles Freeman, Nicolas R. Lardy 和 Derek J. Mitchell 等著 China's Rise: Challenges and Opportunities（Washington D. C.：CSIS, 2008）。

[③] Pierre Gentelle 著 "La mutation globale de la Chine"，载《中国社会史》(Monde chinois)，10 (2007 年春夏季号），第 76 页。

票反对联合国安全理事会中一项关于威胁叙利亚政权采取镇压抗议"有针对性的措施"的决议草案,明确表示不支持其指定的干预政策,呼吁"充分尊重叙利亚主权、独立和领土完整"。不过,几个月后,科菲·安南计划又得到中国的支持,证明中国不希望拖其后腿,不希望因为在重要的人道主义发生危机时表现出所谓愤世嫉俗而遭到世界舆论的批评。从诸方面来看,这一态度酷似中国在利比亚问题上的所作所为,表明了一种不冒风险、静观其变、不欲其乱的战略。它在某种意义上完美地定义了中国版的多边主义概念:选择主义与偏实用主义。

五、结 论

中国的多极化愿景甚是务实,且在不断发展之中,但这一情形似乎在严格考量北京的执政能力和国际抱负。随着中国政府执政能力和国际抱负的逐步提升,它在国际舞台上的重要性也与日俱增。当前,中国主张"和平发展"。就胡锦涛而言,"这是中国政府和人民根据时代发展潮流和自身根本利益做出的战略抉择。不干涉别国内政,不把本国意志强加于人,而以和平方式解决国际争端,一贯坚决奉行防御性国防政策。中国永远不称霸,永远不搞扩张"①。

中国公开强调的和平发展意愿将可能持续数十年,因为别无选择。正如郑必坚所总结的那样,"根据中国的战略规划,还需45年时间,即2050年,中国才有望成为发达的现代化国家"②。但是,一旦这种"现代化"得以实现——或者中国人认为它已成现实,人们势必对中国的态度产生疑虑,对中国多元解释的含义有所顾忌。也许有人会说,只要多极化服务于中国国家利益,就会有美好的明天。但问题是,所有的故事,即便是最美好的故事,也有落幕的时候。

---

① Introduction to the opening ceremony of the Bo'ao Asian Forum in 2008.
② 郑必坚著"China's 'Peaceful Rise' to Great-Power Status",载《外交》(Foreign Affairs),84-5(2005年9月、10月号),第21页。另见郑必坚著 "论中国和平崛起发展新道路" [Peaceful Rise-China's New Road to Development(bilingual edition)](北京:中央党校,2005)。

最后，中国在国际舞台可能发展的另一信号是，中国当局可能对和平崛起的定义重新做出阐释，2012 年 10 月之后的新一届中国领导人可能对这一调整做出里程碑式的努力。中法社会人文科学研讨会主任让—卢克·杜明认为，"之所以反对'和平崛起'是因为在一个政权内，有的人崇尚'和平'，有的人唯'权力'是图"①。

来源：Courmont B. Promoting multilateralism or searching for a new hegemony: A Chinese vision of multi-polarity [J]. *Pacific Focus*, 2012, 27 (2): 184-204.

译者：桂清扬

译者邮箱：gqy118@126.com

参考文献

1. Aubert, Jean-Eric and Josée Landrieu, ed., Vers des civilisations mondialisees? De l'ethologie à la prospective (La Tour d'Aigues: éditions de l'Aube, 2004).

2. Babones, Salvatore, "The Middling Kingdom: The Hype and Reality of China's Rise", Foreign Affairs, 90-5 (September/October 2011), 79-88.

3. Beeson, Mark, "Japan and Southeast Asia: The Lineaments of Quasi-Hegemony", in Anthony McGrew and Chris Brook, eds., Asia-Pacific in the New World Order (London: Routledge, 1998), 121-136.

4. Bergstein, Fred C., Charles Freeman, Nicolas R. Lardy, and Derek J. Mitchell, China's Rise: Challenges and Opportunities (Washington, D. C.: CSIS, 2008).

5. Bijian, Zheng, "China's 'Peaceful Rise' to Great-Power Status", Foreign Affairs, 84-5 (September-October 2005), 18-24.

6. Boulanger, Eric, Christian Constantin, and Christian De Block, "Grandes manœuvres autour de l'ASEAN: les perspectives américaine, chinoise et japon-

---

① Jean-Luc Domenach 著 "Le revers de la médaille. La Chine saisie par la mondialisation"，载《国际问题》(Questions internationales)，32 (2008 年 7 月、8 月号)，第 51 页。

aise sur le régionalisme asiatique", Cahiers de recherche 07-05-CEIM (November 30, 2007).

7. Buzan, Barry and Rosemary Foot, eds., Does China Matter? A Reassessment (London: Routledge, 2004).

8. Cabestan, Jean-Pierre, "La politique étrangère chinoise: une Chine sans ennemis n'est pas forcément une Chine rassurante", Hérodote, 125 (Spring 2007), 15-28.

9. Cossa, Ralph and Brad Glosserman, "Old Challenges, New Approaches", Comparative Connections, 11-2 (July 2009), 1-5.

10. Courmont, Barthélémy, Chine, la grande seduction: Essai sur le soft power chinois (Paris: Choiseul, 2009).

11. Domenach, Jean-Luc, "Le revers de la médaille: La Chine saisie par la mondialisation", Questions Internationales, 32 (July-August 2008), 9-16.

12. Domergue, Lucas, La Chine, puissance nucléaire: stabilisation régionale ou prolifération? (Paris: L'Harmattan, 2005).

13. Ferdinand, Peter, "China and Russia: Converging Responses to Globalization", International Affairs, 83-4 (July 2007), 655-680.

14. Friedman, Edward, "How Economic Superpower China Could Transform Africa", Journal of Chinese Political Science, 14-1 (March 2009), 1-20.

15. Fullilove, Michael, "China and the United Nations: The Stakeholder Spectrum", The Washington Quarterly, 34-3 (Summer 2011), 63-85.

16. Gentelle, Pierre, "Un scénario pour la Chine jusqu'en 2100: 'vaincre sans combattre'", Monde Chinois, 7 (Spring 2006), 53-68.

17. Gentelle, Pierre, "La mutation globale de la Chine", Monde Chinois, 10 (Spring-Summer 2007), 53-68.

18. Gill, Bates and Michael Green, eds., Asia's New Multilateralism: Cooperation, Competition, and the Search for Community (Oxford: Oxford University Press, 2009).

19. Goldstein, Avery, Rising to The Challenge: China's Grand Strategy and International Security (Stanford: Stanford University Press, 2005).

20. Halper, Stefan, The Beijing Consensus: How China's Authoritarian Model Will Dominate the 21st Century (New York: Basic Books, 2010).

21. Harris, Stuart, "China and the Pursuit of State Interests in a Globalizing World", Pacifica Review, 13-1 (February 2001), 15-29.

22. Hatch, Walter and Kozo Yamamura, Asia in Japan's Embrace: Building A Regional Production Alliance (Cambridge: Cambridge University Press, 1996).

23. Hempson-Jones, Justin S., "The Evolution of China's Engagement with International Governmental Organizations Towards a Liberal Foreign Policy", Asian Survey, 45-5 (September-October 2005), 703-721.

24. Hu, Weixing, Gerald Chan and Daojiong Zha, China's International Relations in the 21st Century: Dynamics of Paradigm Shifts (Lanham: University Press of America, 2000).

25. Huang, Yanzhong and Sheng Ding, "Dragon's Underbelly: An Analysis of China's Soft Power", East Asia, 23-4 (2006), 22-44.

26. Jacques, Martin, When China Rules the World: The Rise of the Middle Kingdom and the End of the Western World, 2nd edn (London: Penguin, 2012).

27. Jakobson, Linda and Dean Knox, New Foreign Policy Actors in China, SIPRI Policy Paper, n°26 (Stockholm: SIPRI, 2010).

28. Joyaux, François, La tentation impériale: Politique extérieure de la Chine depuis 1949 (Paris: Imprimerie nationale, 1994).

29. Katzenstein, Peter J. and Takashi Shiraishi, eds., Network Power: Japan and Asia (Ithaca: Cornell University Press, 1997).

30. Kim, Samuel S., "China as a Great Power", Current History, 96-611 (September 1997), 2, 46-251.

31. Kim, Samuel S., "China's Path to Great Power Status in a Globalization Era", Asian Perspective, 7-1 (2003), 35-75.

32. Kurlantzick, Joshua, Charm Offensive: How China's Soft Power is Transforming the World (New Haven: Yale University Press, 2007).

33. Lanteigne, Marc, Chinese Foreign Policy: An Introduction (London: Routledge, 2009).

34. Layne, Christopher, "The Unipolar Illusion: Why New Great Powers Will Rise", International Security, 17-4 (Spring 1993), 5-51.

35. Layne, Christopher, "The Unipolar Illusion Revisited: The Coming End of the United States' Unipolar Moment", International Security, 31-2 (Fall 2006), 7-41.

36. Leonard, Mark, What Does China Think? (London: Fourth Estate, 2008).

37. Levy, Jack S. and William R. Thompson, "Balancing on Land and at Sea: Do States Ally against the Leading Global Power?" International Security, 35-1 (Summer 2010), 7-43.

38. Li, Mingjiang, "China Debates Soft Power", Chinese Journal of International Politics, 2-2 (2008), 287-308.

39. Liu, Tiewa, "Marching for a More Open, Confident and Responsible Great Power: Explaining China's Involvement in UN Peacekeeping Operations", Journal of International Peacekeeping, 13-1-2 (January 2009), 101-130.

40. Lo, Bobo, Axis of Convenience: Moscow, Beijing, and the New Geopolitics (Washington, D.C.: Brookings Institution Press, 2008).

41. Nye, Joseph, "The Rise of China's Soft Power", Wall Street Journal Asia (December 29, 2005).

42. Pape, Robert A., "Soft Balancing against the United States", International Security, 30-1 (Summer 2005), 7-45.

43. Peerenboom, Randall, China Modernizes: Threat to the West or Model for the Rest? (Oxford: Oxford University Press, 2007).

44. Pyle, Kenneth B., "Japan, the World, and the Twenty-First Century",

in T. Inoguchi and D. Okimoto, eds. , The Political Economy of Japan: Volume 2, The Changing International Context (Stanford: Stanford University Press, 1988), 446-486.

45. Rozman, Gilbert, Chinese Strategic Thought Toward Asia (New York: Palgrave McMillan, 2010).

46. Santander, Sebastian, ed. , L'émergence de nouvelles puissances: Vers un système multipolaire? (Paris: Ellipses, 2009).

47. Schweller, Randall L. and Xiaoyu Pu, "After Unipolarity: China's Visions of International Order in an Era of U. S. Decline", International Security, 36-1 (Summer 2011), 41-72.

48. Segal, Gerald, "Does China Matter?" Foreign Affairs (September-October 1999), 24-36.

49. Seminatore, Irnerio, "Chine/Etats-Unis: un nouveau duopole de puissance", Revue Défense Nationale, 727 (February 2010), 41-50.

50. Shambaugh, David, "A New China Requires a New U. S. Strategy", Current History, 109-728 (September 2010), 219-226.

51. Shambaugh, David, "Coping with a Conflicted China", The Washington Quarterly, 34-1 (Winter 2011), 7-27.

52. Shen, Dingli, "Why China Sees the EU as a Counterweight to America", Europe's World, 10 (Autumn 2008), 48-53.

53. Subramanian, Arvind, "The Inevitable Superpower: Why China's Rise is a Sure Thing", Foreign Affairs, 90-5 (September/October 2011), 66-78.

54. Sutter, Robert, "The Obama Administration and China: Positive but Fragile Equilibrium", Asian Perspective, 33-3 (2009), 81-106.

55. Vermander, Benoît, "La Chine ou les limites du multilatéralisme conditionnel", Les carnets du CAP, 5 (Spring 2005), 21-34.

56. Vermander, Benoît, "La Chine, ou les limites du multilatéralisme conditionnel", Monde Chinois, 10 (Spring-Summer 2007), 87-98.

57. Walt, Stephen M., Taming American Power: The Global Response to the U. S. Primacy (New York: Norton, 2005).

58. Wu, Guoguang, "China's Recent Discussions of Political Reform and Leadership Responses", East Asia Policy, 4-1 (2012), 87-95.

59. Wuthnow, Joel, "The Concept of Soft Power in China's Strategic Discourse", Issues & Studies, 44-2 (2008), 1-28.

60. Yan, Xuetong, "International Leadership and Norm Evolution", Chinese Journal of International Politics, 4-3 (Autumn 2011), 233-264.

61. Yang, Wenchang, "Ushering in an Era of Multipolar Cooperation", Foreign Affairs Journal, 89 (Autumn 2008), 41-54.

62. Ye, Zicheng, Inside China's Grand Strategy: The Perspective from the People's Republic (Lexington: The University Press of Kentucky, 2010).

63. Yu, Defu, Daguo Faze [Great Powers' Rules] (Beijing: Zhongguo Huaqiao chubanshe, 2009).

64. Yu, Keping, ed., The Chinese Model and Beijing Consensus (Beijing: Social Sciences Press, 2006).

65. Zakaria, Fareed, "How to Be a Real Superpower", Time (November 28, 2011).

66. Zhang, Feng, "The Tianxia System: World Order in a Chinese Utopia", Global Asia, 4-4 (Winter 2010), 108-112.

67. Zhao, Tingyang, Huai Shijie Yanjiu: Zuowei Diyi Zhexue de Zhengzhi Zhexue [Investigations on the Bad World: Political Philosophy as First Philosophy] (Beijing: People's University Press, 2009).

68. Zheng, Bijian, Lun Zhongguo heping jueqi fazhan xin daolu. [Peaceful Rise—China's New Road to Development (bilingual edition)] (Beijing: Central Party School, 2005).

69. Zheng, Yongnian, Gang Chen, and Long Fook Lye, "China's Politics: Preparing for Leadership Reshuffling and Maintaining Status Quo", East Asia Poli-

cy, 4-1 (2012), 5-13.

70. Zhu, Liqun, China's Foreign Policy Debates, Chaillot Papers (Paris: Institut d'études de sécurité de l'Union européenne, 2010).

崛起的巨龙：
21世纪中国军队军事现代化

莫妮卡·钱索丽亚（Monica Chansoria）

译者导读：莫妮卡·钱索丽亚是印度军方智囊机构——地面作战研究中心专门从事有关中国问题研究的高级研究员，在国际上具有较高知名度。本篇论文多年来备受全球国际关系及军事研究领域学者的关注，被广泛引用。它集中反映了印度乃至东南亚一些国家是如何看待中国军队现代化变革、如何在未来应对中国之崛起与军事发展对其造成的威胁。本文首先从军事理论角度介绍中国军队的区域拒止/反介入战略、有限区域力量投送、一体化联合行动、联合作战训练等，继而逐一针对中国的陆海空及火箭军部队的现代化发展与未来潜力予以深度剖析，提出中国的积极防御是其为实现军事战略目标而奠定的威慑性基础，认为中国军队不仅在为未来战争做准备，而且还在为它能够在威慑或阻止未来战争的爆发过程中发挥决定性力量而做准备。文章大量引用《2008年中国的国防》白皮书及中国与美国学者对中国军队的研究文章，但是细读之下能明显看出本文尽管分析细致、旁征博引，但在核心观点与重点问题的分析论证过程中存在过度接受乃至附和美国学者观点的现象，从而衍生出来一些断章取义、夸大威胁的问题。故而本文能从侧面反映出"中国威胁论"为何会在亚洲地区受到一些学者的追捧，继而为我国采取应对措施提供启发。

摘要：中国正在以稳健的经济增长为支撑，打造强大的军队，这展现了它成为亚洲大国的坚定决心。通过向全球展现其军事实力，中国军队彰显了它60年来的巨大发展，它已经从一支装备老旧、打人民战争的"红军"发展壮大成为一支强大的现代化军队。我们将中国人民解放军（PLA）的现代化进程视作其为实现军事战略目标而奠定的威慑性基础。当前，中国军队不仅在为未来战争做准备，还在为它能够在威慑或阻止未来战争的爆发过程中发挥决定性力量而做准备，这一决定性力量不仅源自中国军队自身拥有的、足够的威慑力量和使用该力量的决心，还源自中国军队为应对未来小规模、高强度的区域性作战和军事行动而努力确保的该力量的可靠性。基于上述数据及后续分析，我们不禁质疑"中国为什么要壮大军队？"要阐明"和平崛起"与"军事现代化"这对复杂、对立但又相辅相成的理念成为必然。正是因为如此，围绕"中国威胁论"而全面展开的热议才会在亚洲及其他地区引起人们的高度重视。

关键词：中国军队军事现代化；中国威胁论；以信息化为目的的中国国防与军事战略；顶级作战与训练纲要；积极防御战略；沿海防御

一、导 言

中国以稳健的经济增长为基础构建强大的军队力量，这表明其成为亚洲大国的坚定决心。中国决策者们致力于打造"防御性国防"，以应对《2008年中国的国防》白皮书中逐一阐明的"台独""东突""藏独"等问题。通过向全球展现其军事实力，中国军队彰显了它60年来的巨大发展，它已经从一支装备老旧、打人民战争的"红军"发展壮大成为一支强大的现代化军队。中国对外宣称，中国军队现代化的目的是更新老旧的武器系统和装备，是合理的，而实质上这是为了调整业已不合时宜的力量结构，可被视为中国为实现军事战略目标而奠定的威慑性基础。当前，中国军队不仅在为未来战争做准备，而且还在为它能够在威慑或阻止未来战争的爆发过程中发挥决定性力量而做准备，这不仅源自中国军队自身拥有的、足够的威慑力量和使用该力量的决心，而且还源自中国军事力量的可靠性，而这种可靠性正是它为应对未来小规模、高强度的区域性作战和军事行动而竭力确保的。

上述诸多变化引发热议,即"中国为什么要壮大军队。中国当前正在同时推进和平崛起和军事现代化,而这是一对复杂对立但又相辅相成的理念。因此,围绕"中国威胁论"而全面展开的热议才会在亚洲及更大范围的地区引起人们的高度重视。许多国家,尤其是中国周边的亚洲国家越来越担心和忧虑,认为伴随着中国经济的腾飞、军事实力的增长与军事影响的扩大,中国的军费开支势必会增加。

信息化已经成为中国国防和军事现代化的核心目标,本文以此为基础,重点剖析中国军事战略的演变轨迹及其影响。在信息化进程中,中国逐渐形成了一系列战略,这在陆海空和第二炮兵部队的现代化变革中得到了鲜明体现。本文对上述军种与部队的相关情况进行了深入且全面的探讨,通过分析我们发现,强大的军事现代变革给中国政府带来更多的选择余地,这将促使它在面对不利境地时更倾向于寻求政治外交优势来解决与亚洲邻国的纠纷。

中国与亚洲邻国印度存在明显的领土和边界争端,不仅如此,中国与东盟多国在南海问题上存在严重的领土争端问题,在这一背景下,中国军队目前正在积极构建的力量投送能力就需要被谨慎对待。此前,中国宣称已决定通过与东盟国家的合作来妥善处理南海问题。

探究中国军事现代化的原因,其根源在于中国军队自1949年后几十年间军事战略的逐渐演变。迈克尔·斯万(Michael Swaine)与阿斯里·特里斯(Ashley J. Tellis)认为,尽管中国从未明确提出过任何大战略,但它一直在以此为目标,不断根据历史进程、政治和地缘战略环境的需要而调整这一大战略,而该战略共有三大相互关联的目标,即在国内仍存在一些矛盾的情况下维持国家稳定和繁荣,在国家领土和主权遭到外部的持续威胁情况下进行国家防御,持续保持并发挥中国作为一个主要大国的地缘政治影响[1]。实际上,就中国是否真正有大战略这一问题,一直以来都存在争论。大卫·芬科尔斯坦(David Finkelstein)认为,从中国国家领导人所做的公开性讲话和官方引用的话语来看,国家安全的目标主要在于主权、现代化、稳定这三个核心词[2]。

中方强调,尽管这一战略是在敌人发动攻击后予以反击,但这并不意味着被动挨打。这一说法极有可能成为它以预防性的军事打击行动作为国家防御手段的原因。肯尼斯·阿伦（Kenneth W. Allen）、格伦·克伦木尔（Glenn Krumel）和乔纳森·波拉克（Jonathan D. Pollack）指出："尽管只是一个模糊的概念，但人民战争这个概念确实影响了中国人的思维方式，至少在宏观的理念层面是这样的。"[3]他们认为人民战争的战略核心要旨可概括如下：

中国陆军在其他准军事力量和普通民众的支援下，将敌军引入己方腹地直到他们的队伍因纵深过大而被极度分散。中国共产党领导的军队避免在固定地区进行防御，而更多地采用具有高度机动性的游击战战术来割裂敌人，在使之被分割为零星部队后再包围并歼灭他们。而当这一目标无法实现时，他们则撤退并随后扰袭敌军。长此以往，敌人就会士气低落、筋疲力尽，只好投降[4]。

中国的古圣先贤提出"以心驭物""上兵伐谋"和"谋略制胜"等思想[5]。但人民战争正面临一个困境，需要将上述古代思想运用到社会主义新形势下的斗争中去，故而需要强调"人民"的力量。其他相关的论著也强调，"在变革形势下尽管存在变化，但人民战争并没有也不应当被抛弃"[6]。在人民战争的帮助下，"中国将会以弱胜强"。"人民战争"意味着整个社会或国家全面投入到对敌斗争中，而这也与如今的战争性质相吻合："现代战争是融军事科学、政治、经济、外交关系、科技和文化于一体的战争。"未来的防御性战争涵盖陆地、海上、空中和太空等多领域，这样的战争必然波及军队以外的领域，故而人民战争是行之有效的战略，民兵、百姓和社会的各个层面都要在捍卫党和国家的安全方面发挥作用。我们强调的是，人民的意愿和政治觉悟超越经济和科技因素。另一个仍适用于当代社会的观点是，现代军事武器只有在人们以战略为核心的情况下才能发挥功效。如果战争是国家实力与经济实力的较量，那么增强人民素质、增加财富和提高生产力就变得至关重要[7]。

海湾战争让中国军队重视科技对作战的影响，认识到其军队作战理念过于落后而不能满足现代战争的需要[8]。在军队内部已有人倡议，在未来的科技局部战争中，中国军队不应只注重打赢战争，还要注意风险评估。在灵活应对地面战争的同时，还需要注重空中和海上的威胁。中国政府应当做好准备，既能打得起快速战，又能打得赢持久战。[9]始终致力于科技强军的中国正在努力发展新型高科技武器和装备，推进人才培训计划，在信息化条件下开展军事训练，并且全方位地构建现代化的后勤保障体系，为的就是改变作战能力的培养模式。[10]理查德·费希尔（Richard D. Fisher）认为，中国当前的军事现代化可分为两个主要阶段：第一阶段从改革开放后直至2010年前后，它可被视为"迎头赶上"期，主要是围绕中国台湾和朝鲜半岛等地区问题而进行军事准备，并巩固对南海的控制；第二阶段则是以第一阶段的成果为基础，但更贴近全球军事发展。中国第十一个五年规划（2006～2010年）的开头几年是这两个时期的重叠期。[11]

上述新科技包括非常规战争、电子战、信息战和洲际导弹所涉及的科技。"信息和知识已经改变了先前只以武装集团军、空中联合部队及航母作战群等的数量来衡量军事力量的评估方法。当前，需要将无形的能力也纳入其中，如运算能力、通信能力、可靠度、实施侦察能力等。"[12]它们都是当前中国要打赢高科技条件下的局部战争的关键要素，也是打赢信息化条件下的、超越地域和领土限制的战争的重要因素。中国军事战略家对它们高度重视，将其理解为未来短期内所爆发战争的主要模式。

二、中国的军事作战战略及其组织形态

分析一个国家的军事理论有助于剖析阐释该国的战略企图和军事力量编制。对于中国，军事理论可进一步划分为"作战理论"和"作战实践"，而军事科学则将二者联系起来。[13]在1993年8月，中共中央军委副主席刘华清将军发表重要文章，题为《坚定不移地沿着建设有中国特色现代化军队的道路前进》。[14]文章得到积极响应，军事战略家草庐公发表评论，指出高科技战争模式将会是未来冲突的重要特征，军队需要有高学历的科技人才。他还进一步指出，中国的国家利益应当集中在处理局部战争和冲突上，这主要包括两种情况[15]：

(1) 为保护祖国统一完整的战争。

(2) 为收复失地的战争。

本质上，中国军事战略家对新的历史使命所做出的回应就是重点研究如下情况：可能突发的小规模地面战争，有争议的海洋和海岛引发的海上纠纷，突然性空袭，针对侵入中国领土的、有限规模的攻击而开展的行动，以及中国军队为防范敌军入侵或为破解威胁局势而在敌人阵地开展的反击行动等[16]。中国军队将作战划分为三个层面，分别是战争、战役和战斗，它们分别对应着战略、实施战役的方法和战术[17]。1999年，官方发布的《新世纪发展纲要》对中国的军事理论进行了详尽的阐释，而作为作战和训练的最高级别的指导文件，这份纲要标志着中国军事理论的逐渐形成，为陆军、海军、空军、火箭军和战略支援部队的联合作战提供了指导性文件[18]。

（一）积极防御

中国作战战略纲要的核心是积极防御，即"中国不主动挑起战争，也不会发起侵略性攻击"[19]。中国作战战略纲要继承了毛泽东早在1936年就提出的"积极防御"思想[20]：

> 只有积极防御才是真防御，才是为了反攻和进攻的防御。据我所知，任何一本有价值的军事书，任何一个比较聪明的军事家，而且无论古今中外，无论战略战术，没有不反对消极防御的。

不仅如此，它还强调了在敌占区作战为了防御或采取先发制人的攻击。中国人民解放军国防大学教科书《军事战略学》中提到，"在高科技条件下，对于防御方而言，在敌方发动首次攻击后再予以反击并掌控战场局势的战略并不意味着被动挨打"[21]。随后，该书把上述"首次进攻"界定为，"如果敌对势力，如宗教极端主义者、国家分裂分子和国际恐怖组织成员侵犯国家主权，就可被视为政治和战略层面的首次进攻"[22]。

根据王乃明的阐述，在执行积极防御的战略时，最重要的不仅是赢得战争胜利，还要拥有遏制战争的能力[23]。在现代化条件下，人民战争不仅仅意味着直接为打仗做准备，还包括对国防的长久建设。这是党、政府、军队和敏捷组织的统一战线，涉及政治、经济、文化等其他领域。国防力量不仅取决于军事实力，还有赖于国家的综合实力，后者是军队建设和备战的基础[24]。在过去20年间，中国军队购买和合作生产外军武器的能力、借鉴吸收外军科技的能力都有明显增长，随着时间的推移，它已经在作战能力的提高和军队建制的完善方面取得了长足进步。尽管迄今为止中国仍是凭借政治与经济等国家实力来实现其在亚洲地区的国家目标，但军地双方的战略学者们都将军队的发展视为增强国家综合实力的核心要素之一[25]。

因此，中国军队的使命并不只是备军为战，更重要的是遏制或者阻止战争的爆发。就这方面而言，当前正在推进的军队现代化就成为其过去十年间实施威慑的基础。积极防御的概念旨在充分发挥诸军兵种的作战优势，注重运用灵活机动的战略战术。这一发展纲要在坚持自我防御、谨慎用兵、有效控制战事、努力减少战争风险与代价等原则指导下，彰显了其对危机和战争的威慑作用。为此，需要构建一个精悍有力的威慑性军事力量，并能灵活使用各种威慑手段[26]。该战略威慑目的在于"抵制外侵，捍卫主权，保护国家权力与利益，针对国内外企图分裂国家和颠覆国家的敌对势力予以威慑，从而捍卫国家主权、安全、领土完整，维护国家安全统一"[27]。威慑所必需的三大要素为：

（1）拥有一支可靠且具备足够威慑力量的军队。

（2）具有使用该力量的决心[28]。

（3）威慑方和被威慑方之间信息顺畅，以确保敌人了解并且相信我方拥有该力量与使用该力量的决心。

当今，中国军队将其"核心军事力量"首先界定为"在信息化条件下打赢局部战争"，其次则是在非战时开展军事行动。[29]中国分析家和政策决策者们都坚信，"忽略了长期利益就无法达成短期目标，不能纵览全局就难以在局部制胜"。[30]

（二）区域拒止/反介入战略

为达成军事目标，中国正在努力谋求在其周边实现区域拒止的能力。根据美国国防部的界定，区域拒止能力指的是"阻拦敌人运用空间和装备的能力"[31]。它有别于某一方军队的区域控制力或对特定区域的掌控力。针对可能部署在西太平洋地区（反介入）或在该地区开展军事行动（区域拒止）的外军力量，中国有针对性地不断发展对其远程攻击的能力。[32]该战略的另一关键要素涉及电磁和信息领域。中国军事家们反复强调现代战争中必须对信息予以掌控，这也被称为"信息封锁"或"信息主导"，强调把握先机是战役初始阶段的制胜要素。中国一直致力于提升信息和作战安全，注重发展电子战和信息战的能力，努力完善拒止与伪装战略。未来，中国的"信息封锁"有可能延伸到国家机器的军事与非军事领域，触及现代战场空间的方方面面，甚至包括外太空。[33]

通过发展区域拒止能力，中国试图在其领土与领海周边地区构建一个缓冲地带，从而增加其他国家对其本土目标实施军事打击的代价。[34]正如其2006年国防白皮书所阐明的，"中国将逐渐扩大沿海防御的战略纵深"[35]，但边界的增加将削弱地面部队的区域拒止能力，同时，其领土将更容易遭受远程精准打击。[36]中国的海上区域拒止能力，特别是在台湾海峡，已经对试图进入该区域以谋求台独的美国及其他军事力量形成了遏制与限制。此外。中国政府认为，海上区域拒止能力还确保了诸如广东与上海等多个发达省市的安全。[37]

（三）有限区域力量投送

广义而言，对周边地区实施区域拒止的能力可被视为一种中国正在努力谋求的力量投送能力。泰勒·法拉维尔（Taylor Fravel）认为，"力量投送是在海外部署并维系军事力量的能力，对于进攻性军事行动尤为重要"[38]。由此看来，区域性力量投送有利于中国实现其在亚洲的多个战略目标[39]。当我们对中国当前的军事力量结构与其未来完善后的结构进行分析时不难看出，中国正凭借其将力量递进式延伸至"第二岛链"的能力来寻求对水面舰只实施打击的能力。中国的"第二岛链"战略中在发展将力量投送到第二岛链——该岛链起自日本列岛,经澳大利亚北部延伸到印度尼西亚——以外的区域的能力[40]。为实现上述目标,中国军方的战略重心向空军倾斜。为此,它斥巨资打造第一艘航母"辽宁号"并配备苏-33战斗机群,同时还研发出可携带巡航导弹的轰炸机。在这方面,海南岛成为"第二岛链"战略中的关键环节,因为它能够让战斗机深入印度尼西亚群岛、澳大利亚等地。海南岛上有六个机场,其中三个是军用机场,三个是军地两用机场(两个有11000英尺的跑道,能够满足远程飞机的需要)。在海南三亚的海军新基地(位于南海)有一支水面舰队,该基地也可用作水下潜艇基地,用于停靠包括弹道导弹战略核潜艇在内的水下舰只。根据2008年2月所拍摄的卫星图,"清"级潜艇被首次部署在海南榆林海军基地[41]。三亚军事基地的建成将有利于中国在南海地区拓宽影响范围,并在马六甲海峡这一关键区域赢得更宽广的海上通道。另外,中国海军试图在2015年前在印度洋北部形成并保留军事存在。上述目标在沈丁力最近的发言中都有所体现,当时他强调,对中国真正构成威胁的是其他国家封锁中国贸易线路的能力,而中国迫切需要的不仅仅是一支蓝色海军,还要有"能降低供给成本的海外军事基地"[42]。

(四)一体化联合行动:进攻性防御手段

积极防御的战略纲要旨在打赢信息化条件下的局部战争。这就要求现代战争模式下的作战体系与一体化联合行动这一基本作战手段彼此相契合。

为了彰显联合作战的必要性,中国军队反复强调"一体化联合作战"理念。对于他们而言,这一理念意味着将多个军种部队(陆海空、导弹后勤与装备支援等部队)与战场系统(情报、侦察、通信、电子战、火力支援等)予以整合,并在规划与执行过程中确保各个组成部分都能参与到行动中,并给予同等的重视[43]。日臻完善的通信体系(得益于军队信息化)使诸军种各部门间能够迅速传递信息,这成为一体化联合作战的核心要素[44]。对于一体化联合战场或其他未来发展目标的高度重视,反映出中国军队对自身组训方式和考核规范正在进行审查与完善[45]。例如,成都军区自2004年以来一直开展联合作战训练，以满足信息化条件对新型作战方式的需要。但值得注意的是，许多部队并没有相应的新体制或新装备来发挥联合作战的优势，因为他们"尚处于机械化或半机械化发展阶段，信息化程度较低"[46]。上述内容表明，新的旅级编制未能在全军得到全面落实[47]。

近十年来，中国坚持在战略和作战上进行大的变革，取得了显著效果。其一，它从联合作战上升到了一体化联合作战。尽管联合作战仍然在以树型自上而下的指挥体系为主的单个军种中受到高度重视，但一体化联合作战逐渐因为具有数字化指挥、控制与传感系统而实现了"扁平式"（flat）指挥，跨越了军种差异[48]。中国已经意识到新型指挥体系和科技的必要性，而这意味着电脑模拟和自动化在军种中得到更广泛的应用，凸显了构建 C4I（指挥、控制、通信、电脑和情报集成系统）平台的必要性。该平台还意味着需要对相应的军事科技与理论给予高度重视[49]。其二，它在战略上予以更新和改进。这主要指的是从电子战的远程攻击能力及其对指挥与控制形成的威胁上予以考虑，形成新的战略。中国需要构建出能够在高科技条件下应对电子战的有效战略，并具备打电子战的能力[50]。

据报道，中国军队正在积极训练，以适应未来一体化联合作战战场。它按照机动作战、立体攻防的战略要求，逐步推进由区域防卫型向全域机动型转变，故而合理压缩规模，改革体制编制，逐步推进部队编成向小型化、模块化、多能化方向发展。加快发展陆军航空兵、轻型机械化部队和信息对抗部队，重点加强战役战术导弹、地空导弹部队和特种作战部队建设，不断提高空地一体、远程机动、快速突击和特种作战能力。不仅如此，它还致力于加强信息化条件下的战略战役指挥训练和部队训练，举行跨区域检验性对抗演练，进行整建制夜间训练，开展后勤、装备保障综合演练，拓宽军事训练领域。

建立快速反应部队（RRFs）是中国军队与时俱进、进行体制调整的重要环节。本着维持长期和平、遏制地区冲突并确保打赢局部战争的目的，它正在努力构建具有强大竞争力、基于高科技的快速反应部队，主要用于应对小规模、高强度的区域性军事行动。在 20 世纪 80 年代，快速反应部队开始出现在陆海空三军、陆军特战队、陆军航空部队、海军陆战队和空降部队中[51]。根据最新报道，已有约14个地面师被划入快速反应部队，但难以确定具体是哪些部队[52]。整体而言，快速反应部队比一般地面部队的装备更精良，训练强度更大，人员配备更高端，而快速反应作战理念则包括了训练、速度、力量与有效度等多个要素。

（五）联合作战训练

中国军队已经将军事训练确立为深化综合能力发展与提升战斗力的必要途径，邓力群认为，中国军事现代化"把教育训练提高到战略地位"，军队"把干部的教育训练作为重点"，也就是说，各层级的干部构成了军队的中坚力量，他们就是机构领导与未来战争的指挥官[53]。

《2008年中国的国防》白皮书阐明，解放军正朝着信息化变革的方向改革训练方式。这意味着它正通过举行跨区域检验性对抗演练，进行整建制夜间训练，开展后勤、装备保障综合演练等方式来强化战略与战役层面的指挥训练。正如2009年代号为"跨越"与"先锋"的两次军事演习所展现的，中国军队在大量引进高层次人才的同时，不断加大军事训练力度，开展综合实兵军事演练。为确保具备在信息化条件下的作战能力，它加大对实兵训练的投入。但尽管如此，用于提升指挥与控制系统的资源投入因为训练中存在的一些问题仍收效甚微。根据人民网文章分析，"为确保联合训练指挥的时效性，军队以军地一体化、战场机动与定点指挥一体化为指导思想，建立了复合型光纤传输系统，并运用联合平台、一体化网络与应用等方法来连接联合作战区域内的主要指挥系统，从而确保各级指挥官都能在其指挥层级进行电报、数据和图像的实时传输与接收"[54]。

通过对联合作战纲要、指挥与训练的不断探索，各层级指挥官组织和参与联合作战的能力都有明显提高[55]。在战术层面上，中国人民解放军是以满足联合作战需要为目的，因此在同一地区驻扎的各军兵种单位加强联系与合作，通过跨区域性合作来实施联合战术训练。在2003年9月，中国人民解放军总参谋部在大连开展了一次区域性大规模联合演习，以探索联合战术训练新方法[56]。

当前，中国联合训练的主要问题在于多元素的"合成"与各兵种间、各部门间的"机构壁垒"。为发挥中国军事特色，联合兵种演习重在凸显部队的"合同作战与联合作战"。合同作战指的是"军种内多兵种参与的、由某一兵种在其他兵种协助下来执行主要任务的作战方式"。这就形成了一个单一但具有协同性和整合性的军事行动，其作战任务在某一地域和时间段得以完成。"联合作战"则是指作战任务由两个以上的军种部队履行，他们在相同的作战区域内相互合作，但拥有各自的作战能力，分开行动[57]。

2008年7月，中国军队对《军事训练与考核大纲》进行了第七次修改，该纲要指导军队如何对军事训练予以组织、开展与考核。在2008年，150多个基层单位参与了对《军事训练与考核大纲》的试集训与审核，该纲要于2009年初在全军贯彻执行。新的《军事训练与考核大纲》高度重视真训、实战，注重在电磁与联合环境下训练，强调将新型高科技整合融入力量结构中[58]。据中国某军事出版物称，"在信息时代的军事行动中，军队的基本功能在于迅速占领并维持控制"[59]。解放军总参谋部在2008年组织了两次军事演习，分别是9月的"砺兵–2008"和"联合–2008"，都有多个不同军区参与。这种军区间的联合训练打破常规，要求部队在陌生的地形开展行动，彰显了中国人民解放军在提升机动性与加大实训方面的努力。正如新的《军事训练与考核大纲》所指明的，两场军事演习都凸显了以兵种合同与联合作战为目的而开展指挥训练的必要性[60]。

这也体现了中国军事理论，即讲求信息封锁和攻心为上等。信息战也受到中国军方的高度重视，它被视为一种非对称作战手段，能够帮助弥补他们在军事硬件上相对薄弱的问题。信息战被中方视为未来战争中克敌制胜的法宝。在2009年1月27日的美国参议院军种委员会上，国防部长罗伯特·盖茨（Robert Gates）指出，"最令人担忧的是中国在不断加大投入，以增强其网络战与反卫星战能力，研发并使用对空与对舰反打击武器和潜艇与弹道导弹"[61]。

基于上述针对中国军事理论与战略发展路线的分析和研究，下面我们将分别就中国的陆军、海军、空军与二炮部队进行深入探讨。

三、中国人民解放军陆军

为解决规模偏大的问题，中国陆军优化体制编制，先后经过1997～2000年的50万人与2003年9月～2005年的20万人两次裁减员额，形成了一支更精、更高效的作战部队。过去十年间，它高度重视完善领导与指挥体系，对集团军以上的单位及其附属部门的内部编成予以精简，从而压缩指挥链，完善作战指挥体系，强化指挥职能[62]。

为应对50万人裁减员额与执行新型任务的需要，解放军地面部队自20世纪90年代中期开始逐步调整力量结构，主要作战力量编入24个集团军，这包括近90个机动师（步兵和坦克兵）、15个旅（主要是坦克旅），以及几十个炮兵和防空炮兵部队、作战支援部队和驻地/边境防卫部队等[63]。值得一提的是，一本由国防大学出版社出版的书籍《战役学》对中国军队未来的战役中如何在集团军以上层级开展行动给出了详细的分析，将战役界定为"军团为达成局部目的或全局性目的，按照统一计划与指挥所进行的相互关联的一系列作战行动"[64]。

就陆军的力量建设而言，近年来它一直按照机动作战、立体攻防的战略要求，逐步推进由区域防卫型向全域机动型转变，故而合理压缩规模，改革体制编制，逐步推进部队编成向小型化、模块化、多能化方向发展。加快发展陆军航空兵、轻型机械化部队和信息对抗部队，重点加强战役战术导弹、地空导弹部队和特种作战部队建设，不断提高空地一体、远程机动、快速突击和特种作战能力。装甲兵加强信息系统与武器平台一体化建设，逐步换装新型主战坦克，发展重型、两栖、轻型等机械化部队[65]。

装甲机械化师旅在合成作战师旅中的比例进一步提高，火炮部队致力于发展全方位作战指挥系统，陆续列装远程多管火箭炮、大口径自行加榴炮等一批先进武器装备和新型弹药，初步构建起全程精确火力打击体系。防空兵陆续装备一批性能先进的野战防空导弹、新型雷达和情报指挥系统，逐步建立完善侦察预警、指挥控制、信息对抗与火力拦截一体的对空作战体系[66]。

陆军航空兵是陆军主战兵种之一，实行三级（总部、战区和集团军）管理体制，当前陆军正努力建设一支规模适度、结构合理、装备精良、功能齐全的陆航力量。近年来，陆军航空兵加速推进由运输型、辅助型向合成型、主战型的陆军空中突击力量方向转变，全面加强火力突击、机降作战、空中机动和空中勤务支援等能力训练，积极参加反恐维稳、封边控边、抢险救灾和联合军演等行动[67]。

2009年"跨越"军事演习所展现的跨区机动力

2009年10月1日中华人民共和国成立60周年庆典前夕，中国再次通过历史上最大规模的、代号为"跨越"的军事演习来向全球展现其军事实力。该演习表明，中国军队已经完成了实质性的军事变革，不再是60年前那支装备老旧、以农村为主战场的、打人民战争的军队。它展现了最现代的装备，在部署、运用与维护演习所涉新旧装备的方法上予以创新。中国新闻媒体认为，该演习是"中国最大规模的战术军事演习，进行大规模的远距离跨区机动"。为期两个月的演习出动兰州军区、沈阳军区、济南军区与广州军区的四个建制师近5万人，主要为以地面为导向、空军为部队行进提供支援，进行空中掩护[68]。此外，中国新闻媒体对解放军通过水路、陆路（包括高速列车）和空中等多样化运输模式开展军事行动予以详细报道。中国的邻国对此高度关注，担心上述跨区域机动力可能运用于中国军队的境外行动，而这种情况在邻国允许其部队借道途经本国境内的时候尤为令人担忧。

代号为"跨越"的军演在形式上有了巨大变化，是首次不对台而聚焦中国南海的演习，"跨越-2009"体现了《2006年中国的国防》白皮书所阐明的意图，即中国努力谋求全球大国地位。以此为目的，其首要目标就是建设一支现代化的、能够在2010~2012年战胜中等规模的敌人的军事力量。因此，这场声势浩大的大规模军演实质上是一种手段，旨在以武力为其凭借外交手段解决与他国的突出矛盾提供支援。中国军队从区域性防御向跨区域机动性的转变十分明显。它正逐步推进部队编成向小型化、模块化、多能化方向发展，加快发展陆军航空兵、轻型机械化部队和信息对抗部队，重点加强战役战术导弹、地空导弹部队和特种作战部队建设，不断提高空地一体、远程机动、快速突击和特种作战能力。装甲兵加强信息系统与武器平台一体化建设，逐步换装新型主战坦克，发展重型、两栖、轻型等机械化部队。

代号为"前锋-2009"的军事演习于2009年10月21日在河南某合同战术训练基地展开。据《人民日报》消息，演习主力部队是第20集团军装甲旅、第1陆军航空团、第5空降团部分人员、广州军区与济南军区的飞行大队。济南军区副司令员冯兆举中将（译者注：现已调任他职）表示，"本次演习是中国军队首次真正意义上的基本战役军团的联合作战与联合训练行动"。这表明中国军事变革理论已逐步落实到实际的战术与战役行动上。该场军演有200多个国家的军事观察员莅临参观，第14集团军某师和成都军区空军某航空师尝试在开展独立性联合行动的同时，对地面部队进行空中支援。第20集团军军长徐经年少将（译者注：现已调任他职）指出，他们在信息处理方面基本上解决了语音指挥的问题，部分情况下也能解决数据通信的问题，当前演习面临的仍主要是通信问题。他强调："这次演习最大的难点是怎么做到信息的互联互通，而且还做到情报实时、人口共享……无缝隙连接目前还未能完全做到……"[69]作为军队现代化改革的重要组成部分，大量新型武器装备已经在过去十年间列装部队。但有关这些武器装备维护与操作的人员培训仍遭遇"瓶颈"，难以解决。

四、中国人民解放军空军

长期以来，中国逐渐从最重视大陆安全转向优先确保沿海地缘安全，这决定了中国空军与海军的发展重点，而这种转变也体现在其资源调配、国防采购策略与国防力量结构调整上。《2004年中国的国防》白皮书对陆军发展尤为重视，但此后它逐渐将发展重心转向空军、海军和第二炮兵部队。官方文件表明其意图：

"全面提高作战力量建设，加强制空、控海和战略突袭的能力。"

由于力量结构在远程空中与海上作战方面受到区域投送能力的制约，中国空军在过去十年间一直致力于发展短程战斗机和中远程轰炸机。尽管当前已研发出为国产战斗机空中加油的技术，但在大型加油机上仍投入不足，难以支撑远程攻击和境外长时巡航。最先进的多功能战斗机苏-30MK虽具备空中续航能力，但与由旧式轰-6改造而来的加油机不匹配[70]。

为保持空中防御能力，适应信息化空中作战要求，它逐渐由国土防空型向攻防兼备型转变，发展新型战斗机、防空反导武器、集成信息作战与空中指挥自动化系统，加大多兵机种训练比重，提升其履行空中突击、早期预警与侦察、战略机动与一体化支援等任务的能力。

中国空军当前正在发展攻防兼备的空地一体化能力。在力量投送方面，战斗机和战略飞机拥有更远的作战半径，大力发展资本密集型空中加油能力。为建设现代化战略性空中力量，它重点发展侦察与早期预警、空中打击、防空反导能力，陆续装备一批较先进的信息化装备和空空、空地精确制导导弹，完善情报预警、指挥控制和通信基础网络。《2006年中国的国防》白皮书阐明：[71]

"空军加快由国土防空型向攻防兼备型转变，提高空中打击、防空反导、预警侦察和战略投送能力。"

空军主要分布在中国五大沿海战区，作战飞机主要部署在南京和广州军区，毗邻海岛。当前服役的飞机中大部分为短程防御型，其所在地理位置也更倾向于防御性目的。但新型的歼-10B飞机可空中加油，执行远程任务，而苏-30和歼-11也具有远程作战能力。上述型号飞机较其他战斗机而言，更适合中国对南海、朝鲜半岛和日本进行部署。尽管苏-30MKK、歼-11、歼-11B、枭龙战斗机以及正在研发的J-XX隐形轰炸机等目前尚未大批量列装，但其他国家在数量上和先进程度上也并未达到同等水平。其中，J-XX隐形轰炸机更倾向于YF23而非F22隐形战斗机。[72]根据美国五角大楼2009年报告，从俄罗斯直接采购的装备包括苏-27、苏-30、空中防御系统、空空导弹和精确制导导弹等，这一定程度上体现了中国在新型武器、科技、作战能力上加大发展、采购、获取力度的决心，并间接反映出中国军队是如何预估未来战争模式并予以备战。

尽管空军仍是中国军事力量中最为薄弱的环节，但中国正努力发展强有力的空中拒止能力，例如，它在台湾地区有挑衅性动作的时候在台湾海峡建立了"防空识别区"。[73]在"跨越-2009"军事演习之后不久，空军第15空降军就举行了相似的、为期20天的大规模"空降机动-2009"演习，就"跨越-2009"中陆军部队的作战任务进行了演练，参加演习的有13000多人先经公路到达预定位置，继而空降至演习区域，途经湖北、安徽、江苏，而诸如ABD-03伞兵战车等参加国庆阅兵的重型装备则经铁路输送至演习指定区域。据中国官方媒体新华社报道，此次演习是"中国空降兵历史上最大规模跨区战役机动综合演练"[74]。

但尽管如此，中国空军仍缺乏诸如空中加油等关键要素，难以迅速提高战斗力，这极大地制约了它的发展。不过，它已经拥有了空中预警与指挥系统（AWACS）。另外，它拥有超过1700多架飞机，规模过于庞大且型号混杂，给维护和存放带来极大困难，难以配备通用型传感器及武器。[75]

值得一提的是，空中加油和空中预警与指挥系统未来发展会放缓，因为数量的增加只能为其能力提升奠定基础，战斗力只有在多种能力相结合的情况下才会得以迅速提高，这包括作战技能，侦察、指挥与控制能力，空中加油续航能力，突击能力等。中国空军拥有的700余架现代攻击机与战斗机能够执行远程任务，其中100余架为苏式设计。飞行器有赖于国外设计，这体现了中国空军在空中加油技术上的重大缺陷。即使它从当前现代化进程中获益匪浅，但为增长空军实力而长期采购国外武器的做法也制约了中国军队的现代化发展。[76]因此，中国空军正处于转型期，在力量结构和武器装备上十分薄弱，有待改进，而这极大地制约了其履行远程任务的能力。

五、中国人民解放军海军

中国海军于20世纪90年代后期步入转型期，尽管其力量结构和武器装备主要取决于其沿海防御任务，但当前其所具备的能力已能履行公海任务，在本国海域外区域的远程部署能力也有极大提高，为其达成政治目的增加了筹码。[77]在改变作战理念的同时，人们认识到，重新获得短时高强度作战中的主动权是十分复杂的，故而在局部战争中要格外注重初始进攻[78]。鉴于此，中国选择的作战模式倾向于首战决胜、速战速决。在双方势均力敌时，最重要的是进攻。决策者们认为，在未来中国将立于强国之林，作战前线延伸至陆海空全方位区域，有必要建立并维护"安全空间、生存空间、科学探索与技术发展空间和经济活动空间"[79]。在这种情形下，海军通过一体化海空能力扩大近海防御作战空间和防御纵深，加强、完善海战场建设，压缩指挥链并对各种作战力量进行科学编成，突出海上作战兵力特别是两栖作战兵力建设[80]。

在发展新型武器装备、优化装备结构的同时，中国海军水面舰艇部队形成了以新型导弹驱逐舰和护卫舰为代表的水面打击力量，具备海上侦察、反舰、反潜、防空、布雷等作战能力。陆战队形成了以两栖装甲车为代表的两栖作战力量，具备两栖作战能力。2005年，中国与俄罗斯开展联合演习，代号为"和平使命-2005"，在这期间中国展示了它的两栖登陆能力。此后，它优化后勤保障体系，提高海上综合保障能力。《2008年中国的国防》白皮书不仅指明了海军的重要意义，还表明"海军按照近海防御战略的要求，坚持把信息化作为现代化建设的发展方向和战略重点"。

胡锦涛担任国家主席时强调，中国要通过发展战略舰队来变为"海上强国"[81]，故而中国政府努力提升国家军事实力，发展力量投送能力以进入位于全球南部、资源丰沛的区域，提升打击能力。以此为背景，它正通过发展潜射洲际弹道导弹（SLBM）"巨浪2"来增强其第二次打击能力，预计在2010~2011年组建一支装载36枚"巨浪2"且射程达到72公里的潜艇舰队。在第一岛链，即沿海区域，中国业已完成目标，因此，其第二岛链战略目标就是研究将力量投送到第二岛链以外区域，该岛链从日本列岛开始，涉及澳大利亚北部和印度尼西亚等区域。此外，中俄海军在核力量上的差距正在逐渐缩小，预计到2030年，中国海上核实力将赶超俄罗斯。

尽管中国海军仍有一些旧式小型舰只尚在服役，但某些地区将随着信息化变革的推进而部署较多潜艇。分别于1974年和1983年投入服役的两种核潜艇（091型汉级核潜艇与092型夏级核潜艇）并不能够展现其科技现状。新一代核潜艇（94型清级核潜艇和093商级核潜艇）将极大地提升中国潜艇力量，首次达到基本战略能力。[82]

《2008年中国的国防》白皮书特别强调了海军的重要性，明确海军要按照近海防御战略的要求，坚持把信息化作为现代化建设的发展方向和战略重点。深化改革，创新组训方法，深化训练内容和组训方式改革创新，突出海上一体化联合作战训练，增强在近海遂行海上战役的综合作战能力和核反击能力，加强舰艇基地、停泊补给点、码头和机场建设。海南三亚海军基地可容纳大型水面舰队，服务于包括核潜艇在内的潜艇部队，这将进一步增强中国在南海的实力，有助于在关键性海洋路线附近增强其军事存在。此外，中国海军还计划在2015年以前在印度洋北部区域具备作战和自我保障能力。

根据2009年美国政府报告，在过去十年，中国将十艘新型重要舰只投入使用，这包括基洛级柴电潜艇和水面舰只、"杭州号"等多用途现代级导弹驱逐舰、反舰巡航导弹（SS-N-22"日炙"和SS-N-27"炎热"）等。而这些反舰巡航导弹可通过俄制潜艇、水面舰只、飞机、海岸发射台等发射。水面舰只包括"旅洋-II"和"泸州号"防空导弹驱逐舰，列装有远程反舰巡航导弹和舰对空导弹，凸显出中国海军对与机动性大范围空中控制相结合的反舰作战的长期重视。同时，它还为这些舰只配备装载有KH-31反舰导弹的苏30-MK2战斗机以及FB-7战斗轰炸机，用于海上拦截。如能外购类似于"伊尔-78"的空中加油机，就能进一步延伸载有精确制导武器的中国空军与海军攻击机的作战半径，提升中国远海舰对空部队、基地、后勤中转站等的威慑力度。如能外购或研发出远程无人机（UAV）或无人作战机（UCAV）等，如以色列哈比（Harpy）无人机，则又将给中国提供更多用于远程侦察和攻击的手段。[85]

在提升海上拒止能力方面，中国取得了长足进步，潜艇力量增强，有62艘潜艇，其中包括12艘新型基洛级俄制潜艇，还有国内研发的柴油潜艇和核动力攻击舰。[86]值得注意的是，中国正在发展的局部海上拒止能力，如水雷、潜艇、海上攻击机、装载有反舰导弹的现代化水面舰只等，都为其远程拒止系统奠定了防御基础，而当前中国拥有的基洛级、宋级、商级和元级等潜艇则表明，它高度重视海上拒止战略中的水下作战。事实上，上述潜艇的外购正是它在改良现有平台上屡次遭遇失败的结果。

当然，航空母舰是最能体现中国提升其投送能力企图的标志。在2008年12月，中国国防部发言人申明，中国将认真对待"修建航母"的事宜。一周后，日本《朝日新闻》报道，中国计划从2009年开始建造两艘航母，其中一艘将于2015年服役。[87]中国计划外购50架航母舰载苏-33多功能飞机，当前正处于协商状态，而这表明，中国在积极地为航母投入使用做准备。但航母本身并非一个终极目的，而只是一种手段。中国所努力达到的终极目的是成为海上强国，而航母将为此提供平台。[88]在一体化联合作战的背景下，航母将为空军远程任务提供支援，赋予中国军队履行远程任务的能力。

六、中国人民解放军第二炮兵部队

解放军第二炮兵部队（译者注：现更名为中国人民解放军火箭军）是中国重要的战略部队，是实施战略威慑的核心力量，主要遂行核反击和常规导弹精确打击任务。通过加强导弹武器的改进和研发，提高导弹武器和指挥、通信、侦察等配套装备的信息化水平，当前，二炮部队的快速反应和精确打击能力不断提高，战斗力和效率稳步提升。[89]它优化作战力量结构，完善适应信息化战争的导弹作战体系，并以此为目的建立了野战保障综合数据库和后勤物资信息化管理平台，完善作战阵地人员生存保障系统。[90]《2008年中国的国防》白皮书指出：

"在国家遭受核袭击时，使用导弹核武器，独立或联合其他军种和力量，对敌实施坚决反击。"

这表明在某些冲突中，中国空军和海军也可能执行核任务。除此之外，常规导弹的生产、核武器库的改善及其战后存活力的提升都彰显了中国军队提升二炮这一战略核力量的存活力，进而使其更具威慑性的决心。核武器库经历了从发射台发射到公路机动发射、从液体燃料到固体燃料的改进。

二炮部队具备用地对地导弹（SSMs）进行陆基战略核反击和常规导弹打击的能力。根据美国国防部新近发布的报告，为了对区域性基地、后勤和保障设施等予以威慑，中国可能部署短程/中程弹道导弹（SRBM/MRBM）、对陆攻击巡航导弹（LACM），使用特种作战部队，开展计算机网络攻击（CNA）等[91]。2009年美国国防部报告指出，上述武器系统都能加强中国的常规精确打击能力。

中国拥有1050~1150枚短程弹道导弹（SRBM），而且这一库存量还在以每年100枚的速度增长。第一代短程弹道导弹并不具有真正意义上的精确制导功能，此后的改进型号逐渐扩大打击范围，加大精准度，可荷载包括整体式弹头在内的、更多种类的常规武器。

中程弹道导弹（MRBM）射程（1000~3000公里）：中国军队在寻求拥有更多的中程弹道导弹，以增加其精准打击的范围，打击对象包括远海的海军舰只与航母。

对陆攻击巡航导弹（LACM）：根据美国国防情报局（DIA）的消息，中国军队有少量的战术对陆攻击巡航导弹与精确制导武器，如全天候卫星与雷达制导炸弹等，而且当前它正致力于提升机载反舰能力。

反舰巡航导弹（ASCM）：中国海军正在获取10多种反舰巡航导弹，其中包括20世纪50年代的CSS-N-2"冥河"导弹及先进的SS-N-22"日炙"和SS-N-27B"炎热"导弹。在过去的10年中，反舰巡航导弹的自行研究、开发和生产，以及向国外采购的速度进一步加快。此外，将基于东风-21中程地对地导弹（DF-21/CSS-5）弹体的常规型反舰弹道导弹，进行地理位置定位与追踪的军事指挥、控制、通信、计算机、情报、信息、监视和侦察（C4I2SR）系统，以及舰载终端寻的制导系统三者相结合，从而对水面舰只实施打击。反舰巡航导弹可使用"末敏穿透子母弹"，以"摧毁敌军航母舰载机、控制台和其他重要且可被轻易摧毁的目标"，而这种能力意义重大，即它可在地区冲突中令中国拥有威慑敌人的优势。中国军事专家戴旭对中国反舰弹道导弹做出评价："中国确实在开发反舰弹道导弹。这不是什么秘密，在我们国庆60周年大阅兵的方阵中就有这类武器。"[92]此外，在不断推进军事现代化的进程中，在太平洋地区部署先进武器，军队某高层官员曾指出"这是国家安全的基本需要"[93]。

陆基导弹：中国部署了近120枚陆基可携带核弹头的弹道导弹，包括四个型号，分别是东风-3A、东风-4、东风-5和东风-21。很多人估计，它们都可携带多个弹头，但根据美国情报部门的跟踪分析，这些都是单弹头武器。2008年美国国防部估计，中国有60~80枚可携带核弹头的东风-21，此外还有以东风-21为弹体的反舰弹道导弹。这些导弹部署在60多个发射点，在过去四年间其数量增长了148%。[94]

东风-31为公路机动型、全固体燃料导弹，而东风31-A为可携带核弹头的洲际弹道导弹，它们是中国武器部署的重点。当前中国部署的约有176枚弹头，共拥有240余枚。[95]美国情报部门预估，到2015年将会有75~100枚东风-31A专门针对美国进行部署。这些导弹多为单弹头，携带诱饵和突防装置以反制导弹防御系统。[96]中国拥有多弹头重返大气层技术和多弹头独立分导重返大气层技术，但并未将它们用于导弹研发。例如，根据《简氏战略武器系统年鉴》的报告，只有东风-5A、东风-31和东风-31A使用了多弹头独立分导重返大气层技术。[97]

潜基与海基导弹：中国只有一艘夏级核动力弹道导弹潜艇（SSBN），且尚未进行过威慑性巡航。[98]当前正在建造两艘以上的晋级核动力弹道导弹潜艇。商业卫星2007年7月发回的影像显示，在大连南部的小平岛潜艇基地发现了一艘晋级核动力弹道导弹潜艇。[99]但同年5月的卫星图像显示，两艘潜艇停靠于渤海葫芦岛船厂。[100]目前尚不知晓中国拥有的晋级潜艇确切数目，但根据美国海军情报部消息，"中国正在打造一只拥有五艘晋级核动力弹道导弹潜艇的舰队，每艘潜艇装备10~12枚巨浪-2潜射弹道导弹，从而形成近海弹道导弹潜艇的持续性海上军事存在"，预计将于2010~2011年实现。[101]

巡航导弹：美国国防部认为，中国可携带核弹头的东海-10对地巡航导弹已投入使用，预计中国部署了50~250枚此种导弹，从而"增强解放军核部队的抗打击能力、灵活性和有效性"，进一步提升其威慑和战略打击的能力。

核部队：由于中国对核武器问题发布的细节信息几乎为零，人们对其核储备的规模和结构知之甚少。根据美国国防部的消息，中国核武器数量自2005年以来已经增长了近25%。[102]尽管在有关中国核武器问题上的许多数据尚属揣测，但最低估计也有110~220枚核弹头。[103]同时，由于中国军队可携带核弹头陆基导弹的抗打击能力不断增强,这有可能增强中国的核威慑力。[104]因此,我们谨慎评估中国核力量的现代化发展,认为它在首轮打击中能够存活,故而具备二次核打击能力。

七、结 论

自毛泽东站在天安门城楼上宣告中华人民共和国成立以来,中国政府不断向全亚洲展现其实力与决心,不断通过多方渠道、本着协商原则来处理亚洲地区的主要矛盾。毫无疑问,中国不断增强的国家实力与其在亚洲地区不断扩大的影响与本地区其他国家形成了一定冲突,这样一来,中国的新军事战略就将发挥极大作用,因为它聚焦于中国周边的有限、短时性作战,这也包括关键的经济海域。这些现实的变化促使中国打造一支规模更小、用途更广、更具机动性的军队,它能够在中国领土以外的区域开展军事行动,而这种能力这些年来显著提升但仍受限制。

中国经常宣称"和平、和谐与安宁",自己追求的是战略性稳定,但事实上亚洲邻国一直以来并不信赖中国,而这种战略性防备心理是根深蒂固的。

中国将信息化视为其国防与军队现代化的目标,而且它已为此奠定了扎实的战略基础。中国军队预计在2020年前完成机械化进程,并在信息化进程上取得长足进步,从而在21世纪中叶整体实现国防与军队现代化[105]。中国一再重申,中国奉行防御性的国防政策,其《2008年中国的国防》白皮书表明,它正努力打造"积极性防御的军事战略",而该战略的宗旨其实是运用强有力的军事力量来巩固国防。[106]此外,中国在面对"发达国家在经济、科学、技术与军事等领域的优势"的挑战下,长期致力于打造一支现代化军队,以增强国防力量。在努力构建21世纪积极防御战略的同时,中国政府还制定了四大发展目标:强调对危机与战争的防范和威慑,形成在信息化条件下打赢局部战争的高科技军事能力,提升对多种安全威胁的反制能力,增强军事机动性和后勤保障机械化。根据2008年11月的《中国简报》,中国军队极有可能在2020年前完成机械化进程,并在信息化进程上取得长足进步。[107]在过去几十年间,中国各部门致力于构建一支能够在信息化时代打赢战争的现代化与职业化军队。2007年，台湾当局领导人陈水扁表示，"今年，大陆已经做好了应对紧急军事冲突的准备，等到2010年它就会具有打赢战争的决定性力量"[108]。一篇由中国知名国防分析学者所撰写的文章给出了中国未来预算目标的变化，其中第一个目标就是发展高科技。[109]因此，争论的焦点不是对中国军事力量扩张的未来走向的揣测，而是该力量在现有的亚洲地缘战略格局中会被如何运用。

中国军队现代化进程以军队过去几年所彰显的战略性机动力为助力，提升了其使用军事力量的可能性。尽管中国一直声明防御性军事发展，但其军事现代化进程极有可能在该地区产生级联效应。值得一提的是，中国国家安全战略表明，其作战理念和能力提升"不会局限于"应对台湾、"藏独"和"东突"问题，将此放在我们对"中国国家完整"概念的泛性理解语境中，这可被视为中国在亚洲及更广泛地区的大战略的一部分，它将拥有一支能在更大乃至全球范围实现目标的军事力量。

亚洲地区国家对中国经济的加速发展、军费开支的增加、实力的增强与影响的扩大等感到忧虑，由此引发了对中国长期性国家战略的高度关注。强大的军事现代变革将提升中国的军事实力，给中国政府带来更多的选择余地，这将促使它在面对不利境地时更倾向于寻求政治外交优势来解决其与亚洲邻国的纠纷。我们不能故步自封地以为，今日的中国会因为科技不发达而难以实现其目标，事实上，中国政府正努力解决短板问题，并在非传统领域增强非对称实力，这在网络战争和太空实力上显得尤为突出。因此，在未来20余年后，中国极有可能跻身于军事与外交大国之列。

八、应对措施和建议

尽管区域性经济联系意味着融合，但我们绝不能忽略亚洲主要强国与中国业已存在的分歧。在被称为"亚洲世纪"的21世纪，印度、日本、韩国和越南等亚洲国家正不断强化自身实力以应对中国的"潜在威胁"。中国的邻国拥有可靠的政治军事实力，增强与四方邻国的合作以及与美国、印度、韩国、越南和日本的合作，强化地区性战略，抵制中国"威胁"。当前，在维持传统安全的同时，这些国家正在针对中国"军事威胁"构建防御能力。中国的亚洲邻国重视新兴的战术、技能和方法，将其融入自身的军事理论和训练方法中。准备通过这种战略保护那些易损毁的资产，如军事指挥与控制网络和依赖网络空间的平民基础设施等。这一目的可通过建立区域性网络指挥系统来实现，因为中国已然将网络战视为其新时代作战的前沿手段。

来源：Chansoria M. China：Military Modernisation and Strategy ［N］. *The Journal of East Asian Affairs*，2011，25（1）：15-58.

译者：蔡霞

译者邮箱：nccaixia@163.com

注释

1. 详见迈克尔·斯万与阿斯里·特里斯的文章《解读中国大战略：过去、现在和未来》(Interpreting China's Grand Strategy：Past, Present and Future)（空军系列报告，兰德公司，总部华盛顿，2000年，第 ix-x 页）。

2. 大卫·芬科尔斯坦在文中对中国的国家军事战略进行了深度探讨，相关引用部分参见其文章《中国的国家军事战略》（1998年3月11日，美国中央情报局对外广播情报处资料，第98-070号资料，第108页）。

3. 详见肯尼斯·阿伦等的论著《迈入21世纪的中国空军》(*China's Air Force Enters the 21st Century*)，兰德公司，1995年，第22-23页。

4. 详见 June Teufel Dreyer 在其文章《中国军队在当代的作用》中对当代亚洲军队的详细阐述，该文章发表于《当代亚洲社会的军事力量》一书（Olsen，Edward A. and Stephen Jurika，Jr. 编著，Westview Press 出版社，1986年，第26-27页）。

5. 详见乔治·汤恩波的文章《战略思想》，发表于《中国国防政策》(Segal，Gerald and William T. Tow 编著，麦克米伦出版社，1984年，第3-17页）。

6. 详见邓力群等主编的《中国人民解放军》第 1 期（当代中国出版社，1994 年，第 582-583 页）。

7. 同 6。

8. 详见 Paul B. G. Godwin 的文章《面向 21 世纪的中国军队：对科技、理念、战略与作战的思考》（发表于 Lilley, James R. and David Shambaugh 编著的《面向未来的中国军队》，引自第 55 页）。

9. 详见王乃明的文章《坚持积极防御与现代人民战争》（Michael Pillsbury 主编的《未来战争中国观》，蓝瑟出版社，1998 年，引自第 42 页）。

10. 详见《2008 年中国的国防》白皮书（中国国务院新闻办公室，2009 年，引自第 10 页）。

11. Richard D. Fisher：《中国军事现代化：构建地区及全球军事影响》，普雷格安全国际出版社，2008 年，第 67 页。

12. 《审视信息战》，《解放军日报》，1999 年 2 月 2 日，第 6 页。

13. 《中国海军 2007 年》，海军情报办公室，2007 年，第 23 页。

14. 文章发表于《求是》，1993 年 8 月第 15 期，第 3 页。文章还被归入美国中央情报局对外广播情报处资料，第 93-158 号资料，第 4-7 页。

15. 详见草庐公的文章《走出冷战》，《四川党史》，1996 年 1 月第 1 期，第 38-41 页，摘录自《军事展望》1995 年第 5 期。

16. 同 8，第 49-50 页。

17. 详见阎学同的文章《中国安全战略方向》，《当代国际关系》，1996 年第 2 期，第 2-5 页。

18. 同 11，第 68 页。

19. 美国国防部：《国会年报：中国军事力量》，2007 年，第 12 页。

20. 详见毛泽东的文章《中国革命战争的战略问题》，《毛泽东选集》，外语出版社，1936 年 12 月。

21. 详见彭光谦与姚有志主编的《军事战略学教程》，军事科学出版社，2005 年，第 426 页。

22. 同 21。

23. 王乃明，第 42-43 页。

24. 同 23。

25. 详见有关中国崛起的讨论内容，载《中国的崛起》，彼得森国际经济研究院发布，华盛顿特区。

26.《2008 年中国的国防》白皮书，引自第 11 页。

27. 详见毛泽东的文章《中国革命战争的战略问题》，《毛泽东选集》，外语出版社，1936 年 12 月，第 213-217 页，又见 Dennis J. Blasko 的文章《从军队大阅兵看中国的防御理念》，《中国概要》，2009 年第 9 期第 8 版，2009 年 4 月 16 日。

28. 彭光谦、姚有志：《军事战略学教程》，军事科学出版社，2005 年，第 213-215 页。

29.《2008 年中国的国防》白皮书，引自第 10 章。

30. 详见熊光楷将军的论著《国际形势和安全战略》，部分内容被引入《纵览全局》一文，刊于《北京评论》，2009 年第 5 期。

31. 国防部军事术语及相关用语词典，联合出版物第 1-02 号文件，2006 年 8 月，第 154 页。

32. 美国国防部：《国会年度报告：中国军事力量》，2009 年。

33. 同 32。

34. M. Taylor Fravel：《中国谋求军事力量》，《华盛顿季刊》第 31 卷，2008 年第 3 期（夏季刊），第 131 页。

35.《2008 年中国的国防》白皮书，引自第 10 页。

36. 同 34，第 133 页。

37. 同 36，第 131 页。

38. 同 36，第 134 页。

39. 同 36。

40. 对于中国而言，第一岛链起自日本群岛、琉球群岛，中接台湾岛，南至菲律宾、大巽他群岛的链形岛屿带；第二岛链北起日本列岛，经由马里亚纳群岛，延伸至马绍尔群岛。

41. 引自 Robert S. Norris 与 Hans M. Kristensen 的文章《2008 年中国核力量》，发表于《原子科学界讯息》（Bulletin of the Atomic Scientists）（核分册）（Nuclear Notebook），第 3 期，总第 64 期，2008 年 7/8 月刊。

42. 沈丁力：《不避讳谈中国在海外建立军事基地》，网址：www.china.org.cn，2010 年 1 月 28 日。

43. 详见《推进一体化军事训练》，《解放军报》（美国中央情报局对外广播情报处英译资料），2004 年 9 月 14 日，中文原文引自《解放军总装备部会议》，《解放军报》，2004 年 8 月 31 日。

44. 丹尼斯·布拉斯科（Dennis J. Blasko）：《当今的中国军队：迈向 21 世纪的传统与变革》，劳特利奇（Routledge）出版社，2007 年，第 150 页。

45. 同 44。

46. 引自 2006 年 2 月 16 日，《党旗报》。

47. Martin Andrew：《中国军队的新型力量构成》，《中国概要》第 6 卷第 12 期，2006 年 6 月。

48. Fisher Jr. ，第 11 期，第 71 页。

49. 中国人民解放军国防大学科研部：《高科技条件下的作战指挥》，国防大学出版社，1997 年，第 4 页。

50. 同 49，第 8-9 页。

51. 同 49。

52. 引自《美国国防部报告》，第 32 期。

53. 邓力群等主编的《中国人民解放军》，1994 年第 6 期，第 306 页。

54. 详见人民网，2006 年 3 月 2 日，引自马汀·安德鲁（Martin Andrew）的文章《中国军队力量新估算》，《中国简报》，第 6 卷第 12 期，2006 年 6 月。

55. 《2008 年中国的国防》白皮书，引自第 10 页。

56. 同 55。

57. Srikanth Kondapalli：《2000~2010 年中国军事实力》，K. Santhanam & SrikanthKondapalli 编著的《亚洲安全与中国：2000~2010 年》，第 193-194 页。

58. 《美国国防部报告》，第 32 期，第 50-51 页。

59. 同58，第50-55页。

60. 同58。

61. Gurmeet Kanwai & Monika Chansoria：《2009年"跨越"军事演习：中国跨区域机动性的典型体现》，刊于《SP's地面部队》期刊，第6期（2009年12月~2010年1月刊），第3页（译者注：该期刊是全球首个刊登国防与安全内容的军事双月刊，专门刊登有关地面部队的科技、新闻分析、观点与访谈等文章）。

62. 同61。

63. Blasko，第44页。

64. 详见王厚卿与张兴业合著的《战役学》，国防大学出版社，2000年，该书由语言博士（Language Doctors）公司翻译为英文。

65. 《2008年中国的国防》白皮书，引自第10页。

66. 同65。

67. 同65。

68. Gurmeet Kanwai & Monika Chansoria：《2009年"跨越"军事演习：中国跨区域机动性的典型体现》，刊于《SP's地面部队》（2009年12月~2010年1月刊），第6期，第61页。

69. 同68。

70. Fravel，第134页。

71. 《2006年中国的国防》白皮书，中国国务院新闻办公室，2006年。

72. 详见Sophie-Charlotte Brune、Sascha Lange与Janka Oertel的文章《中国军事趋势：中国解放军的现代化和国际化进程》，刊于《SWP研究报告》，德国国际与安全事务研究所，2010年2月，第72页。

73. 《自由时代周刊》，2007年6月，引自Russell Hsiao的文章《中国在台湾海峡划出防空识别区》，《中国简报》，第8期第1版，2008年1月4日。

74. 同68。

75. 同72。

76. 详见Jon Ferguson Parvin的文章《中国军事现代化：尚未扬帆却关乎

全球利益》，美国陆军指挥与参谋学院下属高级军事研究分院，2009年。

77. 同72。

78. 高国珍、叶章：《1980年以来的我军作战理论》，《中国军事科学》，1996年11月20日，第85-93页；英文译稿引自美国中央情报局对外广播情报处资料，1997年4月22日。

79. J. S. Bajwa：《中国军队现代化：未来潜能评估》，蓝瑟出版社，第113页。

80. 《2004年中国的国防》白皮书。

81. 美国国防部报告，第32期，第17页。

82. 同72。

83. 详见Anthony H Cordesman & Martin Kleiber的文章《中国军事现代化：力量发展与战略能力》，战略与国际研究出版社，2007年，第130-131页；David Shambaugh的文章《现代化进程中的中国军队：进展、问题与前景》，加利福尼亚大学出版社，2002年，第270页。

84. 美国国防报告，第32期，第40页。

85. 详见《2008年军事平衡态势》，国际战略中心，2008年，第377-399页；又见Mark Gaffney的文章《炙热：伊朗的携核反舰导弹》，网址：http://www.rense.com。

86. Kenji Minemura：《中国明年开始修建第一艘航母》，《朝日新闻》，2008年12月31日。

87. Susan M. Puska编著：《中国人民解放军的未来》，战略研究中心（美国宾夕法尼亚州），2000年，第307页。

88. 《2004年中国的国防》白皮书。

89. 《2008年中国的国防》白皮书。

90. 美国国防部报告，第32期，第45页。

91. 评论引自张文的报道《中国将建立反舰弹道导弹》，《环球时报》（中国版），2009年11月18日，网址：http://china.globaltimes.cn/diplomacy/2009-11/485976.htm。

92. 同92。

93. 详见美国国防部报告《2008年度中国军力报告》，2008年，第23页。

94. 转引自 Robert S. Norris 与 Hans M. Kristensen 的文章《2008 年中国核力量》，发表于《原子科学界讯息》（Bulletin of the Atomic Scientists）（核分册）（Nuclear Notebook），第3期，总第64期，2008年7/8月刊。

95. 同95。

96. 详见《简氏战略武器系统年鉴2007》，第47卷，简氏防务集团出版，2007年，第12、20、33页。

97. 汉斯·克里斯滕森（Hans M. Kristensen），《2007年中国潜艇巡航，但仍受限》，美国科学家联盟，《战略安全博客》，2008年1月7日。

98. 引自汉斯·克里斯滕森，《中国新型弹道导弹潜艇被发现》，美国科学家联盟，《战略安全博客》，2007年7月5日；该卫星图片于2006年10月7日由快鸟卫星拍摄，后在谷歌地球上传播。

99. Norris 等编著，第41页。

100. 详见美国海军情报部《中国潜艇力量概要》，该报告密级已消除，2006年12月20日，第1页。

101. 美国国防部报告《2005年中国军力报告》，2005年7月，第45页。

102. 详见美国自然资源防卫委员会发布的《2006年中国核力量报告》，《原子能科学家公告》，2006年5~6月刊。

103. Brune 等合著，第72页。

104. 《2008年中国的国防》白皮书，第10节，第8-9页。

105. Gurmeet Kanwal & Monica Chansoria：《红龙的崛起：中国国防白皮书凸显积极防御》，文章刊于《简报》（Issue Brief），2009年第10期，新德里：地面作战研究中心出版，第1页。

106. 同106。

107. 中国台湾"总统"看待向中国大陆倾斜的军事平衡，美联社，2007年2月7日。

108. 刘义昌、李霖：《论市场经济条件下的国防经济建设》，《军事经济研究》，1996年第3期，第8-15页。

美中军事与安全发展：
对加拿大的影响

埃莉诺·斯隆（Elinor Sloan）

译者导读：随着中国经济的增长，中国的战略观和军事力量在不断发展，这引起了西方国家的关注。埃莉诺·斯隆以中国的国防白皮书，中国学者、政治和军事领导人的发言，中国军力年度报告以及美国高级军官的声明等为信息来源，指出中国军事转型的目标是建设信息化部队。美国主要关注中国海军的行动，认为中国发展海上和空中能力，旨在挑战美国在西太平洋区域的行动自由，因此提出了空海一体的作战原则，以制约美国的自由行动。中美军事和安全发展给加拿大的启示有：国与国仍有可能发生冲突，但引发战争的可能性不大；各国在保护全球公域时有着共同的利益，因此有很多合作机会。埃莉诺·斯隆较为客观地描述了中国军事力量的发展现状，但在分析中国军事发展意图时主要从美国的视角出发，忽略了中国军队的基本职能是维护国家主权和安全，捍卫国家统一，维护国家利益，因此分析不免有片面之嫌。

早在一个多世纪前就曾有预言中国将会崛起，如今，中国的崛起给加拿大和全世界带来了多维影响。随着中国经济的增长，中国的战略观和军事力量不断发展，重要的是，美国对此做出了回应。在这种新的安全背景下，能源、环境、工业和贸易领域发生了重大变化。本文详细研究了美中两国军事与安全发展，并评估了这种发展对加拿大的影响。首先重点客观地讲述中国军事能力的进步。其次根据有限的信息，尽量识别这些军事举措背后可能存在的意图和涉及的利益。随后概述由此引发的美国战略关注以及战略回应，特别是美国在北太平洋地区的战略关注及战略回应。最后讨论加拿大在该地区的传统能力、发展能力和作用，并指出美中军事与安全发展对加拿大可能产生的影响。

一、中国的军事能力

（一）转型目标

进入21世纪后的10余年间，中国人民解放军各个部门，包括陆军、海军和空军都进行了转型。广义概念上，这场军事变革是沿袭美国及其西方盟友在柏林墙倒塌后至2003年伊拉克战争（包括2003年）的十多年间所制定的路线。军事转型，20世纪90年代美国称为"军事革命"，指军队规模比冷战时期更小，军队人员由专业人员或招募人员组成而非由义务兵组成，军队利用先进技术进行装备，具备能够被部署到远离祖国的海外并维持在海外"远征"的能力，战场上利用战场直升机以及技术先进、更轻的设备，保持敏捷和灵活。这种部队采用联合作战，即陆军、海军、空军共同协作，无缝相互操作。这种部队完全不同于冷战时期由大批就地招募的士兵组成的部队——冷战时期的部队有既定的任务，几乎无须其他军种协同就可独立作战。

转型后的军队使用先进的情报、监视和侦察技术，特别是使用无人机和卫星；使用计算机进行命令、控制、通信和近实时地处理情报；经常采用卫星高容量数据链。他们所使用的武器，无论是从空中或海上发射的导弹、空投的炸弹，还是从无人战斗飞行器发射的较小导弹，都采用精确制导。军队对特种作战部队的日益关注还反映在更为精确地使用武力上。这是一支智能的、快速反应的、数字化的军队。其共同愿景构成了中国转型目标的核心，即2002年以来中国不断声称要在信息化基础上建设一支新型军队，将信息技术应用到军事行动中。然而，由于中西方之间的竞争和反叛乱的需求时有不同，西方并不完全认同这一愿景。

冷战结束带来了环境的改变，在这种环境的驱动下，西方在2005年前后已基本实现上述军事变革。中国的变革只是迈出了一步。中国军事转型是对美国军事转型的一种回应，这种军事转型特别是指1991年的海湾战争和1999年北约在科索沃及其周边的战争中所表现的以精确为导向、信息为基础的战争形态。中国人民解放军的指导原则是有能力进行"现代高技术条件下的局部战争"，这一原则可以追溯到1993年[1]，而"建设信息化部队的目标"是在科索沃行动后不久正式公布的。[2]

（二）中国军事转型现状

从中国军事的发展我们可以客观看到许多转型主题。首先，中国正在使其军事力量专业化，这是必要的，因为"智能"技术需要有比过去更为"智能"（能力更强，受教育水平更高）的士兵，还因为义务兵部队通常不能被部署到国外。中国特别强调建立一支受过良好教育和技术能力强的军官队伍，军队力量的平衡正在从陆军（传统上是解放军的主要组成部分）转到海军和空军，虽然这种转变还比较小。和冷战期间500万的兵力相比，解放军的兵力现在估计足有230万人，包括160万陆军、25.5万海军、约30万空军和10万战略导弹部队，其余人员为担任内部安全保卫任务的武装警察。陆军、海军、空军正在进行专业化：130万人员似乎完全是专业人员或招募人员。相比较而言，美国完全由招募人员组成的军队人员大约是160万人，加拿大大约是7万人。

2010年，斯德哥尔摩国际和平研究所估计，中国国防预算刚好在1000亿美元以下，只有同年美国国防预算的一小部分（1/7），但仍是世界上国防预算增幅第二大国。中国大部分预算用在先进的军事设备以及旨在充分利用新技术的组织变革上。中国寻求在2020年左右拥有一支机械化和数字连接的地面部队。这种地面部队规模更小、更机动灵活，能够装载更多火力。这涉及将军队改组为规模较小、只有旅级规模大小的快速反应部队，为他们装备现代坦克、装甲运兵车和火炮，以及将智能处理技术融入各部队和各平台。中国特别注重基于太空的情报、监视、侦察和通信，包括地球成像卫星、通信卫星和中国自己的"北斗"卫星导航系统。

这一设想是将解放军从一支反对侵略战争的低技术、大规模军队转变为一支更加复杂、敏捷、能够将力量投送到海外的军队。目前中国远征部队包括三个空降师、两个两栖步兵师、两个海军陆战师和大约七个特种作战大队。中国远征目标的一大主要障碍仍然是相对有限的战略空运能力和战场直升机的缺乏。20世纪90年代至今，中国有十多辆重型运输机。中国有好几年都在计划从俄罗斯购买50辆新型战略运输机，但目前尚不清楚这方面取得了什么进展。即使与俄罗斯签订合同，中国所拥有的战略运输机的数量与世界其他主要军队相比仍为数不多。在战场机动性方面，解放军没有现代重型运输直升机，一切现象表明中国还没有开始设计这种直升机。

中国空军实际能力的提升包括从俄罗斯购买第四代苏-27和苏-30战斗机，以及自行生产他们宣扬的第四代多用途（空对空和空对地）战斗机J10，这种战斗机拥有空中加油能力，因此适合军力投送。中国还在寻求从俄罗斯购买先进的苏-33战斗机，该战斗机设计从航母起飞作战。据悉，中国正在开发用于情报、监视和侦察任务的中高空长航时无人机，以及用于深入打击和压制敌人防空的无人作战飞机。《2008年中国的国防》白皮书强调，空军重点关注的一个方面是拥有执行远程精确打击的能力。

中国海军也许正在经历最显著的发展。中国正在扩大海上舰队，包括本国生产的宋级常规潜艇、元级柴电潜艇、商级核动力攻击潜艇和晋级核动力弹道导弹潜艇。中国还从俄罗斯购买了基洛级常规潜艇。弹道导弹潜艇位于靠近中国南部海岸海南岛三亚市的一个主要的新海军基地。2006年，中国购买了俄罗斯建造的四艘装备有反舰巡航导弹的现代级驱逐舰。还有报道称，中国正在建造一艘新的大型驱逐舰。中国已经研发了一系列新型两栖舰，类似于西方的两栖舰，具有隐形特征，现在正在研发一种新型反舰弹道导弹，即常规装备的东风-21。这种公路机动、中程（2500公里）弹道导弹设计采用精确制导技术，目前正处于测试阶段。此外，中国似乎决定在不久的将来至少购买一艘航空母舰。2010年，一位国防部高级官员表示，"我们正在研究制造一艘航空母舰的可能性和条件"，他指出，"放眼全球，所有大国（中国除外）都有航空母舰"。[3]

二、中国意图的声明

对外界观察者而言，缺少意图评估的军力毫无意义。对此我们遇到了困难，不像美国政府定期发布许多官方政策文件，被一些人认为像"筛子"一样泄露信息，中国发布的信息很少，对信息要么严加控制，要么发布的实质上是最普通的信息。[4]因此，我们只有根据有限的几份官方政策文件、政府领导人的声明和被认为接近共产党政权的学者的学术文章，去评估中国迅速增长的军事能力背后的原因。

中国于2009年1月发布了最新的国防白皮书。《2008年中国的国防》白皮书是一份很不透明的文件，但却能从中一窥中国军事战略思想的总体发展方向。文件认为，随着全球化和"世界多极化"势头不断增加，国际体系正在进行深刻的调整，军事安全因素对国际关系的影响日益增加；世界军事革命正步入一个新的发展阶段，这加快了军队转型；"各国更加重视利用军事力量支持外交斗争"。面对这种环境，中国正在以"信息化"为主要衡量标准来加强武装力量，积极推进"中国特色"军事变革。

文件中陆军、海军和空军各部分概述了组织结构的发展，大致讨论了装备升级，但没有提及更有争议的项目，如航母、反舰弹道导弹和三亚海军基地。此外，关于陆军、海军和空军各部分几乎没有指出这些部队将被用于何种目的，仅有的少量信息似乎也有些互相矛盾。该文件指出，中国执行的国防策略纯粹是防御性的，解放军遵循"积极防御"的军事战略，这表明中国遵守自卫原则，只有在敌人开始进攻后才予以反击。海军更专注于实施"离岸防御战略"，关注中国台湾危机局势，包括直接攻打中国台湾本岛和破坏美国舰队驰援能力，这在他处已作阐述。[5]白皮书还指出，海军正在逐步发展远海作战能力。与此同时，陆军正在"从区域防御转向全域机动"，而空军多次表示正在努力加速从领土防空转向进攻性和防御性行动，包括执行远程精确打击和"战略投送行动"。总体而言，白皮书提供了一种战略视角，范围超越

▶ 中国国防：西方学术话语

了中国和台湾海峡，不断看向外部世界，并且越来越关注中国经济影响力和军事力量之间的联系。

要从中国视角进一步了解中国人民解放军的作用和使命，我们可以看看中国学者、政治领导人和军事领导人的发言。中国外交学院的一位学者说，中国是一个陆地大国，几个世纪以来主要关注保卫国土边界，确保内部安全。中国领导人强调，中国的军费预算纯粹是为了防御，符合其经济增长和国防需要，是恢复其大国地位的自然结果。中国人民解放军军事科学院的学者在关于军事战略的一本重要著作中进一步说道，中国的军事态势是防御性的，本质上不具有威胁性。

但是最近的众多声明表明中国有更大的野心和更长远的打算。2006年的一次重要会议的公开总结中，共产党领导层似乎抛弃了中国在国际事务中长期以来所奉行的韬光养晦策略。随后，中国社会科学院的一名军事战略家指出，中国打算在"海峡两岸"以外的地区投送武力。[6]时任中国国家主席胡锦涛说，中国需要"建设一支能够适应新世纪新时期历史使命的强大人民海军"，[7]而海军指挥官吴胜利则呼吁建设一支"强大的海军，保护渔业、资源开发和能源战略通道"，[8]并表示海军将"提高在区域海战中的作战能力"，同时提高其在公海作战的能力。[9]军方发言人强调中国周边有辽阔的海洋，中国能够确保其沿海主权利益以及更广泛的海洋权利和利益要求。

自2008年底以来，中国在索马里沿海执行了反海盗任务，以保护中国和其他商业航运。中国国防部表示，这样的"兵力投送任务将有助于中国保护本国有经济利益的海洋区域，维护推动经济发展的对外贸易"。[10]事实上，许多中国官员和学者都关注危机发生时有必要保持中国和中东—非洲地区之间的海上开放通信航线，并从这里获取关键资源，特别是石油和矿物质资源。他们在各种中文杂志上提醒说，外国势力（暗指印度和美国）可能会控制重要的海上航线，如马六甲海峡，切断中国发展需要的生命线。

三、外界对中国意图的理解

许多美国官员主要关注的不是中国军事和安全方面的具体活动，而是这支变革后的军队仍未能完全公开其所扮演的角色和承担的任务。由于可以获取的信息有限，我们只能从外部，主要是美国的解释和评价中获取信息。从五角大楼提交给美国国会的中国军力年度报告以及美国高级军官的声明中可以发现美国对中国军事和安全举动的官方解释。

美国认为，中国的军事变革在不久的将来会集中于台湾局势。五角大楼2010年的报告指出，关于中国远程投送空中作战力量的公开讨论很少，空军的任务为空中打击、空中防御和导弹防御、早期预警和侦察以及战略机动，所有这些任务都集中在抵达离岸约100英里的中国台湾地区所需的相对有限的军力投送能力上。与此同时，2010年的报告认为中国人民解放军地面部队从一支静态部队转型为一支更具攻击性和机动性的部队，可以参与中国周边的作战行动。五角大楼指出，在中国发展执行多样化任务、进行联合作战能力（仍然处于起步阶段）的过程中，军队起着明显的主导作用，因此无疑是对台作战中的一个重要因素。它还认为，在未来十年内，中国有可能在世界某地维持一支可以参与低强度战争的小型地面部队，但在2020年之前，中国都不大可能具备在远程作战行动中投送和维持大规模军事力量的能力。

美国对中国军事行动最为关注的是海军的行动。一方面，美国认为中国海军军事战略的组织原则仍然是针对中国台湾地区。报告指出，"尽管中国海军越来越关注远洋事务，但其重心仍然是为"第一岛链和第二岛链"内的战争行动作准备，特别是为因台湾问题可能与美军发生的冲突。这种情况可能一直会持续到台湾问题的解决"。[11] "第一岛链"从日本南端延伸，向南经过中国台湾地区西面，东面到菲律宾和马来西亚，在中国南海附近形成弧形。"第二岛链"从日本中部延伸到西太平洋，向南延伸到关岛，转而到印度尼西亚。

中国海军购买的许多武器符合其在台湾及台湾周边地区长期执行的海上防御战略。1996年台海危机后，当美国派遣两个航母战斗群到该地区，试图以此让中方停止导弹试射，对此中国领导人发誓，未来将阻止美国海军进入中国台湾周边地区。潜艇在这方面特别有用。五角大楼的分析家认为，中国升级潜艇舰队的主要目的是延迟美国海军对中国台湾地区危机的反应或使之变得复杂。中国海军的新型驱逐舰装备了反舰巡航导弹,将能够挑战美国的航空母舰。

另一方面,美国分析家和政府官员认为,中国海军努力将中国的作战范围扩展到超出传统上是其海上防务战略重点的台湾周边地区。中国海军新的能力能够适应东到西太平洋(直到并可能超出第二岛链)、西南到中国南海(可能到达印度洋)的任务。

(一) 向东看

五角大楼认为,中国试图制止美国海军进入中国台湾地区。在这种"反入侵战略"下,中国将使用越来越先进的潜艇、驱逐舰和东风-21精确弹道导弹控制西太平洋的进入通道,使美国舰船只能停在第一岛链之外。中国认为"先进的驱逐舰和潜艇可以保护和提高中国在第二岛链以及第二岛链之外的海洋利益",配备先进的智能处理技术,这些平台"使北京能够识别、跟踪和瞄准深入西太平洋的军事活动"[12],特别是东风-21被称为潜在的"游戏规则改变武器"。[13]中国战略导弹部队就技术而言,其导弹可能能够击中远在第二岛链的美国航空母舰。美国航母与配备弹道导弹防御的宙斯盾巡洋舰一道航行,如果发生冲突,美国可能会拒绝中国进入全球定位系统。但如上所述,东风-21被认为特别擅长穿越防御,中国也正在开发自己的卫星导航系统,因此,在危机期间中国将会阻止美国进入中国台湾周边地区。一位美国分析家总结说,中国海军"在第二炮兵常规导弹部队的支持下,大大提高了使美国海军在西太平洋陷入危险的能力,延迟或阻止美国海军快速有效地进入中国台湾战区"。[14]

美国海军高级军官用犀利的言辞阐释这些进步。"(中国)正非常专注于发展海上和空中能力,在许多方面主要针对我们"。美国参谋长联席会议主席迈克尔·马伦上将在2009年说,"他们似乎非常关注美国海军和我们在世界这一地区的基地(关岛)"。[15]美国太平洋舰队司令罗伯特·威拉德上将特别强调中国缺乏透明度,他在2010年表示,"中国武装部队的迅速全面转型正在影响区域军事平衡……特别令人关切的是这些要素……似乎旨在挑战我们在该区域的行动自由"。[16]

美国对中国各种行动的解释反过来引发了对中国军事方针的重新审视。正如美国海军战争学院的一位中国学者所说，像中国反舰弹道导弹这样的新能力可能直接影响美国在该地区的战略，因为即使"可能具备某种能力也有很大的威慑作用"。[17]2010 年的四年防务评估报告确定了美军六大关键任务领域，其中之一是在反介入环境中慑止和挫败侵略。美国海军和空军官员的任务是寻找更好的方法，将空中和海上能力结合起来，以应对反介入/区域拒止威胁。空海一体作战原则是一个新概念，防务评估报告将之模糊地描述为新的空海联合作战概念，是有关如何整合空军和海军能力，以应对制约美国自由行动的挑战。

（二）向中国东南方看

与此同时，中国海军许多新能力指向相反的方向，即指向中国的南部和西部。三亚基地的位置显示了对中国南海、马六甲海峡，或许还有印度洋的关注。位于三亚的新型晋级弹道导弹潜艇更是表明了这一点。该潜艇被认为是一个战略平台，而不是设计为用于沿海及周边地区的小型柴电潜艇。弹道导弹潜艇及其位置表明，中国的野心不仅限于台湾地区。中国航空母舰不适用于对台作战，因为中国航母比美国航母小得多，很容易被美国舰船和航母瞄准。然而，中国航母能够帮助中国加强在南海的主权要求，因此符合中国更广泛的利益。最后，中国的新型两栖舰船对于对台作战来说过于庞大，它们可以在远海进行军事行动，特别是进行人道主义救援、救灾和海上安全行动，因此具有更大的价值。

以上表明，西方认为中国越来越依赖来自中东和非洲的能源与资源以促进其经济发展，这也是中国发展适合南部水域和西部地区军事能力的主要推动力。过去十年，中国经济持续高速增长，这意味着为推动经济发展，中国越来越依赖进口石油和原材料。如今，进口石油仅占中国能源使用量的 10%左右，但这个数字预计会上升。在中国的进口石油中，超过 3/4 来自中东和非洲，用油轮经马六甲海峡或龙目岛/望加锡海峡运送。中国还高度依赖海运贸易，通过这些海峡进口原材料，以支持经济生产。这些海峡狭窄，相对容易封锁，因此可能容易受到各种突发事件的影响。中国学者和分析家将海盗视作一种威胁，但更关注美国以及"9·11"后美国在该地区增加兵力。中国军事策略家提出，冲突期间美国可能封锁这些海峡以阻止中国能源进口，就像在"二战"前对日本进行的封锁。

四、对加拿大的启示

对于加拿大来说，中国的军事和安全发展以及美国对此做出的反应指向两个方向和两种角色。从广义上来说，加拿大在其中的作用有：①减少引发潜在战争的可能性，如两国之间的冲突；②增加建立以维持海上贸易的开放航道为目的的合作机制的可能性，这一机制可以用"保卫全球公共领域"一词表示。

（一）国与国之间的冲突

美国 2010 年防务评估报告的大多数篇幅都在讲述"赢取我们正在参与的战争"，即伊拉克（现已结束）和阿富汗的反叛乱作战任务；评估报告还多次指出，美国军队必须能够防御、阻止和击败潜在敌对国家的侵略；朝鲜、伊朗和中国的国名也被提及。加拿大的政策文件没有具体说到这些内容，但是也包括有相同主题的内容。渥太华最近的一份国防政策声明，即 2008 年《加拿大第一国防战略》，虽然只包含对战略环境的粗略评估，但仍然提到，"亚太国家常规部队的持续建设……可能对未来几年国际稳定有重要影响"。[18]

而关于更详细的战略思维，我们可以从 2010 年加拿大海军的一份不保密、尚未被政府批准或发布的草案概念文件中获知。《地平线 2050：加拿大海军的战略概念》这份文件让我们注意到"大国之间冲突的潜在可能性"，并判断这种可能性可能会增加。[19] 该文件认为，海洋领域在未来几十年将越来越成为人们争夺的目标，这是数种挑战交汇在一起的结果。这些挑战包括：人口增长导致沿海地区逐步城市化；全球能源需求提出了能源安全问题，加剧了针对海底能源资源的海上边界争端；气候变化预计将使世界沿海地区受到最强烈的影响；失败国家不能对沿海地区实施有效控制；持续加速的全球化使得海洋关键节点和商业命门特别容易受到一系列罪犯、恐怖分子和非正规部队的干扰。

该文件认为，这些趋势的一个结果是，"我们应该预计到国家间海上武装冲突可能重新出现……包括某些国家将可能设法拒绝其他国家进入其海上通道"。[20]该文件泛泛讲述这些问题，不指明任何具体国家，但是在字里行间不难看到"中国"二字。文件说，"一些敌对国家将有能力使用更为复杂的区域拒止能力……使用先进的导弹或潜艇这样的'高端'常规能力或非对称能力"[21]

（二）加拿大的贡献

对于这些潜在的挑战，加拿大不会袖手旁观。《地平线2050》强调，加拿大"能够与进行备战并赢得海战的海上力量联合作战，并做出有意义的贡献"，用可靠的、作战能力强的海上力量控制在有争议水域中发生的事件，通过协助同盟国的海上行动来遏制或隔离冲突。[22]加拿大已做好准备，在西太平洋区域的国家冲突引发的战争中发挥作用。几十年来，加拿大海军与美国海军进行大量的密切合作，在条令和技术方面，加拿大的船只能够（并且经常）无缝地融入美国航母战斗群。例如，可以用加拿大护卫舰替换战斗群中的美国护卫舰。未来的海上战争在技术、战术和条令层面的相互可操作性更高，这正是加拿大海军和美国海军多年共同训练和演习取得的效果。

加拿大太平洋舰队司令部指出，加拿大海军的部署是将一艘船插入多国部队或插入独立的补给船任务小组。在涉及中国的国与国冲突中，前一种情况更可能出现，即加拿大舰船将加入多国部队。加拿大的海军舰艇通常在海军特混大队中进行军事行动，加拿大海军认为，在可预见的未来，这仍将是海战的核心。海军特混大队通常包括四艘船只、一艘命令控制驱逐舰、一艘护卫舰、一艘补给舰，也许还有一艘潜艇，在特定情况下的具体组成要根据手头的任务决定。各平台都具有很强的能力，未来十年，几乎所有的平台都将被更新的平台替换（护卫舰和驱逐舰被一种通用的多用途加拿大水面战舰替换；补给舰被联合支援舰替换）。事实上，这些平台在相距几十公里甚至几百公里运行，却联网一起工作，共同"负责"各自范围内的事，这使平台拥有强大的能力。此外，在特混大队本身的扩展感测范围外，战斗网络还可以（通过与美国海军相互操作）"插入"到更广泛的联盟或联合网络中。

在西太平洋的国家冲突中，船只和潜艇不会是唯一有用的工具。冷战期间，加拿大发展了一种反潜战争的特殊能力，北约指定加拿大海军的主要任务是反对苏联海军的威胁。为此，加拿大建立了一支"极光"远程巡逻机队，专门用于反潜战。这些飞机如护卫舰和驱逐舰上的海上直升机，可以扩展舰船的监察范围，它们不仅是加拿大空军司令部结构的一部分，也是加拿大海军作战行动中不可或缺的。新的海上直升机很快就要出现，而加拿大老化的远程巡逻飞机还没有替代品。柏林墙的倒塌促使包括加拿大在内的北约海军降低其昂贵的反潜战能力。尽管这些年"极光"巡逻机已经升级，但都集中在检测地面威胁的地面移动目标能力而不是水下威胁的能力上。太平洋舰队总部的一位分析师指出，具有讽刺意义的是"正当加拿大海军脱离反潜战时，太平洋的潜艇舰队开始进入扩张时期"——特别是中国的潜艇舰队越来越多。[23]加拿大海军战略概念草案中没有出现反潜战争。然而，美国海军空海一体战作战概念将如何发展，是否会包括反潜战争，加拿大海军如果在其中有所贡献，贡献又是什么，这些都还有待观察。

（三）保护全球公共领域

《地平线2050》认为，这些趋势的第二个结果是全球海洋公共领域面临越来越多的挑战。2010年的四年防务评估报告将"全球公共领域"定义为没有哪个国家可以单独控制，但所有国家都赖以生存的某些领域和地区。这些公共领域是国际体系的联通渠道[24]。《地平线2050》突出强调了五个全球公域：世界海洋、海洋上空的空间、电磁谱、网络空间和太空。在美国的评价中，中国在好几个领域所扮演的角色需要被关注：北京被认为是美国在网络空间上的最大威胁，美国还关注中国的反卫星能力。这些议题超出了本文的范围。可以说，从美国的视角来看，中国的这些能力与中国台湾问题的反介入和区域拒止息息相关。

保护全球公共领域在本文指保护海洋公域，或者，如加拿大海军参谋长所说，保护"受监管"的海洋公域。这说明"海洋是开放给所有人自由合法使用的"[25]。美国、中国、加拿大等所有贸易国家的经济繁荣都依赖于安全的海洋高速通道，尤其是要能够安全通过像马六甲海峡和霍尔木兹海峡这样的海上"命门"。

这必然涉及某些国与国之间的关系，如中国担心台湾危机发生时，美国将封锁它所依赖的海上通信线路。但是保护全球公域安全这个概念更关注于负责任的国家应对美国提出的"混合"威胁所带来的挑战。这种威胁可能来自敌对国家使用代理部队或非国家行为体参与的不规则战争，还可能来自非国家行为体使用传统上国家采用的高端能力。例如，如今在索马里或几内亚湾发现的罪犯和恐怖分子。"混合"这种说法意在描述日益复杂的战争形态和越来越模糊的传统冲突类型。这种威胁存在于世界各沿海地区，这些地区是"陆地与海洋交界之处，一直延伸至海洋或陆地投送的武力影响所及之处"[26]。对于加拿大的军事领导层来说，加拿大未来的联合部队（海军、陆军、空军）最有可能总是作为多边联盟的一部分在世界沿海地区活动。

关于"混合"威胁及其可能对受管制的海上交通的破坏，美国和加拿大未必与中国存在利益竞争，事实上，它们的利益更有可能会重合。美国关于管理海洋公域的提议与此相关。2006年，时任海军作战部长的迈克尔·马伦上将提出名为"千舰海军"的海军概念。这不只是字面上的组织结构提议，而是喻指"一个形式自由、自行组织的海上伙伴网络"，共同合作应对海上威胁。[27]后来这一概念改名为全球海上伙伴关系，并在2007年美国海军、海军陆战队和海岸警卫队联合发布的一项政策声明，即《21世纪海权合作战略》中进行了讨论。

制定该文件时，马伦向利益相关人员提出挑战，"要摆脱旧观念……海洋战略存在的唯一目的是赢取海上战争，其余的问题都自行解决"。[28]例如，海盗"不再被视作他人的问题……它是对全球的安全威胁，因为它走私危险货物、中断重要商业贸易、与国际犯罪网络的关系日益紧密"。[29]马伦认为，保护海洋安全符合所有国家的利益，应该将自由市场的好处传播给每个人。但是"其余的"领域非常广阔，在全球范围内进行管理和施加影响无论是过去还是现在都远远超出了美国海军的能力，因此必须采取合作的方法，建立各国间的全球海洋伙伴关系。

如"合作战略"所述，全球海洋伙伴关系背后的理念是，越来越多国家的海军将进行合作、促进法治、打击海盗、反对恐怖主义、反对武器扩散、反对毒品贩运以及其他非法活动。各国海军共同努力，制约像恐怖分子和极端分子这样的跨国威胁，限制大规模杀伤性武器的扩散，限制海盗活动，限制人口贩卖、毒品贩卖和常规武器贩卖，为海洋领域提供安全和稳定。全球海洋伙伴关系实行自我管理，没有条约约束，是一种完全通过各国海军之间日常可预测的合作而建立的相互信任制度，通过合作而具有越来越大的互操作性。对马伦来说，这种合作的具体实例有马来西亚、印度尼西亚和新加坡为打击马六甲海峡的海盗和恐怖主义运动而进行的协调作战行动，黎巴嫩沿海的海上撤离行动，以及防扩散安全倡议，即国家主动在国际水域拦截涉嫌运送大规模杀伤性武器的船只。

（四）加拿大的角色

当战略发布后，加拿大海军领导人立即发现可以参与其中，这种热情在这几年间一直没有减少。加拿大海军参谋长在 2010 年的一次重要讲话中谈到战略中的全球海洋战略伙伴关系部分时说："即使最大的海军也不可能出现在所有地方。"这就是为什么许多志同道合的海军领导人说，"需要一个可以将所有沿海国家和海洋力量联合起来共同管理海洋公共领域的海洋战略"。[30]此外，《地平线2050》的大部分内容都是关于保护全球公共领域，该文件明确指出，保护全球系统是加拿大军队的一项持久任务。在上述战争情景中，加拿大的平台可能整合到整个美国的作战结构中，而在涉及管理海洋公共领域时，加拿大的作用可能是作为一支独立的海军特战大队。或者，加拿大海军可以作为多国部队的牵头，指挥部队采取行动，类似于"9·11"之后几年阿拉伯海的阿波罗行动。

多国海上演习对于确保全球公域安全尤为重要。世界上最大的演习是两年一度的太平洋演习,该演习最早于1971年举行。在美国的领导下,任何一年的演习都包括大约十几个国家,加拿大每次都参加。2010年,演习的重点是各海军共同努力,保护商业和通信的海上通道,并确保航行自由——这些演习主题直接适用于保护全球公域安全。具体任务包括海上拦截和登船、反潜演习、排雷行动和两栖登陆。此外,加拿大海军领导人还谈到必须帮助其他国家增强管理各自海洋事务的能力。虽然对此没有进行详细说明,但是帮助像马来西亚和泰国这样的国家增强其有效保护沿海地区及周边关键海峡的能力,显然可以推动它们之间的军事合作。

尽管中国在保护全球公域、对抗当前和未来的"混合"威胁中有着同样的利益,但没有参与这一切活动。"合作战略"没有提到中国,通过信息共享建立信任和信心的全球海上伙伴关系这一概念也没有提到中国。事实上,由于战略没有明确将中国视为威胁,所以美国国会的一些成员猛烈抨击了这一战略。同样,由于军费支出缺乏透明度,中国不可能很快参与太平洋沿岸地区的军事演习。美国国内法律也不允许美国海军邀请中国作为参与者或观察员;与此相反,俄罗斯却不止一次被邀请作为观察员。

五、结 论

客观事实表明,中国军事能力在迅速扩大。这包括中国不断增长的军事预算,强调其部队的专业化、培训和教育,注重购买和使用先进的军事技术,以及计划购买或已购买了几个新的、有些还是最先进的军事平台。中国的政治和军事领导人以及与政权关系密切的学者对以下这些事实做出了解释:中国完全出于防御而加强军备,聚焦台湾地区,为了与其大国地位相称而关注中国海岸以外的地区。后面一点对于中国海军领导人来说尤其如此。美国的解释是,中国新的军事能力不仅侧重于向东扩展到西太平洋的反介入策略,还侧重于中国南海以及该国西部和南部的海上通信线路。

双方的解释给加拿大以下暗示：首先，在第二岛链周围或两个岛链之间的西太平洋地区，国家间战争发生的可能性较小。鉴于加拿大海军和美国海军合作历史悠久以及技术和条令上的融合，如果战争发生（如果美国要求加拿大加入战争并且加方同意），加拿大会做出有意义的贡献，可能是以单个平台加入整个多国部队的方式贡献力量。其次，采取措施保护或管理全球海洋公域的可能性更大。国与国的冲突可能会发生，危机发生时美国可能会阻断海上交通线路，这是中国所关注的。但一般来说，像中国、美国、加拿大这样的国家行为体在保护全球公域时有着共同利益，因此在抵抗来自流氓行为体、恐怖分子、罪犯、武器贩卖者以及毒品贩卖者的非法"混合"威胁时有很多合作机会。加拿大可以提供一支独立的海军特混大队，甚至可以在应对海事领域越来越多的"混合"威胁和非国家威胁任务中发挥主导作用。

来源：Sloan E. US-China military and security developments：Implications for Canada ［J］. *International Journal*，2011，66（2）：265-283.

译者：张丽平
译者邮箱：441045705@qq.com

注释

1. 转引自 M. 泰勒·弗拉维尔的《中国对军事力量的寻求》，华盛顿季刊第 31 卷第 3 期（2003 年夏季），第 126 页。

2. 《2006 年中国的国防》白皮书，www.china.org.cn。

3. 中国陆军贾晓宁将军，外事办副主任，引自彼埃尔·特兰在《中国扩大军事范围》一文中的转述，防务新闻，2010 年 5 月 24 日。

4. 罗伯特·基欧汉：《霸权之后：世界政治经济中的合作与纷争》，普林斯顿大学出版社，2005 年，第 95 页。

5. 温德尔·明尼克：《中国反介入战略令美国海军不安》，防务新闻，2008 年 3 月 17 日。

6. 章家敦：《中国在展示肌肉》，《华尔街日报》，2008 年 1 月 2 日。

7. 安得烈·S. 埃里克森、迈克尔·S. 蔡斯：《信息技术与中国海军现代化》，联合部队季刊 2008 年第 50 卷第 3 期，第 24 页。

8. 《向国会提交的年度报告：涉及中华人民共和国的军事与安全发展》，国防部，华盛顿特区，2010 年，第 39 页。

9. 转引自安得鲁·布朗和戈登·费尔克拉夫：《中国：朋友还是敌人？》，《华尔街日报》，2009 年 4 月 18 日。

10. 贾晓宁，转引自彼埃尔·特兰在《中国扩大军事范围》一文中的转述，第 1 页。

11. 《向国会提交的年度报告》，第 22-23 页。

12. 同 11，第 37 页。

13. 美国海军策略家，转引自埃里克·塔尔马杰的《中国导弹可以改变太平洋权力平衡》，《华盛顿邮报》，2010 年 8 月 5 日。

14. 科尔特斯·库珀：《中国人民解放军海军的"新历史使命"》，在美中经济与安全审查委员会前的声明，2009 年 6 月 11 日。

15. 转引自《中国军力发展似乎针对美国：马伦》，《华盛顿邮报》，2009 年 5 月 4 日。

16. 比尔·格茨：《海军上将：中国的建设旨在针对亚洲之外的大国》，《华盛顿时报》，2010 年 3 月 26 日。

17. 中国海事研究所的安德鲁·埃里克森，转引自温德尔·明尼克的《中国反舰导弹可能改变美国的力量》，防务新闻，2010 年 4 月 5 日。

18. 《加拿大第一国防战略》，加拿大国防部，2008 年 6 月，第 6 页。

19. 《地平线 2050：加拿大海军的战略概念》，2010 年 7 月 20 日起草，第 1-11 页。

20. 同 19，第 2-12 页。

21. 同 19，第 2-17、第 2-18 页。

22. 同 19，第 2-14、第 2-17、第 2-18 页。

23. 克里·林恩·南基韦尔：《西方的观点：太平洋地区的军事演习，一场政治运动》，《加拿大海军评论》2008 年第 4 卷第 1 期，第 37 页。

24. 四年防务评估，美国国防部，华盛顿特区，2010 年。

25. 麦克法登主任：《这个海洋世纪海军和加拿大的国家利益》，《加拿大海军评论》2010 年第 6 卷第 1 期，第 5 页。

26. 同 25，第 6 页。

27. 克里斯托弗·P. 卡瓦斯：《跨越地球：美国向同盟国提出舰队合作概念》，防务新闻，2007 年 1 月 8 日。

28. 斯蒂芬·特林步尔：《美国寻求更广泛的海权定义》，简氏国际海军，2006 年 7 月 1 日。

29. 迈克尔·马伦：《一个维护自由和安全的海洋公域的全球网络》，转引自约翰·B. 哈滕多夫编辑的《第十七届国际海权研讨会：会议报告集，2005 年 9 月 19~23 日》，美国海军军事学院，纽波特，罗得岛州，2006 年。

30. 麦克法登：《海军和加拿大的国家利益》。

南海安全与海事问题的战略视角

克里斯·拉曼（Chris Rahman）　马丁·塔曼尼（Martin Tsamenyi）

译者导读：中国南海特有的地缘战略价值，直接决定了它作为国际关系纵横捭阖大舞台的战略地位。本文分析了影响南海问题的一系列地缘政治变量，对中国在南海专属经济区的一些军事行动进行了个案研究。笔者认为，中国在南海问题上日益强硬的态度是导致南海问题诸方大肆进行海上军事竞赛的重要原因，也是南海安全态势日趋紧张、复杂的重要因素。

中国综合国力的迅速增强和中国海军建设的快速发展，显示出中国海军已成为不可小觑的力量，这一方面为维护中国南海主权、确保中国南海安全提供了战略支撑，另一方面也成为影响中国与周边国家甚至与一些西方国家关系的一个重要因素。因此，译者认为，我国应在保证中国南海的国家核心利益不遭受外来冲击的前提下，从战略的高度统筹中国南海安全，开展大国外交，创造战略安全机遇，提出一些维护中国南海主权、确保中国南海安全的新思考、新思路、新观念、新观点。

在对相关案例的陈述中，笔者的引述对象都只有事件一方，刻意地引导读者对事件的认知，难免有失客观公正，我们也强烈地感觉到在分析中国南海问题上笔者的立场明显偏向一方。因此，读者在阅读译文时，应当保持清醒的头脑，批判性地看待文章内容，这样才能真实而客观地了解外国学者在南海问题上的研究动向。

摘要：南海的海上安全面临着一系列挑战，从低级别的非传统威胁到传统的政治战略考量，包括地区间领土或海洋资源冲突的可能性、大国间冲突的可能性。本文重点研究南海的海上交通线、地区海上力量的发展，以及中国反对在南海专属经济区进行军事行动的案例。研究认为，在加强南海的战略地位上，中国政府又一次展现出更加自信的姿态，而其他南海各国也在积极声明他们的主张，发展海军战斗力。

关键词：海上安全；海上交通线；战略地理

一、介　绍

南海（South China Sea）良好的秩序和安全面临许多挑战，如对环境和依赖海洋的小型沿海社区经济福利的非传统威胁、对海盗和其他海上犯罪活动更为传统的关注、政治上的考虑——包括区域国家间因争议领土、海事管辖权以及相关海洋资源引发冲突的可能性。在威胁谱（threat spectrum）的最高级，大国间冲突在这样一个重要海域也可能一触即发，其中涉及一些世界最繁忙和最重要的海上交通线（Sea Lines of Communication，SLOC）。

有许多原因指出，为什么解决和改善半封闭海域秩序、安全和福祉挑战的努力——其中许多挑战是跨国的——应该通过沿海国家之间合作共享。然而，东南亚政治的敏感性，要么因为国家间利益往往冲突，要么因为存在的分歧与共享的利益一样多，使营造如迈克尔·利弗（Michael Leifer）在1991年所描述的"稳定海域"极不可能。[1]南海的困境很大程度上是由于其复杂的地理环境和随之演生的管辖权困境。此外，沿海和用户国对海洋法持不一致的观点和解释，使联合国公约中的海洋法（Law of the Sea）[2]不足以为利弗式"稳定海域"的建立提供依据。[3]

此外，由于战略不确定性和动态性，该地区正变得越来越不安，中国的崛起、对长期的领土争端和历史恩怨越来越强硬的姿态铸造出越来越大的阴影。在解决南海安全与海事的战略方面，本文在众多可能的候选项中选取了三个方面进行详细分析：战略地理学、海军和战略发展，以及有关在专属经济区进行军事行动的最新争议。

二、战略地理学

南海是一条连接华南、台湾半岛到东南亚群岛、半岛,连接东南亚半岛和大陆到东南亚群岛的大空间。南海是海上贸易路线连接的一个重要部分:欧洲和中东到东北亚,东南亚到东北亚,东南亚大部分地区到太平洋、北美洲都需要途经此处。[4]南海地区的地理是战略分析的一个重要因素。它在东亚的中心位置,确保了其贸易和战略通信的重要性。它的复杂性增加了航行安全的物理危险和作为国际争端根源的政治危险。的确,沿岸国家的各种政治、文化、种族、历史和战略身份致使潜在冲突和纠纷永久化。

南海被八个沿海国家和地区包围,呈半封闭状态:文莱、中国、印度尼西亚、马来西亚、菲律宾、新加坡、中国台湾地区和越南,以及泰国湾内的柬埔寨和泰国。南海的地理界线很不明确,在一定程度上还颇具争议。例如,20多年来,国际海道测量组织(The International Hydrographic Organization)一直试图修改1953年公布的南海边界。[5]《海洋边界》2002年修订版仍然只是草案形式。[6] 2002年草案版排除了1953年版中的显著地区:南部的纳土纳海(这个版本似乎近似印度尼西亚群岛基线)、西部的北部湾(泰国湾已除外)、北部的台湾海峡。[7]这篇文章对南海边界没有立场,只关注定义的问题性。[8]然而,不管划出的界线在哪里,它都是一个占地面积270万~300万平方公里的大型水域。

1. 瓶颈

南海的地理位置复杂,很大程度上是由于东部和南部边界是群岛,这意味着南海海上航道的主要入口和出口都很狭窄,就航海安全而言就是"瓶颈"点。与其他的航线相比,其中一些路线非常狭窄、危机四伏。这些潜在的最主要瓶颈点是:[9]

(1)新加坡与马六甲海峡——途经安达曼海,连接南海和印度洋的最短路线。

（2）卡里马塔海峡——与爪哇海相连，通至巽他海峡和龙目岛海峡。

（3）巴拉巴克海峡——连接苏禄海的南部（巴拉望以南），经苏里高海峡和菲律宾海通到太平洋。

（4）民都洛海峡——经阿波岛东通道、库约岛东通道与苏禄海北部相连。

（5）佛得角通道——经库约岛东通道连接到苏禄海的另一条线路，经圣贝纳迪诺海峡通到菲律宾海和太平洋。

（6）巴士海峡和巴林塘海峡——隔中国台湾、吕宋岛与菲律宾海、太平洋相连。

（7）台湾海峡。

2. 海上交通线

如前所述，南海是世界上最重要的海上航道之一，很难得到通过该海域船只的优质数据。然而，一些经常引用的数字包括途经南海的贸易约占年度全球商船船队吨位的一半。尤其是，它是从中东、非洲、澳大利亚、东南亚到东北亚进口资源依赖型大经济体的海上能源供给生命线。特别是石油作为战略必需品，使南海在海洋和能源安全方面举足轻重。世界上每年大部分石油和天然气运输都途经南海，就大致情况而言，日本、韩国和中国台湾地区80%的原油通过南海进口；中国目前石油消费总量的50%以上靠进口，总石油消费量的80%~90%通过南海进口。[10]预计在未来几年，通过海上交通线进口的油、气及其他能源资源的数量将显著增加。

如上所述，许多海上航道都取决于航行的起点和目的地、航行方向以及季节和相应的天气模式。最重要的海上航道是经马六甲和新加坡海峡进出南海的航线，尽管有全球经济危机的短期负面影响，但随着时间的推移这里将继续看到更多的船只。例如，过去的几年，通过马六甲海峡国际航线上的商船数量从1999年的44000艘左右上升到2007年的70000艘。[11]

然而，船舶一旦驶出马六甲和新加坡海峡（或驶到海峡），航线会根据上面提到的因素有所不同。一般船舶离开新加坡海峡，向东北，通过印度尼西亚阿南巴斯群岛西海域，经南沙群岛夏洛特浅滩和西卫滩（外媒称其为康索特王子滩）之间海域，西沙群岛的浪花礁（外媒称孟买礁）和中沙群岛（外媒称马科斯菲尔德沙洲）之间海域，再到中国香港或经台湾海峡；或到中沙群岛东部，然后通过巴士海峡或巴林塘海峡到日本或东北亚其他目的地。其他连接新加坡到太平洋的路线包括经西卫滩、南沙群岛的双子群礁（外媒称北险礁），到菲律宾的佛得角岛通道，然后到菲律宾的圣贝纳迪诺海峡的路线；经婆罗洲西海岸附近，然后通过巴拉望通道（在巴拉望和南沙群岛之间）到佛得角通道的路线；或经巴拉巴克海峡、苏禄海、苏里高海峡（或巴西兰海峡和西里伯斯海）再次经婆罗洲西海岸附近的路线。[12] 主要海上交通线贯通南北，也有连接东南亚与北美洲、巴拿马运河的重要东西线路。一些把中国香港、中国南方其他港口与美国加州的港口和巴拿马运河连接的航线也需要经过南海北端，经巴林塘海峡连至太平洋。[13]

龙目岛和巽他海峡也是汇入南海的。龙目岛海峡是那些吃水太深无法通过马六甲海峡的大型油轮的重要通道。因此，船舶可以通过这两个海峡经爪哇海和卡里马塔海峡进入南海。不是所有的船只都经龙目岛海峡穿过南海，但许多经望加锡海峡和西里伯斯海到太平洋。然而，例如，驶往华南广东省的澳大利亚的液化天然气船都是走的龙目岛—望加锡岛—西里伯斯岛航线，然后经锡布图通道、苏禄海，经民都洛海峡到南海。南海—民都洛海峡航线也是从上海前往托雷斯海峡南行船只的航线。[14]

虽然经常指出，存在争议的南海岛群跨主要海上交通线，驶往东北亚的航运大多会航行至南沙西部——航运会因为航行危险避免通过该区域——通过帕拉塞尔群岛和黄岩岛（外媒称斯卡伯勒浅滩）、普拉塔斯群岛东沙群岛附近，经台湾海峡或巴士海峡或巴林塘海峡继续向北航行。巴拉望航线沿南沙群岛东部绕行。

南海海上交通线不只对贸易重要。对地区海军而言，它们也是连接西太平洋和印度洋最短航线的必经路线。美国太平洋司令部，特别是在珍珠港、关岛和日本的海军基地，负责太平洋和印度洋。值得注意的是，例如，在2001年末和2002年，对基地组织和阿富汗塔利班的持久自由行动初期，美国海军资产和物资都是通过马六甲海峡从那些基地转运到印度洋。其他区域的海军也把南海当作一个作战区域和运输路线。

至少理论上,海上交通线的安全是所有沿海政治、海事和贸易实体共同关注的问题。尽管进展缓慢,但旨在改善航运安全,避开海盗和航行危险、恐怖主义潜在威胁的亚洲合作已经越来越多。这涉及国际、区域、次区域和双边合作措施,但没有一个能够缓解该地区的潜在战略紧张局势。[15]例如,尽管对通过南海和相关海峡的航运安全有着浓厚的兴趣,中国对海上交通线的安全仍持传统观点。中国关注的首要问题是如果大陆与台湾发生冲突,美国可能封锁驶往中国的航运。

三、海军和战略发展

虽然大多数东南亚国家的国防预算受到1997~1998年亚洲经济危机的严重打击,但最近的国防开支再次上升。目前还不清楚当前的全球金融危机是否会对国防预算产生重大持久影响,但迄今为止许多相关方似乎相对免疫。在主要国家中,尤其是中国和印度的国防预算,在过去的十年里一直在不断增长。[16]

(一) 海军现代化的驱动力

有许多因素驱动或至少影响海军现代化,包括简单的承担新战斗力的能力。南海的一个主导因素一直是领土争端,还有这些争端所赋予的潜在海事管辖权,包括相关的有生命的和无生命的海洋资源。南海中部可能存在碳氢化合物资源的问题。另一个经常被忽视的因素是南海作为渔场的重要性,其占全球渔获量的10%[17],年产量约500万吨,在世界19大渔场中排第四位。[18]海鲜为该区域人口提供了大部分的蛋白质,也是他们重要的生活来源。据估计,东南亚有1000万名渔民、多达1亿人的经济收入都依靠地区渔场。[19]因此,围绕有争议的岛群的低级别冲突大部分涉及渔业。

声索国家将南沙群岛争端军事化的一个方式是军事人员对具有领土特征地域的占领和相应军事设施的建设。据传,越南大约占领了25处,如南威岛；菲律宾占领了8处，如中业岛；马来西亚占领了3处；中国台湾地区占领了最大的岛——太平岛。[20]中国被认为至少占据了8处，如西门礁等。[21]其他资料指明，占领总数为45~58处不等，尽管如此，一位政治地理学家指出，涨潮时只有36处会高出水面。[22]

岛屿争端加剧了南海已经复杂的海上纠纷，在海洋资源的争夺上，很多地方仍未定边界和管辖权。新的扩展大陆架面积的海洋主张进一步激化了矛盾，特别是马来西亚和越南联合给联合国委员会提交的大陆架界线（Limits of the Continental Shelf）[23]、越南提交的关于南海北部地区的提案[24]引发了中国的强烈抗议[25]。其他国家的抗议活动很可能按照自己的主张，进一步使紧张局势升级[26]，进而也影响海军发展。

中国作为声索国的中心，南海利益、海上力量发展与区域霸权企图之间的联系使争议的重要性超越了表面几个小的、分散的岛屿、岩石、珊瑚礁，甚至潜在的能源资源争夺。中国一直担心东南亚利用中国在海上的弱点从南部海上边缘对中国施压。因此，中国需要扩大防御范围，打击其他主要大国的存在，打击其他声索方对其领土和海洋利益的威胁，寻求在该地区执行海事指挥的一些措施。

此外，中国也对如何控制东亚海上通道感兴趣，既要保护自己的石油供应，如果有必要的话，也可以威胁到中国台湾和日本的经济命脉。相信在南海的一个永久性战略存在，特别是如果这个战略存在能够成功地执行其领土主张，将来也会为中国提供这样一种能力。在重要的海上通道建立基地、扎营等，美国国防部部长办公室顾问博思·艾伦·汉密尔顿（Booz Allen Hamilton）在《亚洲能源未来》中将其称作中国的"珍珠链"战略[27]。从波斯湾入口到南海的一串港口、基地和收听哨构成了所谓的"珍珠"，但一些所谓的设施的状态和效用仍然存在质疑。[28]

虽然航运都避开南沙群岛，但岛上基地却可以用来扰乱航运，就像第二次世界大战时日本在太平岛为潜艇建基地一样。[29]然而，南沙群岛中最大岛的规模也很小，它们与大陆分离、对基础设施的需求和持续补给，意味着它们在任何重大冲突中的战略价值都极小。相反，它们是相当脆弱的，可能无法抵御协同攻击。在和平时期，它们可能的战略价值主要是作为侦察或扎营的定点，作为对领土和领海主权宣示的政治指标。

然而，两位美国海军战争学院的研究人员对"珍珠链"概念进行反思后提出，中国的战略家认为中国是一个正在崛起的经济大国，本应在南海占主导地位，却还活在全球优势海上力量的阴影下，地缘政治形势要求在南海建立"毗邻海上交通线的基地"[30]。30多年来中国一直在南海慢慢建设自己的军事设施，包括在南沙群岛。近年来，它在显著加强基地，特别是在海南岛和帕拉塞尔群岛。也有报道称，中国人民解放军海军打算在该地区加强兵力，一名解放军高级军官表示，安全形势"非常严峻"，中国需要在争议地区部署更多的船只，提高南沙群岛被占领地区的军事化程度，包括在美济礁建设海港和机场，而美济礁是中国在菲律宾所谓的专属经济区内占领的珊瑚礁。[31]

中国战略家也注意到，如果中国打算在"南海南端"建立主导地位，控制台湾和台湾占领的南沙岛屿具有重要的地缘政治意义。[32]

海军现代化的另一个驱动因素是，这些因素导致的东南亚沿岸国家对战略不确定性或重大冲突可能性的举棋不定。虽然区域国家很少公开声明，却可以很公正地表明，最有可能直接影响到南海地区突发事件的实体包括中国。其中可能包括中国与日本或美国在台湾问题上的冲突，中国在南沙的行动和对越南的行动，或中国国内不稳定引发的外部后果。[33]

虽然不太可能导致武装冲突，但该地区也长期充斥着地区竞争。其中一些是历史遗留问题，如新加坡和马来西亚之间；有关领土或海上争端的，如印度尼西亚和马来西亚之间在婆罗洲东海岸的安巴拉离岸开发区；或既是历史遗留，又与领土或海上争端有关，如初生的菲律宾对沙巴的主张，或越南和中国之间由来已久的敌意与不信任。宗教和民族因素也可能在某些对抗中发挥作用。尽管许多敌对国家永远不会承认，但这种关系确实是军事现代化的促因。许多具体的刺激不仅局限在南海本身对海军发展的影响，也对地区安全有一定的影响。虽然对政策制定者来说，"军备竞赛"的概念只是比喻，效用仍然可疑，但某种程度上似乎是整个地区武器建设竞争的一个元素，即使其中一些只是东南亚国家联盟（东盟）共同体内部的"友好竞争"，而不是危险的战略竞争。

应对海盗和海上武装抢劫,以及海上潜在的恐怖主义威胁,一直是一些国家推动海军和其他海上安全力量建设的驱动力,特别是马六甲、新加坡海峡的三个沿线国家和菲律宾。然而,这些威胁在前一种情况下的海峡地区和后一种情况下的菲律宾南部的苏禄——西里伯斯海海域最为明显,并不是在南海。然而,最近海盗袭击事件越来越频发于南海南部地区,船只常常停靠在那里等待进入新加坡港的廖内群岛周围和曼加金岛、阿南巴斯岛周围。[34]可能需要做出更多努力以确保从新加坡海峡通道到东北亚主要航线的安全。

因此,南海国家的海军现代化不能归因于任何单一因素。虽然每个国家可能有自己的优先事项,但以上讨论的所有问题都多多少少影响到大部分南海沿岸国家。然而,大国关系与中国崛起不应被视为至少一些高端止战战斗力获取的驱动力,如潜艇。

(二) 海军现代化的特点

该地区海军现代化的特点之一是海岸警卫队般海岸警卫队船民间或准军事组织的发展,重点关注海上执法、安全、海洋环境保护和其他非军事任务。有这种组织的南海国家和地区包括文莱、中国、印度尼西亚(有水上警察,也正在考虑建设一支成熟的海岸警卫队)、马来西亚、菲律宾、新加坡、中国台湾和越南。[35]其他国家的海岸警卫队,尤其是日本和美国,也经常部署到南海。

然而,这种发展所导致的其中一个后果就是海军更加注重作战可能会引发类似武装冲突的纠纷。一些重要的战斗力被引入南海武装中,包括潜艇,新的、更大的水面舰艇,海上战斗机和海上巡逻机,先进的反舰巡航导弹。区域柴油电力潜艇舰队的壮大尤为显著,已有用户不断更新他们的武装,其他国家也尝试成为潜艇操作者。

例如,过去的几年里,新加坡已经引进了四艘旧的前瑞典挑战者级潜艇——该国第一批潜艇,并且正在增加两艘更新(尽管已下水20年)的前瑞典西约特兰级潜艇级(A-17)潜艇。很明显,A-17型潜艇将是该地区第一批设有空气独立推进的潜艇，使下潜操作不需要在水面停留超过两周就可以继续进行。第一艘 A-17 型潜艇可能于 2010 年末进入新加坡服役，可能会取代同类型的旧款[36]。当 2010 年末两艘新的法国—西班牙鲉鱼级潜艇中的一艘下水，马来西亚海军也将第一次装备潜艇[37]。值得一提的是，越南已与俄罗斯签署了一项协议，购置六艘新的基洛（Kilo）级潜艇[38]，这将会是越南第一批全尺寸潜艇。这个决定可能受到越南政府担忧中国在南海越来越强硬的影响。与此同时，印度尼西亚正寻求重组其主要的潜艇部队，泰国也表现出加入该区域海底俱乐部的兴趣，尽管双方海军的愿望不断由于资金缺乏而受阻。[39]中国台湾仍然继续致力于替换小型、老化的潜艇舰队，尽管近几年频受政治障碍阻碍。

值得注意的是，最近几年，一些南海国家已经引入现代护卫舰和巡洋舰大小的水面舰艇，比如文莱[40]、印度尼西亚、马来西亚和新加坡，而中国和中国台湾地区已经增列了自己的海上战斗舰队。许多这类型舰船的引入，包括很少或没有经验指挥主要战斗单位的海军，表明他们的军事优先项越来越多地强调离岸。与经常出入南海的其他国家的海军一样，一个不可回避的现实是海上交通和活动在将来都有可能增加。

一些国家也正在发展平板甲板两栖舰，可能在南海地区部署，特别是在应对自然灾害与人道主义危机时。泰国早就有一艘小型航母，尽管很少使用。美国海军拥有大型航母和两栖武装。印度有长期服役的航母。日本有小的大隅级直升机航母，很快就会补充更大的 18000 吨日向级的直升机航母。韩国已建成两艘 19000 吨独岛级直升机航母。澳大利亚正从西班牙采购两艘大型（约 27000 吨）两栖攻击舰（LHD）。[41]预计中国会很快发展两栖攻击舰或航母战斗群。

战斗力发展的一个更显著表现是现代反舰巡航导弹，这也代表更大的离岸优先权；它可以从地面、空中或海上（从水面舰艇和潜艇）进行发射。对地攻击巡航导弹（LACM）也开始出现在区域国家的库存中，尤其是中国和中国台湾地区。一些外部国家的对地攻击能力也与战略形势有关，特别是美国对中国可能发起进攻的威慑。其他国家发展这样的战斗力都与南海的安全相关，如印度和澳大利亚。澳大利亚最近在 2009 年国防白皮书中宣布，其三艘新的宙斯盾驱逐舰（下一个五年服役）和下一代护卫舰、潜艇都将装备对地攻击巡航导弹，几乎可以肯定是美国战斧式导弹。[42]

中国的海军现代化和升级一直相对缓慢，但必然会真正增强中国的海上实力。[43]过去十年里，中国引进了一些新类别水面舰艇和潜艇，包括三类自主研制的驱逐舰和一艘俄罗斯驱逐舰，两类自主研制的柴油发动机潜艇和一类俄罗斯柴油发动机潜艇，新的核动力攻击和弹道导弹潜艇。中国人民解放军海军航空兵和空军都装备了俄罗斯以海上打击能力著称的苏-30多用途作战飞机及自主研制的JH-7和B-6海上攻击机。[44]

中国南海舰队（总力约80舰）有25~30个主要水面战斗群，包括新的052C型庐阳Ⅱ和052B型自主制导的导弹驱逐舰、最新的护卫舰——054A型江凯Ⅱ。有趣的是，中国海军的大部分两栖作战和运输船都装备在南海舰队，包括19艘中的11艘072Ⅱ型和072Ⅲ型重型登陆舰。唯一的大型两栖舰（约20000吨）071型船坞登陆舰（LPD）2007年底被委任到南海舰队在广东省的湛江基地。[45]这种力量编成可以使海军陆战队或其他地面部队快速部署到南海或中国台湾地区。

中国的打击和反介入能力覆盖范围很广，即使不包括移动的海上平台。[46]显而易见的是，即使从中国大陆发射，整个南海现在都在中国人民解放军常规导弹和空中力量的射程范围内。海南岛的两大海军空军基地，以及武德岛的基地（或中方所称的永兴岛，部署了战斗机和其他飞机）和帕拉塞尔群岛的其他岛屿，再加上在西沙（南沙小范围）的重要情报搜集和通信设施，中国对整个区域都配备了精良的侦察设备。[47]

南海的一个重要战略发展是位于海南岛南端三亚的榆林海军基地的升级。传统上，它是南海舰队常规潜艇的主要基地，自20世纪90年代末以来经历了重大升级，现在还是南海舰队第九驱逐舰队的水面舰队基地。两墩约1公里长，这意味着它可以承载非常大的船舶，包括备受期待的中国航空母舰。第二大发展是核潜艇基地的建设，或第二潜艇基地，包括三个码头、一个地下潜艇设施和潜艇消磁设施。地下设施的入口23米宽，能够容纳解放军海军的任何潜艇。美国科学家联合会声称，中国海军一艘新一届094级弹道导弹核潜艇就部署在这个基地。[48]海南岛南部水域深度超过5000米，弹道导弹潜艇可以在南海巡逻。[49]然而，如果中国希望将南海变成一个核动力弹道导弹潜艇基地，为保证其海基核二次打击战斗力作战环境安全，[50]将需要能够有效地拒止该地区的竞争大国，而这是一个不太可能的命题。然而，中国对弹道导弹潜艇可能作战区域的离岸侦察敏感度和对潜艇的追踪能力很可能都落后于2009年3月的"无瑕号"事件，该事件会在下面加以讨论。

近年来，中国航空母舰的地位发生了显著的变化。以前拒绝中国海军航空母舰的概念，现在看来，这不仅是可能的，而且概率很大，甚至不可避免。许多中国海军高级军官似乎确认航母计划很快就会公开。[51]例如，在2009年4月的《环球时报》上，海军少将张召忠教授表示，"发展航母是我们的当务之急"。[52]南海舰队的榆林基地最有可能成为航母基地，由于附近的争议，力量投送能力是很重要的，也由于是主要的海上交通线，既可以保护也可以封锁。

四、在专属经济区的军事行动

在整个亚洲，外国在沿海国家宣称的海事管辖区的军事行动仍然颇具争议，这些地区对海上的主权和主权权利特别敏感。[53]谈到外国的军事行动，最具争议的海上区域是专属经济区。几个南海国家青睐[54]海洋法公约的其中一种解释，即在专属经济区特定水域，对某些活动，沿海国家有管辖权，享有制定和执行法律、法规的权利。[55]

南海的一些国家要求海上安全区，企图限制外国军舰或其他军事活动，或者以其他方式声明影响此类活动的权利。这包括中国、印度尼西亚、马来西亚、菲律宾和越南。[56]一些沿海国家的敏感性，尤其是中国，带来了限制航海自由的法律、政治和海事努力。有外媒称，中国海军或"执法机构"在这方面的努力导致重大外交海上事故，下面将加以讨论。

在危险的海洋地理区域，海军战斗力和活动扩张带来的必然结果是海上事故会变得越发普遍，从而引发潜在的冲突。特别是由于在南海作业条件常常不好、有时水下地理条件有限或复杂，以及不利的声学条件，海上事故或意外的相遇是潜艇活动越来越多的潜在后果。这些困难指标表明有可能要收集整个区域更多的军事海洋测量和声学数据,这一活动本身将制造紧张局势,尤其是当这些活动需要在某些沿海国家的专属经济区进行。未定的、有争议的海上边界将进一步使问题复杂化。然而,如果没有这样的调查活动,涉及潜艇的事故率只会提高。[57]

此外,事实上,许多地区的潜艇作战单位缺乏经验,有些只有有限的能力,这使形势更加危险。然而不仅只是经验不足或训练不好的潜艇可能会遇到操作困难,例如由于过去的事故而对中国潜艇船员的能力和训练已有怀疑、经验丰富的作战国,诸如美国、澳大利亚、英国和俄罗斯最近也都发生过严重的事故。俄罗斯和中国发生的事故结果是灾难性的。因此,这个想法——南海将会有更多的潜艇在特别是在沿海地区提出了操作安全的实际问题。然而,潜艇作战的更大透明度是不可能的,因为透明度会破坏潜艇最初的战术优势及作战特点——隐身。

中国对美国军事行动的反应

中国努力在宣称的专属经济区内限制或缩减外国军事活动,是该地区在这方面表现最自信的国家。中美海军之间发生了一些事故,南海也包括在内。目前为止,最劲爆的事件是2001年4月一架美国海军EP-3E电子情报搜集飞机在海南岛东南70海里与一架解放军的歼-8战斗机相撞。这一事件是过去两个月中国战斗机飞行员对类似侦察飞行进攻性增强的高潮。损坏的EP-3E设法降落在海南岛,中国战斗机飞行员却一直没有找到。有外媒称,中国飞行员鲁莽的飞行造成了此次事故。美国太平洋舰队司令海军上将丹尼斯·布莱尔当时这样说:

像EP-3E这样的大飞机在自己的路线上飞行,小飞机围绕在它们周围。根据国际空域规则,快的、灵巧的飞机有义务给慢的飞机让路。是谁撞的谁,很明显。[58]

然而中国却扣押美国飞机(拘留机上人员),在移交之前还试图移除有价值的系统。[59]

尽管碰撞发生在国际空域，但中国却主张行使让外国侦察机和军舰远离其200海里专属经济区的权利。在专属经济区内，沿海国家对海洋资源拥有主权，对海洋科学研究和海洋环境保护拥有管辖权[60]。这样的规定有点模棱两可却往往是故意的，一般会导致与军事行动相关的争端。根据海洋法公约第58条的定义专属经济区对"其他国家"权利和义务的，中国的争论主要集中在安全和沿海国家权利问题上。第58条赋予所有国家公海航行的自由，享有第87条所指的航行、飞越、铺设海底电缆和管道的自由，以及与海洋法公约其他条款相符、船舶和飞机操作相关的自由。沿海国家的这种权利和职责必须以"适当顾及"来行使权利，在主权上遵守沿海国家的法律和法规。[61]还应该指出，"适当顾及"的规定与第56条（2）的文本是对等的。

海洋法公约没有专门就专属经济区内的海事活动进行权利分配。一些国家认为外国对专属经济区的军事用途是第58条所禁止的，因为它们要么与公海只用于（未定义）和平目的（海洋法公约第88条）不符，要么不是海洋的"合法使用"。[62]专属经济区的海域自由减少，但沿海国家对人造岛屿、设施和结构的建设和使用，海洋科学研究，海洋环境保护的非航海用途享有专属管辖权。然而，这并不是禁止与环境、资源或海洋科学研究无关的军事设施或设备的施工或安置。[63]

与中国的对上述条款所持的观点不同，专属经济区的水域最好被理解为公海，关于资源的使用和某些其他活动的管理，沿海国家享有法律和法规的主权。因此，其他国家保留所有公海自由，可以进行军事活动，尽管要注意未定义的"适当顾及"的要求。在飞越方面，像EP-3E这种情况，海洋法公约和国际民航公约[64]都没有赋予沿海国家权力去控制专属经济区的空域。空域不是专属经济区的一部分，所有的飞机都有飞越自由和进行军事行动的权利。因此，对与专属经济区资源利用，建立人工岛屿、设施或结构，进行海洋科学研究，或保护海洋环境无关的法律或政策的引用都不符合海洋法公约。在EP-3E事件中，中国反对美国的军事活动不涉及这些问题。

另一个重要的南海事件发生在 2009 年 3 月 8 日海南岛海岸以南 75 海里中国的专属经济区海域。无武装的民事载人海洋监测船"无瑕号"，作为美国军事海运司令部特殊使命船舶计划的一部分，使用低频活跃的海底拖曳声呐阵列进行水声数据采集、绘制海床地图，被五艘中国船只骚扰。一艘是解放军海军情报搜集船，一艘是渔业局的巡逻船，一艘是国家海洋局的船，另外两艘是拖网渔船。"无瑕号"在当时被描述成常规的海底测绘或使用拖曳式阵列侦察传感器系统（SURTASS）来追踪潜艇。中国船员用长钩试图诱捕部署的拖曳阵列电缆和封闭在"无瑕号"周围 15 米内的两个容器，并下令"无瑕号"离开该地区。"无瑕号"船员以朝中方打开消防软管回应，中方船员反过来脱去了他们的内衣！然后两艘中国船只靠到 8 米以内，直接移动到"无瑕号"前方，在其航线上扔木材，迫使其紧急停航以避免撞击。[65]

中国外交部发言人表示，"无瑕号""在中国南海专属经济区进行未经中国许可的活动"，并要求美国"立即停止相关活动，采取有效措施防止类似的行为发生"，并补充说，美国对骚扰的索赔"严重违背事实……对中国来说，完全不可接受"。[66]某海军负责人说："领海内或专属经济区内其他国家海军舰艇的无害通过是可以接受的，但任何其他形式都不能允许。"[67]另一名中国国防部的发言人几天后宣称：

中方在自己的专属经济区内实施常规执法、保障措施是完全合法的……我们要求美国尊重我们的法律利益和安全关切，采取有效措施，防止此类事件再次出现。[68]

这些陈述显然混淆了专属经济区与领海，似乎在专属经济区宣称领海权利。这些陈述反映了中国法律要求军舰在进入中国领海前寻求授权，并在毗连地区寻求更深层次的安全权利。[69]根据海洋法公约，军事活动控制只在无害通过、过境通过和群岛海道通过时施行，以上没有一种适用于专属经济区。[70]

来自中国的分析另一个论点是，"无瑕号"的活动与海洋法公约的"和平使用海洋"条款不一致，[71]说其操作"显然是为了收集军事信息而不是出于和平目的。他们公然侵犯中国的国家安全与和平秩序，对领土完整和政治独立构成威胁"。[72]

海洋法公约第301条禁止"对任何国家的领土完整或政治独立进行任何武力威胁或使用武力"，并连同第88条公海只用于"和平目的"，一般被认为是《联合国宣言》第2条（4）禁止使用武力规定的重申。[73]海洋法公约或任何其他国际法律文书都没有明确规定，在专属经济区内的和平监察活动威胁任何沿海国家的领土完整或政治独立。像中国的官方观点暗示沿海国家专属经济区内的主权与海洋法公约不一致。此外，它也意味着军事行动和信息收集本身就不是和平行为。这是一个没有意义的、逻辑上适用于所有军事行动和军队的论点。

如果中国关于专属经济区主权的主张是不合理的，则海洋法公约关于专属经济区的军事调查是否等同于海洋科学研究的解释更模棱两可。沿海国家拥有海洋科学研究管理权。[74]然而，本公约却没有定义海洋科学研究。可以说，海洋法公约制度不包括军事情报搜集活动和海洋水道测量。此外，这样的活动既不侵犯专属经济区资源的利用，也没有破坏海洋环境。因此，可以认为，这些活动应不受海洋法公约规定的限制。[75]萨姆·贝特曼（Sam Bateman）对此事件做出如下评论：

美国有合理的理由认为"无瑕号"在南海的工作是合法的。它不是沿海国家管辖下、需要事先许可的海洋科学研究。相反，它是公海自由航行的一部分，是联合国海洋法公约对专属经济区的具体延伸……"无瑕号"的任务……显然是军事性质的。海洋的军事用途是国际法公认的权利。对中国而言，它将难以维持这些船只的活动直接威胁其国家安全的说辞。[76]

"无瑕号"事件发生在中美之间，在海上僵持了两周，代表了最危险的事件模式。一艘中国渔业局巡逻船于2009年3月4日在事先没有警告的情况下，在距离黄海海岸125海里处，使用高力探照灯照射"无瑕号"的一艘姊妹船"胜利号"。第二天一架Y-12海上侦察机12次低空飞过"无瑕号"。3月5

日,"无瑕号"被一艘中国巡防舰近距离接近,并两次越过侦察船的船头,一次只有100码远,一架Y-12飞机进行了11次低空飞越。3月7日,中国情报搜集船(大概是参与3月8日事件的同一艘)通过无线电声称"无瑕号"进行非法行动,应该离开该地区,否则将"遭受后果"。[77]这一系列事件似乎代表了中国在海上增长的自信。美国国家情报总监在参议院军事委员会证明:"过去的几年里,他们在主张上变得更加咄咄逼人。"[78]内蒙古共产党2月19日报纸的一篇文章可能反映了中国的强硬态度,其重申:"如果美国间谍船再次进入中国海域,中国将击沉它。"[79]

美国对"无瑕号"事件的回应是用一艘"钟云号"驱逐舰护航"无瑕号",而"无瑕号"继续调查工作。[80]反过来,中国说它将增加在中国南方水域的巡逻,建造新的巡逻船。[81]美国国防部一名官员在参议院作证时明确表示,美国不会放弃作为区域稳定的战略保证或主张自由航行权的立场。

美国太平洋司令部将继续维护该地区的航海自由。美国太平洋司令部将继续在南海开展行动,严格遵守《联合国海洋法公约》中的国际惯例。美国的活动将由我们在该地区的利益和我们保卫西太平洋的愿望主导。[82]

2009年6月,美国海军与菲律宾部队年度海上演习期间,一艘中国潜艇在菲律宾海域的南海与美国驱逐舰"约翰·麦凯恩号"拖曳的水下声响阵列相撞。双方淡化了这一事件,美国人称它为"无意中遇到"[83],中国表示同意。尽管如此,中国军事科学院一位解放军高级研究员补充说:"避免这种碰撞的最好办法是五角大楼停止在该地区对中国的不友好行动"[84],尽管实际上,发生事件的地点似乎已经在远离中国管辖权的水域。

1998年,华盛顿与北京的军事海事磋商协议[85]在防止此类海上事故方面,甚至当事故发生时的危机管理措施都被证明是无效的。美国呼吁更正式的海上事件协议,如冷战时期苏联制定的协议[86],但似乎都被回绝或忽略了。然而,中国海军的升级换代和中国在海上越发强硬的姿态,以及在整个地区海军和海事执法能力的增长,都表明此类事件很可能会变得更常见,而不是更少。

这些事件表明，中国的做法与海洋法公约不一致。中国似乎宣称对南海大部分地区都有某种管辖权（即 U 形链的所有水域），并在 2009 年 5 月指出：

中国对南海和毗邻水域群岛拥有无可争辩的主权，对相关海域的海床和底土享有主权和管辖权。[87]

任何强加广义专属经济区意见的努力都显示其企图排除整个地区的外国军用飞机和军舰。虽然这样的举措实际上无法执行，但这都反映出中国希望把南海变成中国的一个内陆湖。

事实上，专属经济区制度解释的争议性，封闭或半封闭海域更加恶化，如南海，如果所有的沿海国家都将自己的专属经济区最大化，如果专属经济区被称为南沙群岛，可能涵盖整个海域。在南海，目前只有有争议的南沙群岛周围水域没有被宣称为专属经济区，尽管未来这种说法是可能的。如果专属经济区是南沙各处，那么就没有公海了；如果不是，那么南海的中心就是一块公海飞地。然而，如上所述，就外国权利方面，在那些区域进行军事活动应该是无关紧要的。

五、结论：中国、地缘政治竞争、南海

多年来，中国似乎一直努力克制在南海的强硬态度，而选用一种温和的外交方式（或"魅力攻势"），与东南亚邻国实现经济一体化。然而，当下中国政府已经重新表现出更加强硬甚至挑衅的姿态。中国在南海对其他相关方、"不受欢迎"的力量施压，如美国。迄今，这种压力主要是政治和经济压力，但也日益军事化。中国似乎有加强其在南海战略地位的协同努力，而且越来越明显地回到 20 世纪 70 年代初以来的趋势，但现在已远远超出以前的资源和战斗力。

其他南海国家也声称自己的主张，发展自己的海军战斗力，尽管势头比中国要弱。与之前讨论的区域海军现代化其他驱动力结合，该区域海军呈增

长趋势。除非全球金融危机恶化，否则这种趋势很可能会继续下去。据说如果要圆满解决海上交通线安全、海洋环境保护、鱼类资源保护、能源安全，打击跨国犯罪，甚至减轻气候变化的潜在负面影响等区域共同问题，都需要合作。然而，该地区仍然缺乏实现务实合作的有效机制。区域政治生态的现实意味着，这些挑战既可能分裂这些国家，也可能团结这些国家。

所有这些挑战的根源是中国崛起引发的日益激烈的战略竞争，几个国家已经制定动态平衡或对冲战略，包括一些来自南海地区的国家。该地区的大国竞争，特别是围绕制约中国，不可避免地都会有一个南海元素。自"二战"前美国海军一直是该地区的一个常数因子。日本，特别是日本海岸警卫队，甚至印度，都进入南海部署。这些和其他"外部"海上力量的存在，以及南海国家的海军部队都只会增加，还会在将来创造出一个更复杂、更危险的作业环境。任何认为南海能够成为一片和平与合作区域的想法可能都要搁置一段时间。

来源：Tsamenyi M. A strategic perspective on security and naval issues in the South China Sea [J]. Ocean Development & International Law, 2010, 41 (4): 315-333.

译者：梅朝阳

译者邮箱：meizhaoyangxu1031@126.com

注释

1. Michael Leifer, "The Maritime Regime and Regional Security in East Asia", *Pacific Review* 4 (1991), 126 – 136. See also, more recently, Sam Bateman, "Building Good Order at Sea in SoutheastAsia: The Promise of international Regimes" in *Maritime Security in Southeast Asia*, eds. Kwa ChongGuan and John K. Skogan (London: Routledge, 2007), 97-116.

2. U. N. Convention on the Law of the Sea, 1833 *U. N. T. S.* 397.

3. Sam Bateman, "UNCLOS and Its Limitations as the Foundation for a Regional Maritime Security Regime", IDSS Working Paper No. 111 (Singapore: Institute for Defence and StrategicStudies, April 2006), 2.

4. John H. Noer, with David Gregory, *Chokepoints: Maritime Economic Concerns in SoutheastAsia* (Washington, DC: NDU Press, 1996), Figures 17-20, 63-66.

5. International Hydrographic Organization, *Limits of Oceans and Seas*, Special Publication No. 23, 3rd ed. (Monte Carlo: IHO, 1953), 30-31.

6. International Hydrographic Organization, *Limits of Oceans and Seas*, IHO Publication S-23, draft 4th ed. (IHO, 2002).

7. Ibid 6, at 6-6-6-8.

8. For a discussion on the geographical scope of the South China Sea, please refer to Nien-Tsu Alfred Hu, Semi-enclosed Troubled Water: A New Thinking on the Application of the 1982 UNCLOS Article 123 to the South China Sea, *Ocean Development & International Law* 41 (3), 2010, 281-314, at 299-301.

9. See (UK) Admiralty, *Ocean Passages for the World*, 5th ed., NP 136 (Taunton: UnitedKingdom Hydrographic Office, 2004), chap. 7.

10. Data averaged and compiled from various U.S. government sources, including the Departmentof Defense, Energy Information Administration, and Office of Naval Intelligence.

11. Data from the Port Klang Vessel Traffic Service.

12. *Ocean Passages for the World*, supra note 9, at 166-172.

13. Ibid 12, at 240-243.

14. Ibid 12, at 203-204.

15. See Chris Rahman, "The International Politics of Combating Piracy in Southeast Asia", in *Violence at Sea: Piracy in the Age of Global Terrorism*, ed. Peter Lehr (New York: Routledge, 2007), 183-198.

16. United States, Office of the Secretary of Defense, *Military Power of the People's Republic of China* 2009, Annual Report to Congress (Washington, DC: Department of Defense, 2009), 31.

17. Clive Schofield, "Dangerous Ground: A Geopolitical Overview of the

South China Sea" in *Security and International Politics in the South China Sea: Towards a Cooperative Management Regime*, eds. Sam Bateman and Ralf Emmers (London: Routledge, 2009), 14-18.

18. United Nations Environment Programme (UNEP), *Global International Waters Assessment. South China Sea: Regional Assessment* 54 (Kalmar, Sweden: University of Kalmar, 2005), 40-41.

19. Meryl J. Williams, *Enmeshed: Australia and Southeast Asia's Fisheries*, Lowy Institute Paper 20 (Sydney, Australia: Lowy Institute for International Policy, 2007), 27.

20. See Clive Schofield, "A Code of Conduct for the South China Sea?" *Jane's Intelligence Review*, November 2000, 37. Itu Aba is now manned by the civilian Taiwan Coast Guard Administration.

21. Greg Austin, *China's Ocean Frontier: International Law, Military Force and National Development* (St. Leonards, New South Wales, Australia: Allen & Unwin, 1998), 132 and 380-381.

22. Schofield, "Dangerous Ground", supra note 17, at 11 and 22, n. 24.

23. Malaysia-Vietnam Joint Submission to the Commission on the Limits of the Continental Shelf Pursuant to Article 76, paragraph 8 of the United Nations Convention on the Law of the Sea 1982 in Respect of the Southern Part of the South China Sea, Executive Summary, May 2009, available at the Web site of the Commission on the Limits of the Continental Shelf at www. un. org/Depts/los/clcs new/clcs home. htm.

24. Vietnam Submission to the Commission on the Limits of the Continental Shelf Pursuantto Article 76, paragraph 8 of the United Nations Convention on the Law of the Sea 1982, Partial Submission in Respect of Vietnam's Extended Continental Shelf: North Area (VNM-N), Executive Summary, April 2009, available at the Web site of the Commission, supra note 23.

25. People's Republic of China, Letter to Secretary-General of the United Na-

tions, Doc. CML/17/2009, New York, 7 May 2009; and Letter to Secretary-General of the United Nations, Doc. CML/18/2009, New York, 7 May 2009, available at the Web site of the Commission, supra note 23.

26. See Sam Bateman and Clive Schofield, "Outer Shelf Claims in the South China Sea: New Dimension to Old Disputes", *RSIS Commentaries*, 1 July 2009 (Singapore: S. Rajaratnam School of International Studies, Nanyang Technological University).

27. The report was first publicized by Bill Gertz, "China Builds up Strategic Sea Lanes", *Washington Times*, 18 January 2005.

28. See, for example, Andrew Selth, "Burma, China and the Myth of Military Bases", *Asian Security* 3 (September 2007), 279–307.

29. See Geoffrey Till, "The South China Sea Dispute: An International History", in Batemanand Emmers, supra note 17, at 36.

30. James R. Holmes and Toshi Yoshihara, *Chinese Naval Strategy in the 21st Century: The Turn to Mahan* (London: Routledge, 2008), 53.

31. L. C. Russell Hsiao, "In a Fortnight: PLA General Advises Building Bases in the South China Sea", Jamestown Foundation, *China Brief*, 24 June 2009, 1–2.

32. Holmes and Yoshihara, supra note 30, at 53.

33. See Alan M. Wachman, *Why Taiwan? Geostrategic Rationales for China's TerritorialIntegrity* (Stanford, CA: Stanford University Press, 2007).

34. Eric Frécon, "Piracy in the South China Sea: Maritime Ambushes off the Mangkai Passage", *RSIS Commentaries*, 20 February 2009.

35. Sam Bateman, "Coast Guards: New Forces for Regional Order and Security", *Asia Pacific Issues*, No. 65, January 2003, 5.

36. Tim Fish, "Submarine Programmes Top SE Asian Wish Lists", *Jane's Navy International*, April 2010, 27.

37. Ibid 36, at 26.

38. Ibid 36, at 27.

39. Ibid 36, at 27.

40. Brunei, however, is now trying to sell its relatively new ships, probably because they are too large and sophisticated for Brunei's needs and its capacity to operate them.

41. See Eric Grove, "Carrier Waves: Programmes Speak of an Enduring Appeal", *Jane's Navy International*, November 2007, 31-32.

42. Commonwealth of Australia, *Defending Australia in the Asia Pacific Century: Force* 2030 (Canberra: Department of Defence, May 2009), 81. For an analysis, see Jack McCaffrie and Chris Rahman, "Australia's 2009 Defense White Paper: A Maritime Focus for Uncertain Times", *Naval War College Review* 63 (Winter 2010), 69.

43. See, generally, Chris Rahman, "The Rise of China as a Regional Maritime Power: Strategic Implications for a New Century", PhD dissertation, University of Wollongong, 2003.

44. For details on PLA maritime forces, see the generally reliable Sino Defence. com Web site, available at www. sinodefence. com/navy/default. asp.

45. Ibid 44.

46. See the map *Military Power of the People's Republic of China* 2009, supra note 16, at 23.

47. See Bruce A. Elleman, "Maritime Territorial Disputes and Their Impact on Maritime Strategy: A Historical Perspective", in Bateman and Emmers, supra note 17, at 46-48.

48. See the SinoDefence Web site, supra note 44; and Richard D. Fisher, "Satellite Imagery Confirms Nuclear Sub Base in China", *Jane's Defence Weekly*, 16 April 2008, 4.

49. Ibid 48.

50. The concept of SSBN bastions, protected by concentric layers of defensive

capabilities, was developed by the Soviet Union during the cold war. For analysis, see Bryan Ranft and Geoffrey Till, *The Sea in Soviet Strategy*, 2nd ed. (Annapolis, MD: Naval Institute Press, 1989), 193-197.

51. See "Naval Chief Details Chinese Wishlist", *Jane's Navy International*, May 2009, 5; and "Speculation Mounts over PRC's Aircraft Carrier Plan", *Taipei Times*, 7 March 2009.

52. Kang Jua, "China Doesn't Need Super Navy: Military Analysts", *Global Times*, 21 April 2009.

53. See the two special issues of the journal *Marine Policy* devoted to the topic: Vol. 28 (January2004) and Vol. 29 (March 2005).

54. For a further discussion on the debate as it stands in East Asia, see, for example, EEZ Group 21, *Guidelines for Navigation and Overflight in the Exclusive Economic Zone: A Commentary* (Tokyo: Ocean Policy Research Foundation, 2006).

55. For a forceful but unconvincing Malaysian argument to this effect, see B. A. Hamzah, "EEZs: U. S. Must Unclench Its Fist First", *RSIS Commentaries*, 9 April 2009.

56. See Stuart Kaye, *Freedom of Navigation in the Indo-Pacific Region*, Papers in Australian Maritime Affairs No. 22 (Canberra: Sea Power Centre-Australia, 2008), 8-12 and 31-35.

57. See Sam Bateman, "Perils of the Deep: The Dangers of Submarine Operations in Asia", *RSIS Commentaries*, 21 February 2007 (Singapore: S. Rajaratnam School of International Studies, Nanyang Technological University).

58. As quoted in "Trapped Behind the Lines", *The Australian*, 3 April 2001, 1.

59. "'Spyplane' Loss a Big Blow for U. S. Intelligence", *Jane's Navy International*, May 2001, 8.

60. LOS Convention, supra note 2, art. 56 (1).

61. For an analysis, see Martin Tsamenyi and Barry Snushall, "The Legal Dimension of Maritime Military Operations", in *Positioning Navies for the Future: Challenge and Response*, ed. Jack McCaffrie (Sydney: Sea Power Centre—Australia and Halstead Press, 2006), 111-132.

62. Ibid 61, at 122.

63. Ibid 61, at 116.

64. Ibid 61, at 116. See also Convention on International Civil Aviation, Chicago, 7 December 1944, 9th ed., 2006, ICAO Doc. 7300/9, arts. 1-3.

65. See "U.S. Angered by Chinese Naval Manoeuvres", *The Australian*, 10 March 2009; "USNPLA South China Sea Incident", Associated Press, 10 March 2009; "China Says U.S. Provoked NavalIncident", *International Herald Tribune*, 10 March 2009; and "Surveillance Ship 'Did Not ViolateLaw', Says DoD", *Jane's Navy International*, April 2009, 6.

66. As quoted in "FM: U.S. Naval Ship Violates Int'l, Chinese Law", *China Daily*, 10 March 2009.

67. As quoted in "Violation of China's Sovereignty Never Allowed", *China Daily*, 10 March 2009.

68. As quoted in "Obama-Yang Discuss U.S.-China Sea Dispute on the Sidelines of Improved Cooperation", Associated Press, 15 March 2009.

69. See Kaye, supra note 56, at 31.

70. Tsamenyi and Snushall, supra note 61, at 113-121.

71. LOS Convention, supra note 2, art. 301.

72. Ji Guoxing, "The Legality of the '*Impeccable* Incident'", *China Security* 5 (Spring 2009), 18-19.

73. Tsamenyi and Snushall, supra note 61, at 122.

74. LOS Convention, supra note 2, arts. 56, 87, 238-241.

75. Tsamenyi and Snushall, supra note 61, at 128.

76. Sam Bateman, "Clashes at Sea: When Chinese Vessels Harass U.S.

Ships", *RSIS Commentaries*, 13 March 2009, 2 (Singapore: S. Rajaratnam School of International Studies, Nanyang Technological University). For an explanation of the U. S. position, see Patrick J. Neher, Raul A. Pedrozo, and J. Ashley Roach, "In Defence of High Seas Freedoms", *RSIS Commentaries*, 24 March 2009 (Singapore: S. Rajaratnam School of International Studies, Nanyang Technological University); and Captain Raul Pedrozo, JAGC, USN, "Close Encounters at Sea: The USNS *Impeccable* Incident", *Naval War College Review* 62 (Summer 2009), 106-107.

77. "USN-PLA South China Sea Incident", Associated Press, 10 March 2009.

78. Cited in "Blair: China Gets 'More Aggressive' Against U. S. Ships", *Washington Times*, 11 March 2009.

79. Cited in *ibid*.

80. "Destroyer to Protect Ship Near China", *Washington Post*, 13 March 2009.

81. "Beijing to Deploy More Ships to the South China Sea", *Times* (UK), 19 March 2009.

82. Testimony of Deputy Assistant Secretary of Defense Robert Scher, Asian and Pacific Security Affairs, Office of the Secretary of Defense, Before the Subcommittee on East Asian and Pacific Affairs, Senate Committee on Foreign Relations, United States Senate, on "Maritime Issues and Sovereignty Disputes in East Asia", 15 July 2009, 5.

83. "Chinese Sub Smashes U. S. Destroyer's Sonar", *The Australian*, 13 June 2009.

84. As quoted in "Sub, Sonar Collision 'Inadvertent'", *Global Times*, 15 June 2009.

85. Agreement Between the Department of Defense of the United States of America and the Ministry of National Defense of the People's Republic of China on

Establishing a Consultation Mechanism to Strengthen Military Maritime Safety, Beijing, 19 January 1998.

86. Agreement Between the Government of the United States of America and the Government of the Union of Soviet Socialist Republics on the Prevention of Incidents on and over the Sea, Moscow, 25 May 1972, as amended by a 1973 Protocol and a 1998 Exchange of Diplomatic Notes. The latter was agreed by the Russian Federation, which succeeded the Soviet Union with respect toall rights and obligations relating to the agreement.

87. See PRC Letters, supra note 25.

现代化发展道路上的中国海洋军事力量

亚历山大·瓦西里耶维奇·希雷多夫

（Александр Васильевич Шлындов）

译者导读：本文作者系俄罗斯军事理论专家、退役上校亚历山大·瓦西里耶维奇·希雷多夫。文章以中国海洋军事安全战略部署的地域与海域为研究维度，逐区域分析现代化进程中中国海洋防卫力量的部署与发展思路。作者充分肯定了近年来中国海洋军事力量的快速提升，并高度评价了目前中国正在践行的海上积极防御战略，认为海军部队的强大和迅速扩张有助于中国抵抗来自西方的政治和军事钳制，使中国有能力在更广阔的国际舞台上发挥重要作用。本文在注视现实的同时也关照历史，在梳理中国海军发展的进程时，作者指出，中国海军防卫力量起步较晚，基础较为薄弱，在当前军力快速增长、海军装备迅速提升的同时，中国方面也应该注重军事战略部署的积极转型和思维调整，在传统的陆上作战部署的基础上融入独立海战意识，有助于未来中国更为主动和灵活地参与解决地域与国际上的复杂争议问题。

摘要：本文综合分析中国人民解放军海洋军事力量发展的现状与前景，同时考察干部培养机制等相关战略问题。笔者认为，中国海军在现代化进程中在各方面所取得的成就，既展示了其强势的发展趋势，同时也有较为薄弱的环节。

关键词：中国人民解放军；海洋军事力量；水上与水下力量；海军陆战队；海岸防御；海洋登陆；中国海军现代化

中国人民解放军海军作为中华人民共和国武装力量之一，其司令部设于北京。2010年，中国人民解放军海军的在编人员数量达到21.5万人，后备人员数量达到4万人[1]。中国海军的主要架构由水上与水下部队、海洋航空、海岸防御部队与海军陆战队、海洋登陆部队、对空防御部队、特种部队、后勤部构成，分编为三个舰队，分别为北海、东海与南海舰队。

舰队编制为中国人民解放军海军的重要战略作战单位，其主要形式为以师、旅、营为层级的区舰队编制。每一支舰队都有各自固定的作战海域，统筹该海域的日常巡逻任务与战时的作战任务。

21世纪初期，中国人民解放军海军完成现代化过程中的第一阶段，逐步完善作战机制的后备保障、舰艇合组等问题，确立以"第一岛链"（琉球群岛、菲律宾群岛、黄海、东海和南海海域）为地理坐标的海防战略，捍卫群岛海域防线的能力稳健发展。2016~2020年，海军步入现代化的第二阶段，计划继续扩大海军力量，达到突破"第二岛链"标准（千岛群岛、北海道、马里亚纳群岛、加罗林群岛与新几内亚群岛），范围包含日本海域、菲律宾海域与印度尼西亚群岛海域。中国海洋军事理论家将"第一岛链"和"第二岛链"看作中国海防的地理符号。21世纪中期将完成海军现代化的第三阶段，计划建设更为强大的中国海军，有能力完成包括远距离海域在内的任一海域军事行动。

在细致考察第一次海湾战争与美国对南斯拉夫的军事行动之后，中国军事理论专家们周密拟定了新时期军事战略指导方针，其中明确指出了实施海上积极防御策略的基本立场。根据方针精神，中国人民解放军海军必须肩负起以下任务：坚决抵抗针对中国的海洋侵略行为；禁止任何邻近国家政权侵犯中国领土与领海主权；为中国人民解放军提供多种形式的海洋防御措施；保障重要航线畅通与民用船舶安全；坚决抵抗敌对力量的空降与登陆，全力保障国家海岸线安全。同时指出，海军的核力量应该被用于阻止任意形式的侵略行径，并时刻做好应对重大国际军事冲突（如核战争）的准备。方针同时坚持在以下可预见情况发生时进行相应的军事行动：海上封锁、海上偷袭、扰乱海上交通、危害军事基地安全、封锁和侵占海洋领土等。随着中国海军战略核力量和海洋巡逻能力的逐渐发展，现阶段重要的军事任务就是维护弹道导弹核潜艇的作战能力,保障其潜射导弹的战斗稳定性。

近年来,中国在国际世界的威望不断增长,在联合国与其他国际组织中的影响不断扩大,并将成为世界第二大强国作为发展目标。促进联合国维和行动、切实执行国际协定内容成为摆在中国海军面前的国际任务。中国海军的国际功能通过与其他国家的共同学习和合作一起完成,包括海上救援基础设施建设、联合演习、恶劣条件下的海上疏散、人道主义施救、反海盗联合行动等。为了避免国际立场对中国的误解,中国政治理论家和军事家们经常强调,中国军事问题的聚焦点并非在于军事存在,而是在于军事力量的调遣。2009年3月,全国人民代表大会发布的相关文件指出,力量投射是国家综合实力和军事力量的重要评价标准,应该利用一切可行路径在最短时间内全面提升海、陆、空三军的机动能力。

中国海军在领海范围内根据战略部署和岛屿地理位置划分成若干执行区域,区域的划分以国际与地区间军事、政治与经济形势的变化为调整,综合国家间政治关系和立场、突发性国际事件、国防科技与军事装备的发展等因素进行整体考量。

一、渤海湾与黄海

渤海湾因其优越的地理位置、面积和地质结构等自然条件,具备抵御水上或水下军事力量的天然防御能力,也成为潜射弹道导弹极佳的部署海域。通向黄海的出口十分便于北海舰队掌控附近海域的基本情况,同时观察日本海上自卫队、韩国海军与美国驻日本军事基地的相关军事活动。

随着美日作战区反导弹系统计划的铺开与随后韩国方面的加入,北海舰队目前面临的重要问题之一就是抵御美日韩与相关国家的反导弹系统。

二、台湾海峡

虽然在马英九成为台湾地区领导人之后,两岸关系的紧张状态有所削减,但鉴于历史遗留因素，台湾问题作为复杂的政治问题一直处于官方关注的焦点。美国前总统奥巴马制定了对自身政权有益的军事战略构想，耗资64亿美元部署了多用途直升机UH-6、PAC-3防空导弹、"捕鱼叉"反舰导弹等先进装备。美国协助中国台湾地区安设军事自动化系统以满足军事统筹管理、调配、联系等战略需求，并提供先进的扫雷舰使用权与核心军事信息技术——多功能信息分发系统。

令中国政府感到尤为不安的是，台湾地区被囊括在美日导弹防御作战区之内。中国政府计划针对台湾地区周边局势发展设计完成一整套相应措施，以应对来自"第三方力量"（指美国）的干涉。中国军事专家主张，为了对抗来自第三方力量的干预，必须要完善自己独立、强大的军事力量。在当前的国际局势下，有必要持续发展和巩固中国军队的综合实力，其中海军应该放在重中之重。只有国家军事力量有所保障，才能支撑起规范有效的国家民族政策和发展规划（其中包括台湾回归中国政府管辖等重大任务）。为了完成"禁止外来干预"的军事任务，计划依靠航空航天、水上水下、空中和太空防御、军事信息管理与无线电通信对抗等不同维度的军事手段，形成自己独特的舰队作战模式，包括航空母舰突击编队，最终目的是及时且高效地应对台湾周边海域的突发情况。

中国海军和美国空军在未来的几十年间将对台湾局势产生持续性影响。正如美国海军战争学院教授伯纳德·科尔（Bernard D. Cole）的观点："如果中国在东海地区得以成功隐蔽数十艘多用途潜艇，并且有能力在一个月内完成全海域巡逻，台湾政权将非常清楚，与其发动大规模战争，与中国进行沟通才是更为恰当的选择。"[2]

三、东中国海（中国东海）

按照政治和军事管理区划分的东海海域，囊括台湾周边的部分小岛屿，因而东海海域对于中国而言无论是在政治还是经济地位上都具有极其重要的意义。长时间以来，中国海军的现代化发展是以规模增长、作战能力提升为主要标准。这一标准制定的目的不仅仅是对抗美国对"台湾及周边不可预测情况"的干预，也是为了阻止外部力量对中国东海海域的接近和介入，以防中国在该海域的政治、经济利益受到损害。

东海海域自古以来被称作中国的海洋之门，现如今东中国海的中国领海部分划分的明确区域具备内海的相关待遇和条件，肩负保障国家东部海域与地区军事安全和经济平稳发展的重要任务。在东中国海领域有着重要的海上交通线路，同时集中着丰富的渔业、矿业等各类型海洋物产资源。根据地质学家的勘探和预测，在东海海底蕴藏有大量可用作工业生产的烃类化合物与珍稀金属。该海域争议群岛（中国称钓鱼岛，日本称尖阁群岛）的司法管辖权归属，意味着这里作为专属经济区的开采权与优先进行经济活动的特权归属何方。钓鱼岛及附近岛屿主权一直处在日本、中国大陆和中国台湾三方争夺之下。

在东海的争议海域，中国和日本的海军舰队经常发生近距离对峙冲突。值得注意的是，中国海军在钓鱼岛附近巡逻的舰船从体型上要比日本军舰更为庞大。另外，中国海军军舰的常规执勤任务是建立在完备的军事计划基础之上的，而日本海上巡逻活动由海上自卫队和海上保安厅负责，属于阶段性巡逻活动。近几年来，中国在明确东中国海大陆架特权的同时，在海军力量掩护下积极开展水下勘探活动，一方面是考虑开发海底资源的经济因素，另一方面是为了编制更为详尽的海底地形测量图，以获取该海域的最新数据。

海洋争端如果有作战舰艇和直升机的直接参与，可能会导致地区冲突热度升级，甚至可能引发大规模军事冲突，这种情形很容易吸引美国方面的注意。事件的解决方案是否妥当直接与冲突升级为区域战争的可能性挂钩。围绕钓鱼岛的高热争端的一个重要原因在于，在该地区海域大陆架上勘探出了四个石油与天然气田。根据专家预测，群岛区域附近集中了烃类资源，无论是对于日本还是中国来说，都是可供长时间开发和利用的巨大资源库。

尽管早在十年前，在日本和中国大陆之间就曾有过关于共同开发钓鱼岛资源的协议，但关于此问题的争议和尖锐冲突不间断地持续发生。这意味着，两国都企图采用不同方式扩大本国专属管辖区和开采区的边界。日本方面坚持，根据争议群岛与国家领土之间等距离的原则，强烈要求在专属经济区域内划分边界，尖阁群岛（钓鱼岛）海域是日本冲绳群岛海底大陆架的延伸；中国方面则坚持认为该领域属于水下丘陵的延长区，也应该归属于中国陆地领土的一部分。2009年初，日本指责中国不遵守两国间签署的共同开发争议海域自然资源的相关协定，声称中国非法实施斜井钻探手段，从界限外的日本区域开采资源。

四、南中国海和马六甲海峡

中国转变为仅次于美国的世界"第二大工厂"之后，加剧了其对于外来原材料的需求量，尤其是可燃物、设备与配件制造的原料等。中国政府意识到，美国为了保障其作为世界第一强国的霸主地位，尽一切努力压制中国的发展。目前，中国所需80%以上的石油供应都源于波斯湾地区，其中必须经过南中国海域与马六甲海峡的海上交通运输。这条线路同时也是中国出口商品的重要海上通路，因而对于中国具有重大经济意义。阻碍海上航行自由可能导致南中国海域的马六甲海峡堵塞，将会极大地影响中国海外贸易的进行，最终结果可能危害国家内部社会的稳定。

为了保障中国海军实际操控海域的军事基础，中国方面采取了若干促进海军现代化推进的策略，其中包括两个方面：武装现有海军基地与建立新型的先进部队。特别是中国海军在海南岛三亚市附近的亚龙湾军事基地，其地上防御工事、水下结构向三面海域辐射出去，维护舰船出海的生命要道，能够有效保障航空母舰、巡洋舰与导弹核潜艇的机动性。军事基地不仅能够提供高质量的海军生存环境和海上延续作战能力，同时也可以隐蔽掩护重要海域（尤其是在南中国海海域）的水下突击部队[3]。

此外，中国方面也十分重视在印度洋海域的海军基地建设。为了巩固自己在印度洋的地位，保障本国在"波斯湾—南中国海"航线上的海洋军事地位，中国和斯里兰卡签署了相关协议，中国方面为汉班托塔开发区提供经济援助，包括基础设施建设、打造集装箱港口与石油精炼厂等方面。中国还向巴基斯坦提供援助，参与瓜达尔港口的现代化建设与改造，用于海军部队的综合保障。中国参与建设瓜达尔深水港的相关活动吸引了美国、日本和印度方面的极大关注。瓜达尔港具有重要的战略位置，距离巴基斯坦与伊朗边境仅 70 公里，距离霍尔木兹海峡[4]400 公里。理论上讲，建在瓜达尔港的中国海军军事基地可以监察包括日本在内的亚太地区国家的海上活动，同时在某种程度上起到了限制美国海军的作用[5]。

五、中国海军的水上力量

中国海军的水上力量由雷击舰、各类型护卫舰组成，装备有制导火箭、巡逻舰与导弹艇。在现代化的进程中，主要强调的是海军作战舰艇的多功能设计和建设，配备最新的多用途武器，如高精确的反潜艇海基巡航导弹、反舰导弹与相应的反潜反空作战策略。驱逐舰与巡航舰和俄罗斯军舰一样配备专门提供给反潜直升机的飞行甲板。

中国海军在搜索和摧毁敌方舰艇、实施水上力量打击、舰队掩护、军事基地和港口、岸上基础军事设施、地面部队在沿海地区的对空打击等各方面都展现了强大的实力，同时有能力承担其他兵种在沿海地区的火力支持、解决后勤保障问题、清除地雷障碍等功能。和平时期的中国海军水上力量能够协助维护中国海洋边界的稳定、海上交通的顺畅与海洋资源勘探等各类型国家行为。在逐步现代化的进程之中，中国海军通过增加驱逐舰、巡航舰的数量，大大提升了远海作战能力。随着中国在国际上的地位越来越高，其在全球性与地域性问题中的角色也越来越重要。作为海上军力展示的最有效工具，航空母舰与保护其行动的作战舰队，即航空母舰突击群的综合战斗能力成为评价海军实力的重要指标。中国海军目前已经拥有具备基本作战能力的现役航空母舰集合体，能够承担特定军事任务。

根据伦敦国际战略研究所颁布的《2015 年世界军力对比研究报告》，中国海军拥有包括航空母舰"辽宁号"与 17 艘导弹驱逐舰在内的 72 艘作战军舰。驱逐舰有 4 种类型杭州级（现代级）导弹驱逐舰、2 艘旅洋Ⅰ级驱逐舰（052B 型）、5 艘旅洋Ⅱ级驱逐舰（052C 型）、1 艘旅洋Ⅲ级驱逐舰（052D

型）、1艘旅海级驱逐舰（051B型）、2艘旅沪级驱逐舰（052型）、2艘旅州级驱逐舰（051C型）。护卫舰包括2艘江凯Ⅰ级（054型）、16艘江凯Ⅱ级（054A型）、4艘江卫Ⅰ级（053H2G型）、10艘江卫Ⅱ级（053H3型）、1艘江湖Ⅳ级（053P1Q型）、2艘旅大Ⅲ级（051DT型）、2艘旅大Ⅱ级（051G）、2艘江湖Ⅰ级（053H型）、6艘江湖Ⅱ级（053H1型）、1艘江湖Ⅲ级（053H2型）、6艘江湖Ⅴ级（053H1G型）、2艘旅大Ⅱ级（051型）、15艘江岛级（056型）轻型护卫舰。

杭州级导弹驱逐舰（苏联现代级）于20世纪80年代由苏联设计制造，其目的主要是用于对抗美国的航空母舰突击编队。杭州级导弹驱逐舰配备有射程达240公里的超音速反舰导弹"日灸"SS-N-22（3M80）。为了应对防空任务，配备2座9K90型单臂舰空导弹发射装置与SA-N-7舰空导弹[6]。中国海军现代驱逐舰旅洋Ⅱ级（052C型）与旅洋Ⅲ级（052D型）已经比较接近美国海军伯克级驱逐舰。舰上配有最新四面排列多功能相控阵雷达（PAR），扩大了空中和海面作战覆盖范围。江凯级（054型）与江凯Ⅱ级（054D级）护卫舰的建造构型与法国拉法耶特级护卫舰有相似之处。目前，中国海军舰船配置隐形技术，降低了舰船雷达的可侦察度。中国海军所有的现役导弹驱逐舰和护卫舰上都安装有先进的防空导弹系统，但尚未完全满足对空防御的全部军事要求。

根据美国国防部向国会提供的军事评估报告，中国海军规模呈快速扩大的趋势。目前，已经拥有6艘旅洋Ⅱ级（052C型）与2艘旅洋Ⅲ级（052D型）导弹驱逐舰、20艘江凯级（054A型）与5艘同级护卫舰、26艘江岛级（056/056A型）轻型护卫舰。最新的升级配备有包括拖拽声纳在内的反潜武器装备。预计，中国海军可能在21世纪中期全面完成舰船升级与改造。根据俄罗斯期刊《国防军事》2016年9月发布的内容，中国海军第27艘导弹护卫舰淮安号（056/056A型）正式参与海军战斗序列。中国海军驱逐舰、护卫舰与导弹巡洋舰早前版本配置有射程120公里的"鹰击83"（YJ-83）反舰导弹。驱逐舰逐渐发展至今，如旅洋Ⅱ级配备有更为先进的"鹰击62"（Yj-62）反舰导弹，射程可达222公里。旅洋Ⅲ级驱逐舰配备有多角度垂直发射器，以启动射程可达537公里的"鹰击18"（YJ-18）反舰导弹，既可以对空拦截巡航导弹，也可以攻击地面目标。海军编制中轻型护卫舰数量最多，其基本排水量为1500吨，长度约89米，宽度约11米，航速约为25节，航程为3500英里。装备有4枚"鹰击83"（YJ-83）反舰导弹（两组双联装"鹰击83"反舰导弹发射器）、3枚"红旗-10"（HQ-10）近程防空导弹、AK-176型单管76毫米舰炮、两座30毫米遥控机炮武器站与两组三联装324毫米鱼雷发射器，同时配有提供给军用直升机的起降平台。056A型轻型护卫舰不同版本的区别在于是否携带拖拽声纳。

值得一提的是，中国船舶制造业目前在有计划地逐步提升制造大型远洋舰艇的技术水平，以扩展中国海军力量的辐射海域范围。目前，中国造船厂正在建造4艘航空母舰，航母上将部署40架"歼10"或"歼15"歼击机与13架反潜直升机。考虑到在建舰船的相关技术数据，以及配置的飞机数量仅达到美国"尼米兹级"航空母舰一半数量的问题，中国专家正在考虑为本国航母配备无人机，以扩展航母的舰载机数量与提升作战效率。

不久以前，中国导弹驱逐舰与护卫舰在反潜能力上还逊于同级的美国和日本军舰。然而，在最近的5~7年，中国军事专家成功地缩短了与美日之间的差距。最新的中国海军驱逐舰旅洋Ⅲ级（052D型）、护卫舰江凯Ⅱ级（054A型）与轻型护卫舰江岛级（056/056A型）装备了现代声纳站（拖拽式声纳）。然而，中国海军在防空和防导弹系统方面还落后于美国与日本，这一差距在作战信息指挥系统方面尤其明显。中国第一艘航空母舰"辽宁号"，将苏联航母"瓦良格号"作为基础主体，为中国飞行员在飞行甲板上训练提供场地。在2016年，辽宁舰上将组成由"歼15"歼击机构成的多功能舰载机联队。但据海洋军事专家证实，辽宁舰进入作战编制之后，并不能立即发挥像美国"尼米兹级"核动力航母一样的作战能力。在最好的情况下，辽宁舰能承担的任务就是在远距离执行任务时保障舰船的配套功能。在国际环境下，在服役舰艇数量方面，中国海军位于世界首位。在目前中国社会各方面高速发展的大环境下，国际社会有足够理由相信，在21世纪中期中国海军作战舰船的总吨位将超过美国海军。

六、结 论

　　一些学者和研究者认为，中国领导层对海军舰队建设的重视程度尚不足。在漫长的历史岁月中，中国始终固守着陆上思维，几乎未曾把海洋战略囊括到核心军事思想之中。这充分反映了中国统治精英阶层的军事观念，并且深刻影响了安全管理和国防建设，形成了特有的陆上社会管理和军事战略体系。中国军事思想沉浸在古代中国丰厚的军事理论（如《孙子兵法》）与成果之中，目的始终围绕如何完善陆上空间的全面武装力量。尽管在中国历史中曾出现过海上战船与著名的航海家（如郑和），但中国杰出的军事思想家们一直无法摆脱根深蒂固的陆上作战思维的影响。例如，中国长城的修建，目的是保护中原地区不受好战游牧民族的侵袭，只针对陆上骑兵与步兵。再先进的陆上作战模式，其辐射半径也极其有限，这种局限的战略思维很容易成为中国现代军事发展的束缚。封建中国后期的禁止海上交通与隔绝对外联系，更是进一步成为中国落后于西方国家的重要原因，最终导致20世纪初的军事无为与任人宰割。

　　新中国的领导人继续保持了"陆上作战"的思想。中华人民共和国成立之后，中国共产党在毛泽东的领导下，继承了革命先驱队伍的名号"中国人民解放军"，并在原有作战部队的基础上形成了中国陆军力量。当时中国人民解放军的海军并不被看作一支完全独立的兵种，而是作为陆上武装部队的附属力量，只能满足为地面部队提供配合行动的要求，主要参与陆军在临海地区进行的封锁、撤退与转移等军事行动。并且，中国海军最开始只能够在内海的沿岸、海岛与周边水域地区发挥自身作用。在中苏关系急剧恶化的阶段，这两个拥有世界上最长陆上国界线的大国之间的紧张气氛可谓剑拔弩张，除了陆军以外，亟须海军作为维护国家利益的第二武装力量提供相应的安全保障，这也使得中国领导人开始将海军建设的相关问题纳入斟酌范围。在此阶段，中国判断苏联侵袭中国海洋边界的可能性几乎为零，并且中国有限的财政预算被用于国内社会发展与陆军建设，无法大力发展海军，其现实目的是谨慎地应对所谓的"北方的威胁"。在中苏关系缓和与"苏联战争威胁论"逐渐消除之后，中国政府开始调整对军队的建设规划，将重心逐渐偏向海军建设。

近几年来，中国在舰队建设上取得了很大的成功。这归功于中国经济实力的持续增长、科技水平的提高与相关造船产业的迅速发展。在这种情况下，中国政府得出结论，抗衡美国霸权地位的最行之有效的战略方法就是提高海军战斗力，大力发展包括海军战略核力量在内的海洋军事力量，将海军建设视作巩固国家与民族稳定的重要军事工具。中国海军在内部政治环境、国际关系与国家战略军事计划中的作用显著提高，并始终不渝地贯彻新阶段国家军事战略指导原则，实行"海上积极防御战略"。在《2015年中国的国防》白皮书中，强调中国人民解放军裁军政策不包括海军力量在内，着重突出了海军现代化的重要意义。另外，提高海军作战能力的关键在于广泛应用先进的现代化军事技术。

随着中国综合国力的逐渐累积与世界影响力的不断扩大，中国加紧步伐投入力量对抗美国的世界霸权，努力在苏联解体后成为世界仲裁者角色，证明自己有能力参与到世界各类复杂事务之中。基于对过去20年中国国防建设趋势、军事政策方针以及中国军事专家观点的研究，笔者可以得出这样的结论：中国人民解放军海军的现代化发展将分为短期、中期和长期的战略向前推进，海军将作为一种维护国家对外战略和保障自身安全的有效工具，加快中国成为真正的超级大国的步伐，对抗外界不利因素，打破美国及其盟国（包括日本和韩国在内的国家）的国际阻碍。结合当前的国际局势，笔者看来，目前中国海上力量的集中部署应该满足以下两个要点：第一，应该抵抗美国海军在台湾海域进行的干涉行动；第二，确保中国在专属海洋经济区上的交通自由。中国海军已经成功研制出先进的潜射弹道导弹，其目前作战能力（包括海上战略核力量）与未来发展足以威慑现阶段企图侵害中国国家利益的外部力量。

来源：Шлындов. А. Военно-морские силы Китая на пути модернизации и развития ［J］. Проблемы Дальнего Востока, 2011, 3: 42-64.

译者：孔祥雯

译者邮箱：wendykxw@126.com

注释

1. The Military Balance 2010: The annual assessment of global military capabilities and defense economics / The International Institute for Strategic Studies. London, 2010, 401.

2. Cole B. D., How Much Military Capability Does China Want to Develop? How Much Will it Succeed? The Dragon at Sea // China's Rise and its Limitations: China at the Crossroads. Proceedings of the National Institute for Defense Studies. International Symposium on Security Affairs. Tokyo. December 2007, 66.

3. The Japan Times. 2010, 12 Febr.

4. 译者注：霍尔木兹海峡为波斯湾向外运送原料的重要通路。

5. The Japan Times. 2010, 12 Febr.

6. The Military Balance 2010. The annual assessment of global military capabilities and defense economics / The International Institute for Strategic studies. London, 2010, 401.

中国的"珍珠链"战略

劳伦·阿梅罗（Laurent Amelot）

译者导读：面对中国的高速发展，美国关于"中国威胁"的言论不绝于耳。针对"中国威胁论"的重要论据之一的"珍珠链"战略，法国学者Amelot Laurent以旁观者的角度看待了中美双方的行为与话语，分析了美国关于"珍珠链"战略言论的形成过程和内容架构。美国宣称中国在一些国家与地区进行的港口和公路建设，其实是借助一个珍珠项链似的布局，以达到在亚太乃至世界的霸权目的，这一说法虽然得到了印度方面的支持，但它与中国应对"马六甲困境"、保护自身贸易通道和能源安全的初衷相去甚远，缺乏事实依据，也不符合现实逻辑。事实上，美国的"中国威胁论"始终被一种反射镜似的效果所强化，中国的行为引起美方的猜忌和不安，美方的"中国威胁论"放大并证实了中国对于美国围堵遏制中国发展的担心，这种担心导致中国采取一些措施，而这些措施又进一步给美国的"中国威胁论"提供了素材，因此造成两国的关系趋向紧张与不稳定。

意识到在能源方面对国外的依赖性和其贸易通道的易损性，时任中华人民共和国主席胡锦涛倡导了一个宏大的项目，以应对这些制约因素。他在2003年11月29日的一次讲话中概括了著名的"马六甲困境"[1]，尽管轮廓尚不清晰，但这份雄心引发了大量争论。这些讨论以及此项目在国际海事方面的内容，引起美国方面的一些猜忌，他们为"中国威胁论"的拥护者提供了一些重量级的论据，就是他们所说的"珍珠链"战略[2]，来落实并重建他们的论述，尤其质疑所述战略与20世纪90年代中期时任国家主席江泽民提出的"和平发展"论的一致性[3]。

现实似乎更为复杂：这一表达（所谓的"珍珠链"战略）的传播，随后得到媒体的认同，滋养了一种相互的并倾向于威胁论的认知[4]。这种威胁论又受镜面反射效应的影响，引发了一些后果不可忽视的反作用将其强化。如此，为了明确这个表述掩盖的真正关键所在，需要在研究其现实恰当性之前，先审查其来源和外形。

一、美国"中国威胁论"话语中所谓的"珍珠链"战略

"珍珠链"这一表达的地理政治学来源是一份题为《亚洲的能源未来》的报告。这份报告是博思艾伦咨询公司（Booz & Hamilton allen）为净评估办公室（Office of Net Assessment）所做的内部文件，这个办公室是国防部的一个机构组织，由国防部部长 Donald Rumsfeld 亲自领导[5]。随后这一表述因记者 Bill Gertz 在《华盛顿时报》上发表的题为《中国建立起战略海岸线》（China builds up Strategic Sea Line）的文章而传开[6]，又经斯皮内塔（Spinetta），尤其是皮尔逊（Pehrson）等而推广，他们的文章随后成为这一主题相关的研究的基础[7]，尤其在印度和那些与中国南海相接的东南亚国家。

前者提出了军事、技术上的分析，其思考建立在美军"二战"期间的经验以及对日战争的胜利基础上。后者提出了更多政治方面的思考，大致情况上文已述。这些不同的作者，处于不同的位置极端，参与了关于"中国威胁论"的美国话语复兴[8]。

二、借口："马六甲困境"

面对"马六甲困境"，中华人民共和国需要扩大中国南海到非洲之角和阿拉伯湾之间、途经印度洋北部沿线除印度以外地区的影响。这一切的实现是

通过一项结合港口发展、加强整合能源基础设施的政策[9]，建立以政治和经济为中心的伙伴关系，提供外交和财政支持，进行武器销售并加快人民解放军（主要是海军和空军）的现代化进程。这一政策自2000年中期开始构建，具有一定的逻辑和防御特性，首要内容是地缘经济层面的，目的是保护中国的贸易路线。它在中国没有任何特别的称号，但美国把它称作"珍珠链"战略[10]。

美国没有考虑中国保护其海外能源供给的必要性，认为中国的这项政策隐藏了野心勃勃的进攻目的，具有重要的战略意义。美国是这样考虑的：自冷战后，中国发现国际舞台笼罩在美国支配之下，任何重要决定都必须美国首肯。而随着中国力量的增长，这个形势对中国越来越不利。"珍珠链"战略正是中国这一野心的体现，即建立"国际多极新秩序"，质疑亚洲的力量平衡，损害美国作为大陆和海上贸易安全担保者的利益[11]。

对华盛顿方来说，这种野心更令人担忧，因为它不局限于亚洲和印度洋。自20世纪90年代后半期起，美国南方司令部就拉响警钟，提出如果不能加以控制，中国"大战略"几乎会出现在所有必经的海上通道附近[12]。中国势力在巴拿马运河的发展，在当时引发了很大的担忧[13]。

这项"珍珠链"战略远远超出了中国纯洁的"和平发展"政策[14]。不久以前，美国仍可能考虑，只要中国不对其利益和其亚洲盟国利益构成直接的军事威胁，他们尚能遵循默认的共存协定，坚持务实的行动[15]。但这项政策在当时已经不被一致看好。到如今，它更是无法得到一致认可了。有些人开始宣扬一种更坚定明确的态度：美国不应在中国发展面前退缩，使中国在远期威胁到美国投射实力和军力的能力，威胁其海上贸易通行的自由和保障盟国安全的能力，并让中国有可能发动军备竞赛，在次区域乃至跨区域提升竞争力量[16]。

三、隐藏的议程：在亚洲，甚至是世界的霸权

在大西洋彼岸的特别文档中，"中国威胁论"不断被谈论，并越来越清晰[17]。中国已经不再被看作一个发展中国家，或一个重新崛起的新兴国家，而

更被看作是一个有全球影响力的国家，越来越有能力在部分领域与美国正面对抗的国家。对"中国威胁论"话语倡导者来说，中国崛起成为具备"全球"能力的世界大国，是美国如今要面对的主要挑战[18]。

"和平发展"的口号与保障中国得到中东和非洲的石油供给，保护相应贸易通道的"马六甲困境"防御阶段都已难以应付局面[19]。中国进入了一个更具攻击性的阶段：巩固并加强其"珍珠"网，同时加快其投射能力，尤其是海军和航空航天力量的现代化进程[20]，目的是在威胁到生存攸关的利益问题时[21]，拥有足够的军事力量来最小化地对抗美国或任何一股西方力量，并最大化地满足成为世界超级大国和国际舞台上重要力量的愿望[22]。中国军事力量的现代化并不仅仅是为了对抗美国，而是借助文化、政治、外交和经济手段，形成主导式的广泛而复杂的发展计划。这一计划的中期目的围绕三条轴线：对抗美国的海军力量；巩固加强中国主权，主要在海上领域；推动并保护中国在海外的利益[23]。美方应该会同样使用军事力量与之对抗，如果这项计划的施行会影响到其利益[24]。

中国基于"珍珠"网的这一政策，是扩大中国影响的绝佳媒介，并得益于美国乔治·沃克·布什两届任期里亚洲政策的缺席，当时美国领导层聚焦于"对抗恐怖主义的战争"且其形象在2003年出兵伊拉克后严重恶化[25]。

四、重要的支持：印度关于中国包围的言论

美国关于"中国威胁论"的新话语是围绕"珍珠链"战略展开的，在印度收到了良好的反响，它让印度坚信被中国包围的想法，它也同样在东南亚，尤其在中国南海沿海与北京有涉及西沙群岛和南沙群岛主权诉讼的邻国中受到欢迎[26]。这一局势并不意外，因为这些国家都与北京有所争执。此外，中国与所涉东南亚国家联盟（东盟）国家[27]（个别或联合的）相比，客观分量上北京更占优势，因此这些国家从利益上寻求外部合作伙伴，尤其是美国，以免陷入不平衡的双边和多边关系中。美国的话语更坚定了它们的信念，同时北京有实施压力和合作双重政策的趋势，让它们放弃自己的意图[28]。更何况，

中国和印度这两个亚洲超级大国在地理上如此接近，这也是竞争和较量的根源。中国影响力在印度洋的渗透也反映了中国的扩展意识，目的是保护其在波斯湾和非洲的能源供给来源，使自己成为这片海域的重要力量，这同样也给南亚国家提供了机会让他们脱离与印度之间不平衡的双边关系[29]。

中国在印度洋的扩展不可避免地遭到了印度的猜测和怀疑，认为它的北方对手从北侧（不丹和尼泊尔）、东部（孟加拉国和缅甸）、南部（斯里兰卡）和西部（巴基斯坦）进入到了自己的势力范围内。尽管印度所称被中国包围的说法有些夸张，但这样一种焦虑可以理解[30]，因为北京多次尝试接近新德里的伙伴塞舌尔、毛里求斯[31]和伊朗，这促使印度也加深与在中国影响区域中心的缅甸、日本和越南，以及东非国家，尤其是莫桑比克的联系，目的是更明确地紧跟中国在印度洋和非洲角的动作，并加强与马达加斯加、塞舌尔和毛里求斯的关系，限制中国的区域渗透[32]。在某种程度上，从克林顿时期开始的印美关系的和解也是一个战略，以应对所谓的"珍珠链"战略，即使它同样符合其他更前期的逻辑。

美国和印度对于"中国威胁论"和"珍珠链"战略的言论与认知太接近了，进展过程好像是它们在相互强化。对于这两个国家来说，中国闯入印度洋是改变国家间平衡和地区力量关系的主要因素，会对亚洲甚至世界其他地区有重要的影响，使之更有利于中国。此外，印度认为毛里求斯、塞舌尔还有伊朗都是中国的潜在"珍珠"。

五、所谓的"珍珠链"战略：神话、现实，还是自导自演的预言？

"珍珠链"战略集中在印度洋北部，中国在那里布置了站点网络（"珍珠"）以减少"马六甲困境"对其所施加的限制。这个结构被中国视为是合理的，在某种程度上它能够保护其能源供给，但是却被认为是对美国的侵犯，因为它可能会打乱该地区的力量平衡。

现实可能在于这两种对立认知的相互交叉又彼此滋养。事实上，一方

(中国）的行为给另一方（美国）的言论提供了依据，美国的言论在同样程度上放大并证实了中国的担心，这种担心导致中国采取一些措施，这些措施似乎转而确认了美国言辞的正确，反之亦然。确实，应该相对化地考虑这个二元辩证中的某些因素[33]，但似乎明显地，中国不可避免地需要采取一些强国政策，且为了能够清晰有效地回应这个问题，必须要理解它的来龙去脉。

六、美国眼中的中国"珍珠链"战略架构

在一头是波斯湾和非洲之角的产油区，另一头是沿海地带购买区的这条敏感动脉上，中国采用"珍珠"网络来保护中国的能源利益，推进其战略意图。这些"珍珠"被美国认定为是海军或空军基地，或者是双重功能的港口[34]。一开始，他们指出有七颗"珍珠"，在海南岛（中国大陆南端）和巴基斯坦俾路支斯坦省的瓜达尔之间还有西沙群岛上的武迪岛、柬埔寨的西哈努克市、缅甸的丹老和实兑[35]，以及孟加拉国的吉大港[36]。2007年，中国"珍珠"网上添加了第八颗"珍珠"，即斯里兰卡的汉班托特[37]。也可以认为苏丹港是一颗额外的"珍珠"，并且中国在缅甸至少拥有三个额外沿海点的便利（迪拉瓦港、海恩基岛和皎漂港[38]），甚至在可可群岛还有一个监听站[39]，这些进一步密化了"珍珠"网。在八颗官方确认的"珍珠"中，其中三个是军事性质的：海南，一个中国潜艇基地（主要具备攻击性）；武迪岛，中国的航空基地；丹老港，缅甸一个海军基地，部分设施授权给中国人民解放军海军。瓜达尔可能存在多重特质，因为它除了传统的港口功能外，还可能有安装监听站的计划，并给解放军海军扩大化的设施便利。最后的四个基地：西哈努克市、吉大港、实兑和汉班托塔，目前都具有民用之外的港口任务。这最后一颗"珍珠"使"珍珠链"得到再均衡，因为之前6/7的"珍珠"位于马六甲海峡的东面（海南、伍迪、西哈努克）或西面（丹老、实兑、吉大港），第七颗"珍珠"，瓜达尔港，则更靠近采油区域。这是否意味着前六颗"珍珠"的任务是加大对马六甲海峡和孟加拉湾（人民解放军海军在该地区的两大海上对手——印度海军[40]和美国海军的行动区域）的海上活动与海军行动的

监控？问题摆在那儿。按照同样的想法，瓜达尔，位于阿曼海上且靠近伊朗和霍尔木兹海峡，难道它不是用于监视在这片区域和非洲之角之间的印度海军与美国海军行动的吗？此外，中国在那儿如同日本、韩国或印度（还有美国海军的迪戈加西亚岛）一样有些船舰参与打击海盗的国际斗争。如果中国与毛里求斯和塞舌尔的关系亲近最终得到确认，这似乎就是印度所担心的，两颗未来"珍珠"的加入（虽然其基础设施投资还远不具备军事功能）将会加强中国在该地区的势力，提高中国监控印度和美国对手的能力。更何况中国人似乎在伊朗，尤其在恰巴哈尔港，有越来越实际的项目与印度人相竞争。

但在这幅全景中凸显出的问题是，中国的"珍珠链"战略似乎被美国误会成靠近必要的海上通行点的先进的基地机构，一些地区从它们的利益来看是战略性的，"珍珠"在战略上位于中国的石油通道上，但它们的功能可能是地理经济学的[41]，或者地理战略上的，甚至两者兼而有之。

七、中国坚决否认任何的"珍珠链"战略

中国对"珍珠链"战略这一表述和概念提出异议并强烈否认，可见其中有隐藏的宏大的霸权计划。收集意见的研究人员和分析家[42]甚至一度收到了正式指令不得再谈起这个话题，也最好不要处理[43]。

中国认为其发展越迅速，对国外的依赖性也越大，尤其在能源方面[44]，因此他们不得不保护其脆弱的贸易通道。胡锦涛在2003年11月29日的讲话中很好地定义了其中的关键问题：在印度洋落实建成站点网络，以确保能源供给安全，增加马六甲海峡周边的路径以减少它对中国造成的易损性，发展中国人民解放军海军现代化，保证前两条方案的实施[45]。自2006年以来，中国人民解放军海军的现代化拥有了正式的优先权，公开发表的中国国防白皮书体现了胡锦涛讲话的精神并明确了这一点。

此次讲话回应"马六甲困境"并证实了中国在印度洋行动的经济和防御层面。分析家又回顾中国接受了开展国际合作的想法，保护海上贸易通道，且不妨碍其采取各种自主独立的办法，其中解放军海军采取的是巡逻的办法。

然而后者的首要任务是打消中国台湾地区投入无谓的行动——宣称独立。因此，保护印度洋上的贸易通道是人民解放军海军的次要任务，而目前的手段无论如何都不足以完全保证这一任务的完成。在这一点上中国还有额外需要担心的地方，这是易损性的另一种判定。

因此，中国政府建构了严谨的话语，以支持其在印度洋的政策。同时，它尝试突出美国对其政策的含糊性。在"中国威胁论"和"对抗国际恐怖主义"的修辞背后，美国的真实意图是包围中国以控制其国力的发展和提升[46]，这是中国政府所采取的逻辑对策。

八、镜面反射效果下自给自足的威胁论

前文所述凸显了一种"表达的战争"，建立在对印度洋当前形势和中长期发展所进行的完全对立的描述与截然相反的分析上，非洲大陆有可能成为中国庞大港口政策张开双翼的跳板，一面自苏丹港和阿拉伯湾，经马六甲海峡，跨过印度洋；另一面自几内亚湾，经巴拿马运河，通过大西洋和太平洋，到达中国西部省份和沿海地区。

类似这样的政策要求大量的海上和海军资源，北京还并不具备这些，另外还要求在整个贸易通道上有可靠、稳固的站点，而这点也不成立。如果说巴基斯坦是中国在印度洋上的一个忠实盟友，但它的国内情况仍然很不稳定。缅甸——中国政策在该地区的另一个枢纽，它更稳定，但它与北京的关系要复杂得多。而中国和一些非洲合作伙伴的关系也隐隐透露着紧张的迹象。但这一政策还会是关于中国扩张的言论的重要部分，由于不断被重复，也使北京相信其现实性并让政府当局重拾信心，越来越稳地布棋落子，毫不费力地推进。

这场"话语的战争"推动了中美之间的竞争，同样也互相自我维系。美国的行动促使中国坚信，美方的主要目标是对其力量的发展和提升进行包围与限制；而中国的行动使美方相信，中国言行间存在偏差，中国在掩饰其霸权野心。

这也证明，中国政府在耐心地推行强国政策，更倾向于采取一些非军事手段，以重获其在国际关系中的中心位置。美国和西方国家应该相信这一点。中国在印度洋的政策也说明了这一现象。

九、总　结

美国指出中国话语中的不透明性，重建其关于"中国威胁论"的话语。"珍珠链"战略就是这一新表达法的核心。它似乎更全面地揭示了三个关键点：第一，它显示了对美国现存秩序内部等级重新评估的争论。核心问题是：中国是不是不该代替"国际反恐战争"成为美国大战略的关键因素，即便后者有诸多不足，但还是提供了一些被美国迅速抓住的机遇。第二，与第一点紧密相连，它涉及由此造成的防御姿态，尤其涉及五角大楼所做的战争预算，诸如美国海军、空军和陆军的走向似乎在争论之外，更多的是陷入伊拉克和阿富汗战争之后的战略思考。第三，关于国际社会进入过渡时期，美国意识到这一点，这一过程的特点是中国国力在无情地提升，而美国则有可能开始衰落，其动荡可能会严重影响国际秩序[47]。我们只看到了开端，但奥巴马政府已经对此后发展采取了行动。从战略合作伙伴到战略保证[48]是中美双边对话的主要部分，可见美国改变了有利于中国的对力量关系的认识。这一认识是否能得到证实？我们拭目以待。但这并不影响美国肯定会尽最大可能延缓站点通道的建设，更何况中国力量的基础可能还不如表现得那样稳固，这同时开启了当前最主要的两个世界大国之间紧张关系的新阶段。向中国台湾售卖武器的问题、西藏问题和达赖喇嘛正式访问西方国家首都，尤其是访问华盛顿，这些都已经是未来重大危机的征兆。

来源：Amelot L. La stratégie chinoise du《collier de perles》[J]. *Outre-Terre*, 2010, 25-26 (2)：187-198.

译者：郭海婷

译者邮箱：faria_ght@msn.com

注释

1. 关于这一提法的来源和轮廓，转引自 Lan Storey《中国的"马六甲困境"》(China's "Malacca Dilemma")，《詹氏情报评论》(Jane's Intelligence Review)，2005 年 5 月。

2. 参见 Bill Gertz，《中国建立起战略海岸线》(China builds up Strategic Sea Line)，《华盛顿时报》，2005 年 1 月 17 日，作者被认为是"中国威胁论"美方话语的倡导者。

3. 参见 Christopher J. Pehrson，《珍珠链：面对中国崛起力量在亚洲海岸的挑战》(String of Pearls：Meeting the Challenge of China's Rising Power Across the Asian Littoral)，战略研究所 (Strategic Studies Institute)，美国陆军战争学院 (US Army War College)，2006 年 7 月。

4. 参见 Olivier Zajec，《珍珠链的现实性与真实性》(Actualité et réalité du Collier de perles)，《中华世界》(monde chinois) 2009 年第 18 期。

5. 参见 Juli Mac Donald, Amy Donahue 和 Bethany Danyluk，《亚洲的能源未来》(Energy Futures in Asia)，博思艾伦咨询公司 (Booz Allen & Hamilton)，2004 年 11 月。

6. 参见 Bill Gertz，《中国建立起战略海岸线》，见前文引用文献。

7. 参见 Christopher Pehrson，《珍珠链》(String of Pearls)，见前文引用文献；Lawrence Spinetta，《马六甲困境——陆基空中力量反击中国的"珍珠链"》(The Malacca Dilemma-Countering China's "String of Pearls" with Land-Based Airpower)，高级航空航天研究学校 (School of Advanced Air and Space Studies)，麦克斯韦尔空军基地 (Maxwell Air Force Base)，2006 年 6 月。

8. 有必要回顾一下博思艾伦咨询公司（撰写）递交美国当局的报告的时间距胡锦涛讲话提出"马六甲困境"（2003 年 11 月 29 日）不到一年，中方并没有提出质疑。这份报告和之后的研究认为这次讲话中构建了所谓"珍珠链"战略。但中方的结论不过是建立马六甲海峡周边的一个交通干线的合作，以减少其对这条主要贸易通道的依赖性/易损性，并否认有任何更宽泛的计划。就是这样的模糊性恶化了之后各方的内心想法。这个"困境"并不只是中国特有的，东亚的主要国家和地区如日本、韩国和中国台湾，都与中国大陆一样面临对来自国外尤其是中东的能源资源的过分依赖，以及海上贸易往来通道尤其是途经马六甲海峡的通道的脆弱性问题。

9. 参见 Daniel Schaeffer，《中国海军全球战略中印度太平洋的海上舞台》（Le théâtre maritime indo-pacifique dans la stratégie navale globale de la Chine），《国防》（Défense），2009 年 4 月。

10. 这个称号即便在美国也存在争议，如同在亚洲和西方大部分国家一样。

11. 参见 Christopher J. Pehrson，《珍珠链》（String of Pearls），见前文引用文献。

12. 参见 Bill Gertz，《中国建立起战略海岸线》，见前文引用文献。

13. 参见 Lawrence G. Mrozinski, Thomas Williams, Roman H. Kent, Robin D. Tyner,《反击中国对西半球威胁》（Countering China's Threath to the Western Hemisphere），《国际情报和反情报杂志》（International Journal of Intelligence and Counterintelligence），Vol. 15, 2, 2002 年 4 月。

14. 参见 Christopher J. Pehrson，《珍珠链》（String of Pearls），见前文引用文献。

15. 同 14。

16. 参见 Mac Donald, Donahue 和 Danyluk,《亚洲的能源未来》（Energy Futures），见前文引用文献。

17. 例如，参见 Lawrence Spinetta,《切断中国的珍珠链》（Cutting China's String of Pearls），议程报告 Proceeding, n°132, 2006 年 10 月。

18. 参见 Andrew Arnold,《中国海上力量扩张的战略后果》（Strategic Consequences of China's Expanding Maritime Power），《战略研究计划》（Strategy Research Project），美国陆军战争学院（US Army War College），2008 年 3 月。

19. 1989 年，邓小平提出的全球观有相当多的相关表述，韬光养晦理念引领稳重谨慎的对外政策与行动，这一点十分含糊地概括在"二十四字"大战略中："冷静观察，稳住阵脚，沉着应付，韬光养晦，善于守拙，绝不当头。"类似战略并不是没有引起国外军事外交领域的担忧，尤其是美国和东南亚，甚至是印度，当时印度是一个与中国一样的新兴国家，也公开承认要"掩藏实力"，这是五角大楼很快就弄明白的。更何况邓小平后来又对韬光养晦理念补充了"有所作为"四个字，来补充谦虚稳重时所缺少的雄心。

20. 五角大楼等对中国军队各部分现代化的飞速发展很"吃惊"，参见 Christopher J. Pehrson，《珍珠链》（String of Pearls），见前文引用文献。

21. 例如，参见 Wu Lei, Shen Qinyu，《中国是否会走向石油战争》（Will China Go to War Over Oil），《远东经济回顾》（Far Eastern Economic Review），n°169，2006年4月。

22. 参见 Christopher J. Larson，《中国能源安全和军事现代化进程成果：中国如何计划主宰世界》（China's Energy Security and its Military Modernization Efforts：How China Plans to Dominates the World），联合先进战斗学校（Joint Advanced Warfighting School），2007年5月。

23. 参见 Andrew Arnold，《战略后果》（Strategic Consequences），见前文引用文献。

24. 同23，并参见 Lawrence Spinetta，《马六甲困境——陆基空中力量反击中国的"珍珠链"》（The Malacca Dilemma-Countering China's "String of Pearls" with Land-Based Airpower），硕士论文，AFBAL空军大学（Air University AFBAL），高级航空和航天研究学校（School of Advanced Air and Space Studies），2006年硕士论文。

25. 奥巴马总统的当选部分颠覆了这个趋势，但中国还是进入了这个突破口。如果不阻止，似乎很难让其放慢发展的步伐。

26. 参见 Daniel Schaeffer，《中国南海，新轨迹的神话与现实》（Mer de Chine méridionale, Mythes et réalités du tracé en neuf traits），《外交》（Diplomatie），n°36，2009年1~2月；《关于中国南海的国际研讨会结论概述》（Aperçu des résultats de l'atelier international de réflexion sur la Mer de Chine du Sud），《亚洲21团队密函》（Lettre Confidentielle Asie 21），n°25，2010年1

月。我们另外注意到越南似乎也加入牵涉领土争端的东盟国家非正式联盟组织，以期更好地面对北京方的压力。

27. 涉及的有越南（西沙群岛和南沙群岛）、文莱、菲律宾、马来西亚（南沙群岛）。

28. 参见 Daniel Schaeffer,《中国海军全球战略中印度太平洋的海上舞台》(Le théâtre maritime indo-pacifique dans la stratégie navale globale de la Chine)，见前文引用文献。

29. 印度和其邻国的历史争端如同中国和其邻国的争端一样，甚至如同中印争端一样，除此之外，中印两国在各自地区的相互分量使他们在周边建立起一个势力影响范围，并维持互相影响、互相约束的双边关系，希望通过接近周边对手，拥有相对于"主导"力更一致的操作空间。

30. 参见 Gurpreet S. Khurana,《中国在印度洋的"珍珠链"和它的安全影响》(China's "String of Pearls" in the Indian Ocean and its Security Implications),《战略分析》(Strategic Analysis), Vol. 32, 2008年1月1日。

31. 在2009年2月胡锦涛正式访问毛里求斯（历史上的第一次）期间，他特别提出路易港机场的现代化问题，并提出建立特别经济区。毛里求斯可能被看作是中国在东非的一个战略进入点。中国对塞舌尔的想法并不那么清晰，新德里担心中塞军事关系可能会有所发展。

32. 印度和中国在印度影响区中心进行一些影响活动，尤其表现在缅甸、伊朗甚至接下来在孟加拉国的港口竞争方面，这些国家和印度的关系似乎在转好。参见 Alain Lamballe,《印度与孟加拉国关系的接近和战略新发牌》(Rapprochement entre l'Inde et le Bangladesh et nouvelle donne stratégique),《亚洲21团队密函》(Lettre Confidentielle Asie 21), n°26, 2010年2月。

33. 美国关于中国"珍珠链"战略的话语体现在所宣称的"中国威胁论"中，这又涉及"同等竞争者"概念，其首要目的是预防会构成类似苏联那样威胁的潜在新对手的出现或再现。在此考虑基础上，1988年 Fred C. Iklé 和 Albert Wohlstetter 领导下为美国政府长期一体化战略委员会草拟了有选择的遏制政策报告。

34. 参见 Christopher J. Pehrson,《珍珠链》(String of Pearls),见前文引用文献。

35. 实兑和孟加拉国的吉大港是中国与印度港口冲突的主要地点之一。

36. 参见 Mac Donald,Donahue 和 Danyluk,《能源未来》,见前文引用文献。

37. 位于岛南部的这个深水港口的基础设施工程应该肯定会于 2022 年结束。

38. 参见 Laurent Amelot,《中国和印度洋:缅甸的关键》(La Chine et l'océan Indien : l'enjeu birman),《战略性》(Stratégique),n°70/71,1999 年。

39. 这个以监控印度海军在孟加拉湾和安达曼海的活动,并收集印度导弹试验的数据(尤其在奥里萨沙漠的试验)为任务的站点的存在是有争议的。两种设想并存:或者这是虚构的,或者它确实于 1990 年初就建成了,但毁于 2004 年的海啸,后因缅甸内政洗牌,缅甸的将领不允许中国重建。因此,这个监听站似乎还未启用。

40. 布莱尔港,位于南安达曼岛,也于 2004 年遭受海啸重击。

41. 这个网络同样以两条能源通道为出发点,作为其支撑:第一条自瓜达尔起,到新疆为止;第二条从实兑开始,到云南结束。

42. 主要有中国现代国际关系研究院、中国国际问题研究院、上海国际问题研究院。

43. 禁令于 2007~2008 年取消。

44. 中国自 1993 年起就是石油净进口国,自 2004 年起也是世界第二大石油进口国,排在美国之后,日本之前。

45. 例如,参见 You Ji,《处理"马六甲困境":中国保护其能源供给的努力》(Dealing with the Malacca Dilemma: China's Effort to Protect its Energy Supply),《战略分析》(Strategic Analysis),Vol. 31,n°3,2007 年 5 月;Lee Jae-Hyng,《中国在西太平洋和印度洋的海上发展意图》(China's Expending Maritime Ambitions in the Western Pacific and the Indian Ocean),《当代东南亚》(Contemporary Southeast Asia),Vol. 24,n°3,2002 年 12 月。最后这篇文章还提出中国尽管有很多和平话语,还是毫不犹豫地大力推进其利益发展,尤其在中国南海。

46. 中方引用的主要例子是美国对阿富汗的干预使美国在俄罗斯北侧和中国西侧之间驻扎下来,另外,美国出兵伊拉克让其可以直接控制伊拉克的石油,而这种黑金是中国经济发展的战略资源。

47. 关于动荡的概念,主要参见 Raoul Castex,《动荡理论》(Théorie de la perturbation), in《战略理论》(Théories Stratégiques),《经济学刊》(Economica), 1997 年(第二版);Michael P. Gerace,《在麦金德和斯皮克曼之间:地缘政治学、遏制政策及后续》(Between Mackinder and Spykman: Geopolitics, Containment and After),《比较战略》(Comparative Strategy), 1991(尤其是与斯皮克曼相关的章节)。

48. 奥巴马在 2009 年末访问亚洲时用到战略保证这一概念。

中国海军和安全威胁（幻象）

马修·杜沙泰尔（Mathieu Duchâtel）

译者导读：作者在文章标题中的安全威胁之后加入了"幻象"这个词，很好地表明了作者对于"中国威胁论"的立场，中国国力及军事实力的强大是大国崛起和发展的需要，而对于国际安全并不会产生威胁，相反会对国际维和的形势产生积极作用。作者在文章中回顾了中国海军的发展，并引用和分析了国际军事专家对于中国海上军事实力的评估，通过事实分析得出结论：中国海军的快速发展旨在弥补国防漏洞，保障国家安全，虽然中国的海上军事部署并不明朗，但并不表示中国暗藏敌意。

2009年4月，时值中国人民解放军海军建军60周年，在青岛公海举行的阅兵仪式向世界展示了中国海军军力的提升。中国海军建成于中华人民共和国成立前夕，比中国人民解放军建军晚20年。中国海军的姗姗来迟体现了中国军事力量的陆地作战传统，陆军击败了日本侵略者和国民党，抵挡了美军侵犯，也以强力手段抵制了苏联的占领。海军长期被忽视，技术的落后也是国防力量发展倾向于陆军的原因之一。中国直到20世纪90年代中期才开始向海军投入大量军费，而如今才看到了努力的成果。2010年，中国人民解放军的三个舰队共拥有近80艘水面舰艇、60艘潜艇、近250架海上巡逻机，以及扫雷艇、两栖突击车、一支海军陆战队、一支海军空战队正在蓬勃发展[1]。中国海军舰队的发展得益于国际上，尤其是俄罗斯的技术支持，然而海军实力的巩固也基于中国船厂技术的迅速发展。除此之外，中国海军继续享受国家军费的大力扶持，而中国军费开支仅低于美国（虽然低出很多），居全球第二[2]。

为了全面建设与中国经济实力相匹配的军事力量，中国海军的现代化举足轻重。因此，指导中国国防力量的一般原则适用于海军。其建设目标是：2010年建成"坚实的基础"，2020年取得重大进展，之后达成规划的战略目标：能够在掌握信息技术的条件下赢得局部战争[3]。中国海军将吸收军事力量的现代元素，如通信、监视和侦察等，并将它们集中在一个海陆空联合指挥中心；精准打击，卫星支持，战区的多维能见度（包括海下、海面、空中、地面和虚拟）等，这样的技术融合需要花费十年以上的时间，但是我们可以预见其飞速进步。

由于海军实力的提升，中国将有自信面对其战略角色和使命的多样化。备战台海冲突、支持追回中国南海地区领土、中日海防问题始终是中国海军的首要使命。此外，几年之后，当中国的新型核潜艇导弹发射器可供实战使用时，中国海军可以确保拥有一定的核威慑力。2008年，在海南三亚被发现的核潜艇基地的建筑工事，证明了中国海军的重心位于南方[4]。

一、脆弱陆权的安全性追求

对于中国来说，脆弱的海防无法抵挡西方和日本的入侵，这是导致"百年耻辱"的最重要原因。由于占主导地位的工业强国创建了强大的海军，19世纪成为战略转变的转折点，而中国则是这一转变的主要受害者之一。中国历史上的历代王朝都在不断加强陆军力量以抵抗来自西部和北部的侵略者，在面对从海上而来的军队时，清政府和"中华民国"因无法抵御而溃不成军。1895年中日甲午海战中，中国海军的失败导致清政府割让了台湾省和辽东半岛，这始终是中国战略家记忆中最具代表性的历史事件。

毛泽东时代的中华人民共和国着重发展陆军力量，这与中国共产党的战略历史有关。抗日战争是陆地作战。1945年日本投降后，中国内战的形式是陆地战役和陆地游击战。

在此之后，1949年4月海军成立，它作为中国人民解放军的一个组成部分，首先是为了应对内战而非为了扭转海军在清政府和民国时期的积弱局面，因为制海权在内战中是非常重要的前提条件。蒋介石建立的"中华民国"逃到了台湾地区,如果没有美国第七舰队的进驻,"中华民国"就不复存在了。与此同时,中华人民共和国于20世纪50年代初成功实现了历史上唯一一次两栖登陆行动,军力远落后于陆军,且还只是雏形的海军,通过征用被国民党军遗弃的民用船只,收复了海南岛[5]。但是面对美国先进的第七舰队,中国共产党未能从国民党军队手中收复台湾地区。

这个简短的历史回顾解释了中国关于海军军力构想的一些特点。首先,要保卫国家领土完整,发展军力薄弱环节,保证国家安全。也就是说,中国的国家安全取决于其在中国东海和南海地区的军力能够超过所有潜在对手,而这目前并没有实现。在21世纪初,中国海军军力与美国、日本、印度的差距始终是中国军队和中国领导人的心病。中国海军军力与国家发展前景密不可分,因为历史经验证明,海军实力的强大是一个国家具有政治影响力和国家实力的主要表现[6]。中国目前的战略眼光旨在寻求国家安全和军事实力相融合,而海军力量建设是实现融合的重要前提。

冷战的战略优势和中国发展的落后是共产主义政体下中国海军军力建设被推迟的原因。1950年,朝鲜战争爆发,中国再次受到外国侵略的威胁。20世纪60年代初,中苏断交,因此在陆地上的国防始终是中国人民解放军的第一要务。此外,由于1954~1955年台海危机期间,美国国务卿约翰·福斯特·杜勒斯针对中国采取大规模报复性威胁,同时中国受到苏联的核战威胁,因此对于中国来说,建立核威慑力的重要性远超过海军建设。事实上,中国的核建设很早就是军事战略的重点之一。在毛泽东时代,发展核潜艇导弹发射器就是寻求核威慑力的一个重要方面,在中苏断交时毛泽东就声明:"即使花上一万年也要搞出核潜艇。"[7]直到1984年,夏级核潜艇才投入使用,然而在1974年"文化大革命"期间,首架汉级核潜艇就交付中国人民解放军海军使用[8]。

1960年,苏联专家撤离中国,中国的国防工业只能依靠自己微弱的力量,尽管中美关系在1972年有所回暖,但是由于西方对中国武器输送的诸多限制,获得来自国际的技术支持对于中国来说一直是一个难以达成的目标。20世纪90年代,关于"中国威胁论"[9]的文章开始出现,可中国的海军实力一直较薄弱。但是自20世纪90年代后期以来,台海局势的恶化以及中国经济和科技实力的提升为中国海军的快速发展创造了有利条件。

二、海军军力促进领土收复

20世纪70年代以来,中国国防政策与逐步改善的战略环境相适应。美国在1979年与中国建交,中国也与美国建立了反苏盟友关系。20世纪90年代初,冷战结束,中苏关系正常化,于是建立一支先进的、专业的、可以应对侵略和消耗战争的陆军队伍不再是中国军事发展的迫切要求。当时邓小平强调,中国国防政策的指导方针不再是为了准备应对军事强国的挑战。20世纪90年代,中国与除印度以外的其他邻国签订了边界条约。对于实行包括军工联合企业在内的全面军事现代化,科技的进步和经济的快速发展给中国领导人带来了新的行动余地。在这一背景下,新一级的威胁赋予海上事务优先的地位。大连海军学院的一位研究人员称,冷战之后,中国的海上安全环境是维护国家安全的第一要务[10]。

对于中国的领导层来说,战略转折点出现在1995~1996年的台湾海峡。在中国台湾地区首轮的普选中出现的台独倾向,以及李登辉过于积极的外交行动,给中国大陆的领导人敲响了警钟,因此他们采取了强硬的战略政策:导弹实验和大规模地对台两栖登陆演习,使人们一度怀疑战争即将升级。对于美国来说,这些行动被解读为挑战其在台海地区所谓的民主自由捍卫者和稳定维护者的地位。克林顿政府在台海地区部署了两支海空部队以防御中国将演习升级为两方的平等的正式的军事打击。这一危机时局带给中国强烈一击:如果美国可以如此迅速地参与到战争中,那么中国应该如何阻止其台湾地区所谓的"独立"呢?

"导弹危机"是后冷战时期中美的第一次正面对抗,也成为中国军备全面现代化的催化剂,而中国海军则是最大的受益者。新一代的潜艇和水面舰艇开始发展。中国还从俄罗斯那里获得了现代的武器装备系统:4艘现代级驱逐舰,12艘基洛级潜艇,以及野牛级滑行艇若干。在15年的时间里,其战斗力增长了10倍，而其目的有两个：首先，力压台湾海军，在海事上占有绝对优势。在20世纪90年代，由于中国台湾采取很有野心的军事政策，台湾海军相较中国大陆有明显优势。其次，禁止美国海空军进入台海区域，完成维持台湾海峡军力平衡的关键使命。海上拦截当然不只依靠海军，也包括其他作战行动，如电子战争，从海岸发射巡航导弹，如电子战争，从海岸发射巡航导弹，甚至是针对水面舰艇的弹道导弹，当然前提是如果中国能第一个成功研制出来[11]。但是海军实力的角色举足轻重。配备完善的潜艇舰队以及配有海对海导弹的水面舰艇，将对美国面对台湾海峡危机时的战略举措产生威慑性的影响[12]。如今，美国国防部估计中国已经拥有了"破坏性的"拦截技术以应对美军干预[13]。

中国台湾的事态依然关系着中国人民解放军的建设，中国海军军力也以保卫中国18000公里的海岸线和收回中国东海和南海领土为目标。最新的国防白皮书证实，海军必须"保卫中国领海主权和海上权益"。[14]如果海上利益的概念可以是政治的，也可以被扩展到无限大，那么中国领土收复则很明显要依靠中国海军军力[15]。

中华人民共和国要求收回中国南海地区80%的领土（近30万平方公里），也就是南沙群岛和西沙群岛（自1974年1月对越战争胜利后，中国收回了整个西沙群岛）。越南一直是中国主要的对抗力量，而且中国与菲律宾、马来西亚、文莱和之间也存在领土争议。中国南海的海上安全是中国防御性外交的原因，这一努力也换来了争议国一定程度上的战略克制。2002年，中国与东盟国家就中国南海问题签署声明，各方在争议地区进行海事活动应保持自我克制，探寻共同发展的可能性，继续对话，寻求各种途径建立相互信任[16]。此外，我们也见证了中方为寻求合作而做的努力，如中国和菲律宾、越南一起对周边小岛进行地震和天然气勘测。但是总体来说，该地区的能源和渔业开发由于竞争各方的不肯让步而一直受到制约。

因此，在这一情况下，不应该低估中国海军力量的政治作用。2002年的意向声明没有达到行为约束的作用，它未能阻止争议各方为巩固自己的利益而采取的单边行动，也没有降低海上事端发生的可能性。特别是根据美国智库的最新报告，自2007年以来，中国针对该地区的政策重新"强硬"起来，主要表现为以下几个战略：加大海上巡航力度，将东沙、中沙、南沙群岛整合为隶属海南省管辖的三沙市，这就意味着禁止邻国在这里捕鱼[17]。这一强硬政策源于中国与该地区争议国海军军力日益增大的差距。由于在该地区没有集体安全制度和合作安全形势，因此在该地区虽然发生大规模冲突的可能性不大，但是短暂交火却有可能发生。

中国东海地区的形势相对稳定。中国和日本没有划定海域界限，双方专属经济区的重叠以及钓鱼岛的主权归属问题造成了两国的对立。在国际法没有给出明确答案的情况下，这是一个政治问题，因为国际法院就归属问题无法给出准确裁定[18]。诚然，能源的共同开发是一个探索的选择，两国也就这一尝试于2008年6月签署了共同声明，但是该声明并没有明显收效。相较于东南亚各国，中日两国军力相对平衡，东亚地区两大经济强国正面交锋的可能性更大。频繁的军事巡航，尤其是潜水艇的使用，不断提醒日本当局中国对领土的诉求。

尽管东亚的领土冲突在破坏当地的海洋安全，但是该地区各国的繁荣依赖于对外贸易，这起到了稳定局面的作用。在争议各国中，中国的军事实力飞速提升，中国的海上领土收复诉求除了会与邻国产生冲突外，也触及了该地区的主要军事力量美国的利益。如今，一些具有影响力的中国分析家意识到，美国的出现是该地区海上安全的稳定性因素[19]。然而，随着中国海军军力的提升和海上封锁战略的完善，中国难道不会想要拥有海上强制权或者采取既成事实战略？相反地，如果中国承担起更多维护国际安全的责任，那么基于资源地区的共同开发，难道中国不会选择实践合作安全吗？由于中国并没有发表任何相关的详尽说明，因此中国海军未来的战略并不明朗。此外，这个海洋策略依赖于中国中央领导层的战略选择，而目前中国的现状是：在避免正面冲突的同时将中国利益扩大化，中共领导对此状况表示满意。

三、中国海军军力的区域野心

在无法明确中共策略意图的前提下，我们会考虑快速发展的海军战力是否会将中国引向一个更加"雄心勃勃"的海军战略发展，使其战斗力远超东亚各国。该地区军力的平衡以及台海关系的回暖意味着从远期看，一部分中国舰队可以在完成保卫国土和构成军事威慑力任务的同时，被调用到其他大陆执行军事任务。在一篇庆祝中国海军建立60周年的文章中，两位高级军官提出了海军使命可以逐步实现"地域扩张"的论点。他们认为，随着中国经济利益的国际化，中国海军实现了从沿海防御向执行东亚以外的海上任务的逐步演变[20]。中国军事战略和海军未来使命提出了三个与国际海上安全相关的重要议题：收回中国东海海域领土是否是中国海军军力"扩张"的第一步？中国建立起一条"珍珠链"是为了制约和防备印度的军事实力上升吗？全世界都在关注中国第一艘航空母舰的建造，这艘航母建成后将起到什么样的作用？

近年来，一些中国军事专家在捍卫经济实力和军事实力平行发展的理念[21]。随着中国的经济利益在世界范围内增长和分散，中国必须建设强有力的军事力量来维护自身利益。因此，我们在艾尔弗雷德·马汉的启发下发现了一个观点：作为经济强国，中国需要一支可以保卫商船的海军队伍。通过海路展现出的能力是国家实力的重要体现。受美国影响，中国在建造航空母舰和创立海空部队方面实现了战略性实践。对于一支强大的、在海上作战并且可以迅速登陆的海军部队来说，它应该完成三个主要使命：维护中国对外贸易中使用的通信线路的安全，尤其要保障国家能源供应；确保在动乱地区的中国侨民和国家投资的安全（海军和空军主要负责运输部队）；美国模式的军力投送。但是对于最后一点，中国专家的态度是不容置疑的：非和平外交不是中国的选择，也与中国对外政策原则相违背。

显而易见的是，虽然专家们的讨论和反思是针对未来的世界战场，但中国的海事战略却始终着眼于局部地区。这样的战略可以被理解为源于中国专属经济区围绕两个优势地带的逐步"扩张"：进入太平洋地区和开放印度洋地区。

很多军事分析家质疑中国企图称霸亚洲海域直到"第二岛链"的军事野心，"第二岛链"是刘华清（时任海军司令，1982~1988年为中国人民解放军海军总司令，后升任中央军委副主席）提出的术语。掌握中国台湾和中国南海与东海的统治权（"第一岛链"）将为中国打开太平洋的大门，这样就可以控制北至北海道，南到马里亚纳群岛、关岛和帕劳群岛的海域。掌握该海域控制权的理念意味着，一旦中国台湾这个"门栓"被打开，事实上会导致中美在亚洲的战略对立，但是这一理念也可以从另一个角度被解读。美国将在2015年完成对关岛的改造，关岛将成为美军在太平洋上军力的主要枢纽[22]，面对美国的这一行为，中国在中期内无法与之匹敌。因此，采用不对称作战能力，能够禁止美军舰队在岛链内部地区自由航行，至少在一定时期内是中国在该地区掌握绝对"控制权"的现实目标，因为中美之间一旦出现对立危机，岛链便成为更加危险和不确定的地区。中国一边争取达成该地区的战略平衡，另一边试图寻找与美国以及其他亚洲国家之间关系的更多可能性。

专业刊物正就"珍珠链"战略的理论展开评论[23]。有学者称，为了确保进入印度洋，中国将在缅甸（实兑）、孟加拉国（吉大港）、斯里兰卡（汉班托特）和巴基斯坦（瓜达尔）建立海军基地，并称这些海军基地旨在包围印度，因为印度是中国潜在的战略对手，并且与中国之间就阿鲁纳恰尔邦和阿克赛钦存在着未解决的国界冲突。除此之外，这些海军基地是中国海军到远方战场作战的支撑点，让海军可以保障对外贸易和能源供应通道的安全。目前，港口设施正在建设当中，其中也有可能为中国部队部署了电子监控或者通信设备，显而易见的是，南亚还没有建立中国的军事基地，并且中国还没有分遣舰队。

例如，建设在瓜达尔的海军基地被认为是中国设计的最先进的海军基地，但是这里的工程处于停工状态，而且与俾路支内陆连接不畅。我们可以从中得出什么结论呢？"珍珠链"战略目前只能说明在印度洋地区安全建设的一个局面。中国政府可以采取一个切实可行的战略，这一战略要基于印度的邻国对于抗衡印度地区军力的意愿，也同样依赖于自身海军实力的增强。如果中国进一步参与到对抗海上掠夺的行动中，那么在一定时期内中国就会拥有新的外交理由，使自己在国土外建设的军事基地合法化。目前，中国政府坚持不建设军事基地的原则，南亚港口设施的战略意义无足轻重。在这一点，中国又一次处于"扩张"逻辑当中，而这一逻辑会推迟战略选择的时间。

还有一个重要争论是关于中国航空母舰的建造。虽然长时间以来被美国专家质疑，但是如今这个航母的建造已经得到了中国政府的承认。尽管中国的中央军委并没有就此事发表观点，但是近年来相关的声明不断增多。中央军委表示党中央支持航母建造项目，这一说法并不试图营造谜团，却又模棱两可。例如，2008年12月，国防部发言人宣布中国正在认真考虑建造航空母舰[24]。2009年3月，中国国防部向日本国防部声明，中国并不是唯一不拥有航母的大国[25]。

我们认为，这些公开声明毫无疑问地证明了中国的航母项目正在进展中。现在，拼图正在逐步完整起来。1998年中国向乌克兰购买的瓦良格航母现在在大连造船厂接受修缮改装。它可以被用作军事训练的甲板平台，或者被恢复为作战级航母。在中国中部城市武汉，中国军队已经建成了瓦良格航母飞机甲板的全尺寸模型，可以被用于军事训练。如果中俄于2005年和2006年就购买苏-33战斗机（中国人民解放军已经拥有的苏-27战斗机的海战版）的谈判没有成功，中国现在应该正在J-11歼击机的基础上发展自己的舰载航空事业。最后，显然中国海军拥有建设护航舰队所必需的资源，虽然中国必须强化其防空能力和反潜战能力。

建立和维持海空军部队的花费很高，因此应该预期到其快速发展。一些美国分析家甚至断言，中国通过战略获得中型航母（20吨级到4万吨级），同时妄想建造出美军核动力超级航母（7万吨级）[26]。关于最后一点，虽然相关的可靠信息并不多，但是这种推测是基于整合必要人力来应对海空部队的职能，以及发展使用学说而得出的。

事实上，关于未来中国航母的战略用途问题，分析家们产生了最大分歧，也引起了很多猜测。中国航母显然会打破东亚的战略平衡。如果中国大陆和台湾地区发生冲突，如有必需，中国大陆可以开启东部战线对台湾部队进行夹击，同时也可以使中国在海上确保占据海空优势。很多岛屿在中国战斗机的辐射范围内，考虑到在此地区可能发生的战事类型，海空部队在该地区的作用只能是战略性的，而且比较有限，但是在战略规划上，其威慑力是可以肯定的。还有一个作用较少被提及，那就是在限制美国海上行动的战略上，中国的航母可以再次进入台海范围。一方面，它可以为水面舰艇和潜艇提供空中掩护，确保在局部地区拥有空中优势，这也是俄罗斯的战略理念；另一方面，如果中国的航母配备了巡航导弹，与美国模式相反，它将可以限制在该区域别国海军的行动[27]。另一个论点将中国航母的重要性提升到中国国防外交的高度上：它将在中国对外树立强国形象方面起到重要作用。最新的理论更贴近美国的观点，那就是中国的海空部队成为对外投送兵力的主要运载工具，以便在远离国境线的战场上开展军事干预，然而这个假设并不符合目前中国的国防理论和对外政策。相反地，中国航母可以确保在联合国的旗帜下完成国际人道主义使命。

四、中国对国际海上安全的贡献

围绕中国海上军事雄心的不确定性，中国加入了合作安全组织和多边安全协定，而这种不确定性成为中国在地区和世界范围内国际关系建设的关键点。奥巴马出任美国总统以后，美国政府对中国军事力量的论调有所改变。与布什政府相反，当局不再鼓吹"中国威胁论"，而是强调中国军事力量的强大给世界和平带来了新的机遇。这个论点与一些指导中国军事现代化的原则不谋而合。因此，显然在海洋国家合作方面存在着可能。2004年，胡锦涛在就任中央军委主席时发表了关于中国人民解放军"新历史使命"的演讲。胡锦涛提出了四个使命，其中强调了为世界和平和发展做出贡献[28]。中国已经为联合国的维和行动做出了重要贡献[29]，它可以使中国海军和其他国际组织成员以合作的方式共同采取果断行动吗？

从理论上讲，答案是肯定的。自2008年四川地震以来，"非战争军事行动"在中国的战略思考中占据越来越重要的地位。《2008年中国的国防》白皮书提出，在21世纪，中国海军必须"逐步发展其在统一指挥下在偏远海域进行军事行动的能力，以应对非传统安全威胁"。[30]多年来，中国的分析家就非传统安全威胁提出了思考。此外，西方国家反复提出，中国应该承担与其经济实力相匹配的国际责任，这一要求在一定程度上给中国就安全事务管理和国际合作施加了压力。

中国参与打击索马里海盗的行动证实了这一趋势。2008年12月，中国政府决定向当地派遣一支由两艘装有导弹发射装置的驱逐舰和一艘后勤补给船组成的舰队。这支舰队的组成部分每四个月更换一次。中国的这一决定是历史性的，因为这是自15世纪初郑和下西洋以来中国第一次在遥远海域进行海上行动。一系列因素促成了这一决定。首先，索马里地区对中国经济有重要影响。2008年，近1300艘商船穿越了该地区，有7艘遭到了攻击，其中两次袭击在2008年末被媒体大量报道[31]。其次，中国政府必须面对来自民族主义者的内部压力，因为他们认为，如果中国对外贸易的安全要靠外国海军来保证的话，这对于国家来说是一种耻辱。但是最重要的是，外交条件得到了满足。如果没有联合国的委托，如果当地国家不明确表示同意中国在其国土内进行军事干预，中国政府不会发起此次行动。最后，我们不能不考虑此次行动对中国海军作战能力的积极作用。毫无疑问，这次行动可以被看作是对中国海军向遥远海域投送军力的一次测试。

中国舰队对在该地区活动的其他二十几国海军态度的转变，对社会化进程意味深远。开始的时候，中国舰队与其他国家保持距离，只保护带有中国国旗的商船。美国为了协调距离攻击地点最近的水面舰艇而做出国际回应，建立了特遣队，中国并没有参与其中。但是2009年10月，中国运载煤炭的货船德新海号遭到绑架，这一事件改变了中国的态度。当时中国舰队距离事发地点太远，无法进行救援，中国必须缴纳赎金才于2010年1月将货船救回。这一事件显示了合作的重要性——中国海军不是已经与美国海军建立了双边沟通渠道？[32]这一态度的转变证明了中国愿意加入与战场上军事回应相关的多边协调组织，2010年1月底，中国参加以SHADE（Shared Awareness and Deconfliction）为主题的反海盗会议，即共享意识，降低冲突[33]。但是还有一个关键性因素：中国提出和欧盟及美国共同指挥部队，得到了欧美方的同意[34]。在对内计划上，让中国军队参与到由西方国家指挥的战斗行动中，这在政策上本是不可接受的。这个插曲提醒我们，为了让中国的中央军委接受任何形式的国际合作，平等合作都是必要条件。

中国在亚丁湾军事行动的经验可以在未来给中国应对南海海域非传统

安全威胁提供支持。对于中国政府来说，该地区在经济方面的地位尤为关键，因为中国 80% 的能源供应要经过马六甲海峡。目前，东南亚国家由于在该地区专属经济区的归属问题，对中国更多地参与地区安全方面仍持保留意见。对任何一个国家来说，领土要求都关乎着切身利益。从这个意义上讲，关于合作的思考更多地聚焦在资源开发上，而合作可以帮助解决领土争端问题。相应地，共同承担打击海盗或者海上恐怖主义的责任，可能为领土要求带来更不确定的安全隐患。中国与 15 个国家共同签署了关于打击亚洲海盗和武装抢劫船只行为的地区合作协定，该协定于 2006 年生效，而中国并没有参与过海上军事行动。除了竞争和对抗外，在东南亚地区建立一个服务于海上安全的"雄心勃勃"的多边机制，会让人对美国和日本在其中扮演的角色产生疑问，而中国的所有战略旨在尽可能地降低美日同盟在该地区安全上的影响力。

五、结论：在漏洞与责任之间

中国参与到海上合作安全行动中是为了维护其经济利益，也是海军军力提升的必然要求。从国际组织的角度讲，中国的加入可以分担在世界范围内维护安全的责任和费用。从长远眼光看，中国的加入有利于建立一个基于合作对抗跨国威胁（海盗、恐怖主义、扩散或者各种非法买卖）的国际秩序。

战略对立是建立一个以中国为主导的多边机制的主要障碍。同时，中国安全外交的研究显示，每次中国加入国际组织都会出现"社会化"现象[35]。然而，在联合行动中积累的信任是相互的，这种信任可以以积极的方式影响中国及其盟友间其他方面的防务关系。因此，适时的合作所发挥的作用会远超过他们面对的威胁，中国作为主要海军力量的必然出现，对国际海洋安全起着积极作用。

中华人民共和国建立的海军力量回应了一个特定的战略历史，这段历史缅怀了 19 世纪和 20 世纪军事失利带给国家的创伤。然而，近些年我们发现，中国的军队发展要求有了显著变化，从减少国防漏洞转向坚定国际志向。中方关于海上战略的模糊表述并不意味着中国暗藏敌意。一个战略的实施要建立在对部署经验及军事行动的学习和同国际海军合作的基础上。中国的海上战略似乎并没有确定，这一战略取决于中国和邻国以及美国之间政治关系的演变。目前来看，海军军力的建设属于进步和扩张的简单逻辑。

来源：Duchâtel M. Marine de pékin et（fantasme de）menace sur la sécurité [J]. *Outre-Terre*，2010，25-26（2）：199-213.

译者：张芳

译者邮箱：fangfang338876@hotmail.com

参考文献

1. 军事平衡，国际战略研究所，伦敦，劳特利奇，2009 年，383-385。

2. 2010 年 3 月，中国对外宣称国家军费开支为 780 亿美元。"2010 年中国防务预算上涨 7.5%"，《中国日报》，2010 年 3 月 4 日。西方智库和美国国防部认为这个预算较低，实际支出是预算的 1.4~2.6 倍。安德鲁·S. 埃里克森：《中国国防支出：对海军现代化的影响》，《中国简报》第 10 卷第 8 期，2010 年 4 月 16 日。

3. 在一次东亚海上安全研讨会上一个中国海军代表的发言，《崛起的海军力量之间：中国和印度海军力量崛起对东南亚的影响》，S. Rajaratnam，国际研究学院，南洋理工大学，新加坡，2008 年 11 月 18~19 日。

4. 《三亚：中国新的海军核基地被发现》，《简氏防务周刊》，2008 年 4 月 21 日。

5. 1950 年 3 月，中国人民解放军组织 10 万士兵登陆距海岸仅 25 公里的海南岛，Odd Arne Westad：《决定性的遭遇，中国内战，1946~1950》，斯坦福大学出版社，303-305。

6. 可参照 Yann Dompierre：《海上力量的不对等道路》，《中国分析》第 27 期，2010 年 1~2 月。

7. 高新坡：《中国潜艇出现在太平洋的意义》，《中国评论》第 86 期，2005 年 2 月，27-29。

8. www.nti.org，核威胁倡议网站，2010年4月12日查阅。

9. Denny Roy：《地平线霸主？中国对东亚安全的威胁》，《国际安全》第19卷第1期，1994年夏，149-168；Richard Bernstein, Ross Munro：《针对美国的冲突》，《外国事务》第76卷第2期，1997年3~4月，18-32；Stephen Aubin：《中国：是的，未来的担忧》，《战略评估》第26卷第1期，1998年冬，17-20。

10. 冯梁：《关于稳定中国海上安全环境的战略思考》，《中国军事科学》2009年第5期，61-67。

11. Andrew Erickson, David Yang：《利用土地针对海洋？中国分析家关于弹道导弹的思考》，《海军战争学院评论》，2009年秋，53-86。

12. Lyle Goldstein, William Murray：《海底之龙：中国日益成熟的潜艇部队》，《国际安全》第28卷第4期，2004年春，161-196。

13. 国防部长办公室：《2009年中华人民共和国军事力量》，2009年3月。

14. 中华人民共和国国务院新闻办公室：《2008年中国的国防》，北京，2009年1月。

15. 见1998年6月26日通过的中华人民共和国关于大陆架和专属经济区的法案。

16. 《南海各方行为宣言》，中国与东盟各国于2002年11月4日在金边签署。

17. Clive Schofield, Ian Storey：《中国南海争端，日益加剧的紧张局势》，詹姆斯敦基金会，2009年11月。

18. Carlos Ramos-Mrosovsky：《国际法在钓鱼岛问题上无益的作用》，《宾夕法尼亚大学国际法杂志》第29卷第4期，2008年，903-946。

19. 蔡鹏鸿：《东海能源与安全》，《韩国防务分析学报》第19卷第3期，2007年秋，57-75。

20. 唐福泉、韩伊：《人民海军沿着党指引的航向破浪前进》，《中国军事科学》第4期，2009年，12-21。

21. 李述武：《统筹经济建设与国防建设的理论探索》，《中国军事科学》

第 6 期，2009 年，80-86。

22. 美国军事工程协会：《关岛军事建设方案》，2007 年 5 月 3 日。

23. Christopher J. Pehrson：《"珍珠链"，迎接中国在亚洲沿海上升实力的挑战》，战略研究所，2006 年 6 月。来自印度的观点，Vijay Sakhuja：《中国在南亚的外交和战略平衡法案》，巴黎，亚洲中心，2008 年 6 月。

24. 《中国正在认真考虑建造航空母舰》，《中国日报》，2008 年 12 月 23 日。

25. 《中国确认建造航空母舰的意图》，AFP，2009 年 3 月 23 日。

26. Nan Li，Christopher Weuve：《中国的航母野心：一个升级》，《海军战争学院评论》，2010 年冬，13-20。

27. Alexandre Sheldon-Duplaix：《中国人民解放军海军建军 60 周年及中国海上安全进入 21 世纪》，亚洲中心年度政策会议论文，巴黎，2009 年 11 月 19 日。

28. 另外三个历史使命是：为党巩固执政地位提供重要的力量保证，为战略机遇时期的良好发展提供支持，维护国家安全。James Mulvenon：《中国人民解放军和胡主席的新历史使命》，《中国领导观察》第 27 期，2009 年冬。

29. 中国支付了联合国维和行动经费的 3%，其派遣参加维和行动的人数 2000~2008 年增长了 20 倍。国际危机组织：《中国在联合国维和行动中的作用日益提升》，《亚洲报告》第 166 期，2009 年 4 月 17 日。

30. 中华人民共和国国务院新闻办公室：《2008 年中国的国防》，2009 年 1 月。

31. Ng Tse-wei：《中国海军在索马里海域，远离炮舰外交：权威》，《南华早报》，2008 年 12 月 18 日。

32. Gaye Christoffersen：《中国与海上合作：亚丁湾海盗行为》，战略政策安全性和经济咨询研究所，2010 年 1 月 8 日。

33. 《中国人民解放军海军官方表示，愿意扩大其在索马里海域国际协调合作的作用》，《南华早报》，2010 年 1 月 28 日。

34. 同 32。

35. Alastair Iain Johnston：《社会国家，中国在国际组织中，1980~2000》，普林斯顿大学出版社，2007 年。

中国经济增长和军费开支
——对国际安全的影响

H. 森梅兹·阿泰什奥卢（H. Sonmez Atesoglu）[*]

译者导读：本文对中国 1989~2011 年经济增长与军费开支的关系进行了实证研究，认为中国军费开支与经济增长正相关。在和平与发展的时代主题下，和平、发展、合作、共赢成为时代潮流。本文仅以军费开支需求理论和国际进攻现实主义理论为依据，采取简单的回归分析，就认为中国军费开支受到俄罗斯和印度军费开支的影响，但与美国和日本的军费开支无关，而且认为中国正在成为亚洲地区主导力量，对亚洲国家的安全政策有影响，带有明显的"冷战思维"和"中国威胁论"的论调，存在用霸权主义看待中国和平发展的心态。改革开放近 40 年来，中国一直奉行防御性的国防政策，在国家综合国力、安全环境和全球战略形势深刻变化的大背景下，军费开支保持了合理适度、可持续增长。但军费开支绝对数额不及美国的 1/4，人均军费开支更是不及美国的 1/10，军费开支占 GDP 的比重也常年低于世界 2%~4% 的平均水平。这充分表明，中国在国防和军队建设上不会走当今世界有些国家穷兵黩武、搞军备竞赛拖垮国家的邪路，也会不走国强必霸的老路，而是坚持走符合国情的和平发展道路。

摘要：本文研究了中国经济增长与军费开支的关系。采用中国军费开支实证模型研究的结果与经济学和国际政治学理论相一致，军费开支与经济增

---

[*] H. Sonmes Atesoglue 是美国克拉克森大学的名誉教授，被认为是世界 500 强经济家之一，主要研究领域为国际收支平衡和经济增长、国防开支和增长、货币和通货膨胀。

长呈正相关关系。研究结果表明，中国正在成为亚洲地区主导力量。研究结果进一步表明，中国军费开支受印度和俄罗斯军费开支的影响，但并不受日本或美国军费开支的影响。基于对解释变量和实证模型未来值的假设，采用本文的中国军费开支实证模型进行长期预测，结果表明，中国很有可能成为亚洲地区主导力量。

关键词：中国；地区主导力量；经济增长；军费开支

近几十年来，中国军费开支急剧扩大。这一发展情况与同期中国经济的快速增长相一致。虽然关于中国经济和军事崛起的研究有很多（Buzan and Cox, 2013；Ikenberry, 2008；Johnston, 2003；Mearsheimer, 2010；Rosecrance, 2006；Zheng, 2005），但是并没有中国经济增长和军事扩张关系的时间序列实证研究。我们需要对中国经济增长和军费开支进行时间序列回归分析。本文的目的就是要展现这样一个研究。

本文提出了与经济学和国际政治学理论相一致的中国军费开支实证模型。我们从模型和相关变量时间序列图中可以发现，中国军费开支和经济增长存在正相关关系。研究结果支持了中国正在成为亚洲地区主导力量的观点。研究结果进一步表明，虽然中国军费开支受印度和俄罗斯军费开支的影响，但并不受日本或美国军费开支的影响。基于对解释变量和特定实证模型未来值的假设，采用中国军费开支实证模型进行长期预测，结果表明，中国有可能成为亚洲的区域主导力量。

一、军费开支理论

主流经济学理论和国际政治学现实主义理论（进攻性现实主义理论）对军费开支需求的讨论都支持经济增长导致军费开支增加的观点。

军费开支需求的主流经济学理论是新古典微观经济学中关于产品需求基本理论的延伸。在产品需求的基本理论中，需求函数来自预算约束下理性消费者的效用最大化。产品的需求函数在一阶最大化时获得，需求被确定为产品价格和消费者收入的函数。[1]在效用函数中，把国防开支作为公共产品，并允许盟国提供国防开支，这导致将盟国的贡献纳入国防开支、价格以及国家收入的需求决定因素中。军费开支需求的经济学理论进一步假定了社会安全函数，其中安全被认为是国家、其盟国和敌对国军费开支的函数。通过这一假设得出军费开支需求函数，其中军费开支被认为是国家收入、价格以及盟国和对手军费开支的函数。军费开支需求模型在各国的实证应用表明，军费开支需求是一个单一收入弹性的正常商品。[2]根据这一模型，收入的增加导致预算约束的扩大，这使得所有商品——私人产品和公共产品的需求都上升。军费开支需求的研究方法意味着，通过增加收入实现经济增长，会导致军费开支的增加。

国际政治进攻性现实主义理论对国际政治体系的性质提出了六个假设。分别是：国际体系是无政府的；它是一个没有最高权威机构管理的自助体系；国家有某种进攻性军事能力；国家间不知道彼此的意图；生存是国家的主要目标；国家是理性行为体。这六个假设得出的结论是，在一定的经济财富和人口规模的基础上，为了生存，国家将使权力——特别是军事权力最大化。经济的增长缓和了财富的约束，可以寻求更大的军事权力。这一理论意味着，通过增加一国的财富，经济增长会导致军费开支的增加。[3]

还有其他国际政治学理论不支持进攻性现实主义理论的假设和结论。例如，根据防御性现实主义理论，在无政府状态的国际秩序中，一国没必要因为担心其他国家将结成联盟对抗本国，就随经济的增长而增加国防开支。有效的联盟会降低国家的相对权力地位。根据防御性现实主义理论，在无政府状态的世界秩序中，国家的主要目标是维持现状和权力平衡，并不是使权力最大化和充当修正主义国家。[4]另一种政治学理论认为，国际政治体系中存在一种等级制度，这种体系不是无政府主义的。[5]在这个体系中，并非所有国家都必然会因经济增长而扩大军费开支，它们可以期待在等级制度中占主导地位的国家来提供安全。

进攻性现实主义理论建立在比防御性理论更为现实的一套假设之上，而且它预测的结果比其他理论有更好的历史证据支持。此外，进攻性现实主义理论的假设对亚洲而言似乎更符合现实，这使得该理论适合解释亚洲主要国家特别是中国的军事开支情况。

二、对国际安全的影响

鉴于近几十年来中国经济和军事的快速扩张,中国将成为亚洲地区主导力量的重要观点开始被提出。[6]这一预测要成为现实的话,中国就必须通过经济的快速增长来增加军费开支。因此,中国军费开支与经济增长应该存在正相关关系。这一结论得到了军费开支需求理论和国际政治进攻性现实主义理论的支持,两个理论都预测经济增长会导致军费开支的扩大。

然而,中国可以选择不像修正主义国家那样行事,不增加军费开支来匹配其日益增长的经济实力,理由有很多,例如,维护经济利益以维持经济现状。如果这样的话,中国的军费开支和经济增长就会存在负相关或者没有关系。中国可能会安于现状,就像"二战"后的德国和日本一样成为经济大国,而非军事大国。

还有一种可能,尽管近年来中国的经济增长已经能够负担得起军事力量现代化和扩张的需求,但中国无意成为地区主导力量。此外,中国可能正在试图发展军事力量,以应对美国和台湾地区针对中国的军事合作。但是,无论军事扩张的原因是什么,如果中国由于经济快速增长而继续扩张军事力量,毫无疑问,中国将拥有亚洲大国中最强大的军事力量,终将成为亚洲地区主导力量。

三、中国和亚洲主要国家的军费开支

在国防开支的实证研究中,数据的准确性至关重要,会影响研究结果的可靠性。斯德哥尔摩国际和平研究所(SIPRI)提供了一致和连贯的军费开支时间序列数据。人们对国防开支数据的准确性和可靠性总是存在疑问,对中国国防开支的数据尤为如此。但是本文使用的所有国家(包括中国)的国防开支数据均来自SIPRI,这是一个著名的专门从事安全和国防开支问题研究的机构。我们很难获得大跨度的、基础一致的国防开支时间序列数据,而来自SIPRI的国防开支数据被认为是尽可能准确的。

实证分析是基于1989~2011年的年度数据。如图1所示,经济的快速增长导致中国军费开支的扩大。我们看到1989年以来中国的军费开支（CHM）一直在急剧上升。CHM的上升跟随着中国GDP（CHQ）的增长。[7]

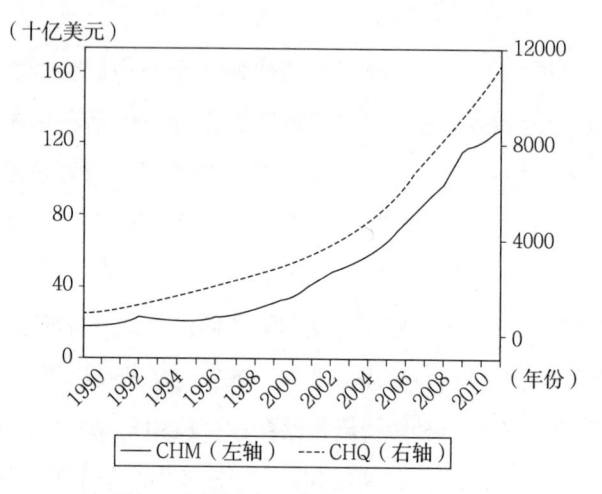

图1 中国军费开支和GDP示意图

在图2中，CHM支出与可能同中国存在安全竞争的其他大国的军费开支一起被描绘出来。为了避免图表混乱，美国的军费开支（USM）没有包括在图2中。更重要的是，在下面讨论的中国军费开支回归分析中，USM被认为是一个不显著的解释变量。此外，台湾地区的军费开支并不包括在以下实证分析或回归的报告中，因为台湾地区如果没有美国的支持，不会对中国构成重要威胁。

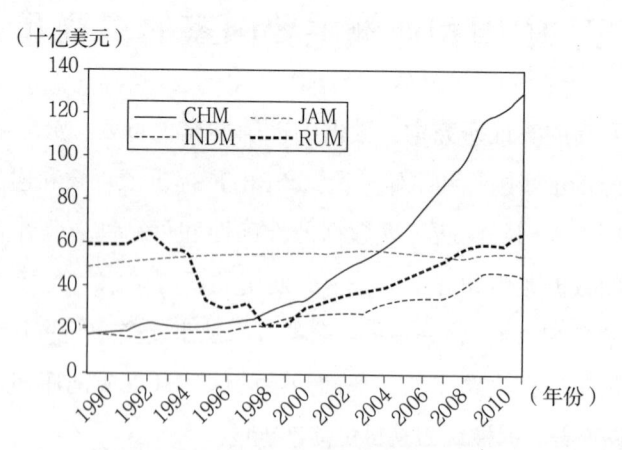

图2 中国和亚洲主要国家的军费开支示意图

在图2中，相比于中国，日本军费开支（JAM）在整个研究周期内是稳定的，反映出日本的军费开支受宪法约束以及对美国在安全方面的依赖。如图2所示，JAM和CHM的行为彼此不相关。中国和日本似乎不存在安全竞争，但是如果日本对中国采用内部平衡政策并且扩大军事力量，这一情况可能会有所改变。值得注意的是，近些年CHM已经明显高于JAM。

特别是近年来，虽然不如中国军费开支增长迅速，但俄罗斯的军费开支（RUM）一直在上升，印度（INDM）也一样。正如这些观察结果和过去与这些国家发生的领土争端表明，中国可能正在与俄罗斯和印度进行竞争。

图2还表明，尽管在20世纪90年代后期，中国与其他大国的军费开支相当，但中国的军费开支增长迅速，到2011年约为其他国家的2倍。图1和图2表明，相对于其他亚洲主要国家，中国军费开支的绝对值上升了。这些观察结果表明，中国正逐渐成为地区主导力量。

以上讨论的所有国家军费开支的数据均来自SIPRI。值得注意的是，本研究采用的年度数据集是1989~2011年，但1989~1991年俄罗斯的军费开支数据在概念上与1992~2011年不一致。为了下面回归分析中避免样本量限制或自由度降低，假设俄罗斯1989~1991年的国防开支值等于它在1992~1994年的平均值。中国国内生产总值（GDP）的数据来自国际货币基金组织（IMF）。[8]

四、军费开支模型

上面讨论的变量随时间变化的历史路径呈现出丰富的信息，它们被辅之以严格的实证分析。为此，本文进行时间序列回归分析。军费开支的潜在决定性因素是根据军费开支需求的主流经济学理论和国际政治进攻性现实主义理论挑选出来的。这两种理论都认为总体经济收入和与其他国家的安全竞争是军事力量的决定性因素。这些是实证模型中使用的变量。

模型的构建遵循由一般到较为简单的规范策略，该策略避免了在估计系数时可能产生的遗漏相关变量偏差。在最一般的模型中，中国的国防开支（CHM）成为中国GDP（CHQ）和印度（INDM）、日本（JAM）、俄罗斯

(RUM)、美国（USM）军费开支的函数。

军事力量和国防开支的另一个重要的决定性因素是人口。然而，人口不作为一个附加的解释变量包括在实证模型中，因为在估算期间中国的人口数量庞大。中国是世界上人口最多的国家，并将继续如此。此外，添加另一变量将减少小样本自由度并降低实证结果的可靠性。

一般模型的实证结果见表1中的方程（1）。所有解释变量的系数为正。然而，USM 和 JAM 在常规置信水平上不具有统计学的显著性，而 CHQ、INDM 和 RUM 在95%的置信水平上是显著的。调整的决定性系数（R^2-Adj）表明方程（1）具有较高的解释力。

表1 中国军费开支的决定因素（以 CHM 为因变量；估算方法：OLSQ）

方程	截距	CHQ	USM	INDM	JAM	RUM	R^2-Adj.	SEE	DW
(1)	-51.670	0.008 (10.65) [0.863]	0.017 (0.89) [0.042]	0.802 (2.80) [0.303]	0.539 (1.17) [0.071]	0.219 (2.66) [0.282]	0.996	2.165	2.135
(2)	-19.972	0.008 (11.20) [0.868]		0.957 (4.13) [0.460]		0.232 (6.58) [0.695]	0.997	2.140	2.135

注：样本期：1989~2011年；括号中的值为 t 统计量；方括号中的值为偏 R^2；R^2-Adj. 是针对自由度调整的决定系数；SEE 是估计的标准误差；DW 是 Durbin-Watson d 统计量。

表1中的偏 R^2 表示每个解释变量的相对重要性。我们观察到 CHQ 是最重要的决定性因素，其次是 INDM 和 RUM。USM 和 JAM 的偏 R^2 表明，在考虑到其他解释变量的影响后，美国和日本的军费开支不能帮助解释 CHM 的增长。[9]

USM 和 JAM 的系数缺乏显著性，意味着方程（1）进行估算时应去除这些多余变量。本回归结果在表1中的方程（2）中详述。

在较为简单的模型中，方程（2）的研究结果仍然与方程（1）相同。参数估计是相似的。如同将多余变量从回归分析中去除时预期的那样，t 统计量增加。偏 R^2 比方程（1）更高、更可靠，表明 CHQ 仍然是最重要的解释变量，其次是 RUM 和 INDM。调整后的样本决定系数仍然很高。方程（2）相对于方程（1），在解释力方面有一些改进，如拟合优度统计量、R^2-Adj 和 SEE 所显示的。

在单侧显著性水平为 5% 的情况下，对方程（1）和方程（2）进行一阶序列相关性检验，不能说明显著性水平为 5% 时的残差序列相关性。这些结果表明，就序列相关性而言，报告中的 t 统计量是可靠的。

具有正确简化（即去除多余的美国和日本军费开支变量）的方程（2）是研究中国军费开支的首选实证模型。研究结果表明，中国的军费开支取决于中国的 GDP，以及印度与俄罗斯的军费开支。上述的回归结果显示，中国正在随经济增长而增加军费开支，并且可能与印度和俄罗斯进行安全竞争，但不一定与日本和美国进行安全竞争。

表 1 所示的结果是稳健的，如果在估算中使用另一组合理的解释变量子集，则结果也不会改变。此外，如果剔除不一致的 1989~1991 年 RUM 的假设值，估算 1992~2011 年而不是 1998~2011 年的值，则方程（1）和方程（2）的结果也不会改变。

这些发现是合理的。CHM 和 USM、JAM 之间没有显著性关系并不奇怪，虽然 CHM 一直在以不断增长的速度上升，但 USM 的变化路径反映了全球关注的问题，JAM 在估算期间是持平的。

上述讨论使用的最小二乘法（OLS）技术获得的回归结果有可能不可靠。如果任何解释变量受随机干扰项影响，则参数估计将会有偏差和误差。很可能是这种情况，如一个在方程右侧的国家因误差项变化引起 CHM 变化，而使军费开支发生改变。但是另一种常用的估算方法，如二阶 OLS，并不会得出更可靠的结果，特别是本研究中使用了相关的小样本数据（见 Studenmund，2011，第 14 章）。

五、预 测

方程（1）利用军费开支模型，方程（2）对 2012~2061 年 50 年的情况进行了预测。预测需要假设相关解释变量的值。中国的 GDP 和印度的军费开支随着时间的推移呈现平稳上升的趋势（见图1和图2）。这些变量的历史记录表明，它们将来会持续上升。根据这些观察，这些变量的假设未来值是从拟合 1989~2011 年数据的线性趋势方程预测中获得的。俄罗斯军费开支的未来值也是从拟合 1989~2011 年数据的线性趋势方程预测中获得的，尽管俄罗斯的军费开支已经相当不稳定，2000 年之前持续下滑，在其后的时间里才有所上升，如图2所示。

在表 2 中，对特定年份的中国（CHMF）、印度（INDF）和俄罗斯（RUMF）的军费开支进行了预测。除了这些预测外，为了进行对比，对日本的军费开支也进行了预测（JAMF）。JAM 是一个相当稳定的时间序列。JAMF 是从拟合 1989~2011 年的 JAM 线性趋势曲线获得的。

表 2　军费开支预测（CHMF）　　　　单位：十亿美元

线性趋势模型预测	2020 年	2030 年	2040 年	2050 年	2061 年
CHMF	146	194	243	291	344
INDMF	55	69	82	96	112
RUMF	47	47	48	49	49
JAMF	58	60	62	64	68

注：2011 年，中国军费开支约为 1290 亿美元，美国军费开支约为 6900 亿美元。

特定年份的 CHM 预测见表 2。在 2030 年，CHMF 将约为 2011 年的 1.5 倍，而到 2061 年将大约为 2.5 倍。在 2030 年，CHMF 将约为印度的 3 倍，约为俄罗斯的 4 倍。到 2061 年，CHMF 将约为印度军费开支的 3 倍，约为俄罗斯的 7 倍。尽管很明显中国没有与日本进行竞争，但如果建立一个针对中国的联盟，日本可能会加入，所以日本的军费开支依然很重要。如表 2 所示，在 2030 年 CHMF 将约为 JAMF 的 3 倍，在 2061 年将约为 JAMF 的 5 倍。总的来说，表 2 的详细预测表明，到 2061 年中国将成为地区主导力量，甚至更早。从表 2 中可以看出，在 2061 年，中国的军费开支将是印度、俄罗斯和日本总和的 1.5 倍。

美国的军费开支很不稳定，所以没有进行预测。在 20 世纪 90 年代初，美国的军费开支迅速下降，在 1998 年约为 3660 亿美元。2011 年，美国的军费开支急速增加到 6900 亿美元。因为 2011 年以后美国军费开支急剧增加，根据线性趋势曲线拟合 1989～2011 年的数据，形成了不切实际的较高军费开支的预测。所以 2011 年的 USM 可以用于比较，而不是预测。2011 年美国的军费开支约为 6900 亿美元，而中国在 2061 年的军费开支约为 3440 亿美元。这表明，在未来的 50 年中，中国不能与美国的军费开支相比，或者在短期内接近它。然而，对 CHM 的预测表明，如果没有美国的军事支持，到 2061 年亚洲大国将会被中国军事力量统治，中国将成为地区主导力量。

六、军费开支政策

近年来，中国不但扩大国防开支，而且不断推进国防现代化。现代化的目的是提高军队的能力和效力，主要集中在海军、空军以及管理常规和核导弹的特种炮兵部队，而不是陆军（Economist，2012b）。这些国防开支政策与上述讨论的研究结果和结论一致，并且支持中国正在成为亚洲地区主导力量的研究结果和结论。

2001 年可以被认为是中国军事现代化的开端，因为它与国防开支呈现的陡峭的上升斜率相一致（见图 1 和图 2）。海军现代化在紧锣密鼓地进行中：中国已经部署了大量新型驱逐舰、护卫舰和潜艇（IISS，2013），第一艘航母最近完成部署，而且据报道还有部署更多航母的计划（Huffington Post，2013）。[10]这些部署将提高中国远距离投送兵力的能力。中国海军不再只是近海力量，而是有着远海意愿的区域力量。空军也是现代化建设的重要目标，这将提高它的效率与效力。老式飞机被现代战斗机所取代，中国最近公布了它的第一架隐形飞机，并测试了它的第一架重型军用运输机（IISS，2013）。这些飞机的最终部署将提高中国远距离投送兵力的能力。

由于现代化建设，中国的导弹作战能力有了实质性的提高。现在中国不仅有反舰弹道导弹、地对地和空射巡航导弹，还有新型洲际导弹和中程弹道导弹。这些导弹装备了所需的先进控制和通信系统。[11]

与这种现代化相一致，中国已经大大改变了其军事目标和军事战略。中国的军事战略现在要求打赢高技术战场环境中的局部战争，并能够迅速果断地参与战争，不再是"二战"后长时间使用的主要依靠陆军的作战样式（Economist, 2012b）。此外，据报道，中国想要有效地控制从阿留申群岛到中国台湾、菲律宾和婆罗洲的海域（Economist, 2012a, 2012b）。实现这一军事目标将使中国能够阻止外国势力向这一广阔海域投送兵力。

七、结　语

上述发现对所有主要亚洲国家和较小国家的安全政策都有影响，如澳大利亚、新加坡和越南。中国军费开支模型和预测的实证结果表明，到 2061 年，中国很有可能成为地区主导力量，其军费开支约是印度、日本和俄罗斯总和的 1~1.5 倍。但是如果美国采取与日本、印度、俄罗斯以及较小的亚洲国家合作的安全政策，并计划增加其在亚洲的军事存在，那么即使中国的军事优势超过印度、日本和俄罗斯，但到 2061 年中国也不可能成为地区主导力量。然而，存在这样的风险，即这种平衡行为和针对中国崛起建立有效联盟可能会导致中国与美国或亚洲国家的军事冲突，使中国不可能实现和平崛起（Mearsheimer, 2010）。

中国军费开支的发展前景存在不确定性。例如，中国可能决定不增加军费开支，或者其经济增长可能放缓，导致军费开支增长减慢。如果中国的工资大幅上涨，而生产率或消费支出没有相应提升的话，中国将失去国际竞争优势，出口和经济增长都将放缓。近年来，越来越多的报道称中国两位数的经济增长即将结束（Krugman, 2013; Economist, 2013）。这种放缓可能会带来一个更加和平的亚洲，因为中国可能不会像最近几十年那样迅速增加军费开支。然而，工资的上升可能导致消费支出的增加和经济增长，在这种情况下军费开支不可能放缓。

但中国保持经济快速增长和军事扩张的可能性很大。过去有报道称，中国经济将放缓，但这并没有成为现实，中国保持了快速的经济增长（Economist，2013）。中国在过去20年中的经济持续快速增长可能会继续下去，正如卡尔多（Kaldor）的出口导向型增长模型所描述的那样，并且符合维多恩法则（Verdoorn）定律，即总收入增长得越多，生产率越高，就会弥补潜在的工资增长，从而导致出口和经济增长更快。[12] 此外，如上所述，工资的增长会引起消费支出的扩大，从而导致总收入更高，经济增长更快。因此，如本文所预测的那样，中国可能持续快速增长，并将很有可能成为亚洲地区的主导力量。

来源：H. Sonmez Atesoglu. Economic growth and military spending in China [J]. *International Journal of Political Economy*，2013，42（2）：88-100.

译者：郭勤、纪建强
译者邮箱：2196447647@qq.com

注释

1. 参见 Henderson 和 Quant（1958）关于约束条件下消费者行为效用最大化模型的口头和数学讨论。

2. 参见 Sandler 和 Hartley（1995）关于军费开支需求理论和实证证据的讨论。

3. 参见 Mearsheimer（2001）关于进攻性现实主义的全面讨论。

4. 参见 Waltz（1979）关于结构现实主义的本义讨论，也称为防御性现实主义。

5. 参见 Lake（2009）关于层次结构理论和实证证据的全面讨论。

6. 关于这种预测的讨论，参见 Mearsheimer（2001，2006，2010）。除了 Mearsheimer 的贡献外，关于中国崛起对国际安全的影响，多年来已经积累了大量有争议的文献。对于文献的抽样，参见 Buzan 和 Cox（2013）、Ikenberry（2008）、Johnston（2003）、Rosecrance（2006）、Zheng（2005）。

7. 中国经济增长和军费开支之间可能存在共生关系，经济增长导致军费开支的增加，军费开支的增加带来更多的经济增长。关于军费开支可能对经济增长产生积极影响路径的全面讨论,见 Ram（1993）。

8. 根据斯德哥尔摩国际和平研究所的 SIPRI 军费开支数据库,使用的军费开支实证方法以 2010 年的"百万美元"（转换为十亿美元）为计量单位。用购买力平价（PPP）估值的中国国内生产总值用"十亿国际美元"为计量单位（国际货币基金组织,世界经济展望数据库,2012 年 4 月）。使用 EViews 4 进行估算和创建数据。

9. 关于偏 R^2 一个少有而有用的讨论,见 Maddala（2001）。

10. Dunnigan（2013）报告说,有证据表明一艘新的航空母舰正在建设中。

11. 关于导弹现代化的进一步讨论,见 IISS（2013）。

12. Kaldor 的出口导向型增长模型在 Atesoglu（1994）的文章中讨论。

参考文献

1. Atesoglu, H. S.（1994）. "An Application of a Kaldorian Export-Led Growth Model to the United States", Applied Economics, 26, No. 5: 479-483.

2. Buzan, B., and M. Cox.（2013）. "China and U. S.: Comparable Cases of 'Peaceful Rise'?" Chinese Journal of International Politics, 6: 109-132.

3. Dunningan, J.（2013）. "The Chinese Carrier Reveals Itself", Strategy Page, August 16, www.strategypage.com/dls/articles/The-Second-Chinese-Carrier-Reveals-Itself-8-16-2013.asp, accessed September 18.

4. Economist.（2012a）. "China's Military Rise", Economist（April 7）.

Economist.（2012b）. "The Dragon's New Teeth", Economist（April 7）.

Economist.（2013）. "A Bubble in Pessimism", Economist（August 17）.

5. Henderson, J. M., and R. E. Quant.（1958）. "Micro Economic Theory". New York: McGraw-Hill.

6. Huffington Post.（2013）. "China's Aircraft Carrier Plans: More Bigger Ships in the Works, Navy Official Says", Huffington Post, April 24, www.huffingtonpost.com/2013/04/24/chinas-aircraft-carrier-plans-more-bigger-ships_n_3146850.html, accessed October 24, 2013.

7. Ikenberry, J. (2008). "The Rise of China and the Future of the West. Can the Liberal System Survive?" Foreign Affairs (January-February): 23-37.

8. IISS (International Institute for Strategic Studies). (2013). "China's Defence Spending: New Questions", August 19, www.iiss.org/en/publications/strategic%20comments/sections/2013-a8b5/china--39-s-defence-spending--new-questions-e625, accessed October 24, 2013.

9. Johnston, A. I. (2003). "Is China a Status Quo Power?" International Security, 27, No. 4: 5-56.

10. Lake, D. A. (2009). Hierarchy in International Politics. Ithaca: Cornell University Press.

11. Krugman, P. (2013). "Hitting China's Wall", New York Times, July 18, www.nytimes.com/2013/07/19/opinion/krugman-hitting-chinas-wall.html, accessed October 25.

12. Maddala, G. S. (2001). Introduction to Econometrics. 3d ed. Chichester, UK: John Wiley & Sons.

13. Mearsheimer, J. J. (2001). The Tragedy of Great Power Politics. New York: W. W. Norton.

Mearsheimer, J. J. (2006). "China's Unpeaceful Rise", Current History, 105, No. 690: 160-162.

Mearsheimer, J. J. (2010). "The Gathering Storm: China's Challenge to US Power in Asia", Chinese Journal of International Politics, 3: 381-396.

14. Ram, R. (1993). "Conceptual Linkages Between Defense Spending and Economic Growth and Development, A Selective Review", In Defense Spending & Economic Growth, ed. J. E. Payne and A. P. Sahu, 19-39. Boulder, CO: Westview Press.

15. Rosecrance, R. (2006). "Power and Industrial Relations: The Rise of China and Its Effects", International Studies Perspectives, 7, No. 1: 31-35.

16. Sandler, T., and K. Hartley. (1995). The Economics of Defence. Cambridge: Cambridge University Press.

17. Studenmund, A. H. (2011). Using Econometrics. 6th ed. Boston: Addison-Wesley.

18. Waltz, K. N. (1979). The Theory of International Politics. New York: McGraw-Hill.

19. Zheng, B. (2005). "China's Peaceful Rise to Great-Power Status", Foreign Affairs, 84, No. 5: 18-24.

中国南海海军军事战略：
虽硝烟四起，但很难摩擦起火

莱尔·戈德斯泰坦（Lyle Goldstein）

译者导读：本文作者梳理了中国官方和准官方的中文海军文献，提出不同于西方对中国海军致力于军事扩展的刻板观念的新见解。研究发现，中国海军内部就南海问题存在多种观点。其中一个重要观点是建议中国政府就南海问题采取谨慎的妥协政策。作者还就中国南海战略以及南海局势提出十点见解。作者否认中国威胁南海航行自由，不赞同中国在南海搞军事化的观点，认为中国并不是制造南海地区紧张局势的始作俑者，指出美国介入南海争端会对中美两国关系造成严重影响等观点，在盛行"中国威胁论"、中国"国强必霸"观念的西方学界可以说难能可贵。本文最后探讨了美国在南海地区政策方向的几点重大问题。作者强调中美在南海的冲突对美国国家利益甚至全球安全来说是致命的。美国在该地区应该保持谨慎务实的态度。如果非要东盟国家选择，它们更希望的是积极的中美关系。这与中国奉行合作共赢的新型国际关系理念，致力于推动各方朝着互利互惠、共同安全的目标相向而行的总体安全观不谋而合。

摘要：本文通过梳理中国官方和准官方的中文海军文献，提供关于北京当局不断演变发展的南海战略的新见解。最重要的是，（与传统观点不同）研究发现中国海军界有许多不同的观点，这很大程度上也可能反映了中国战略学家之间就这一问题也存在争议。在这些研究中的一个重要观点是，建议中国政府采取谨慎的妥协政策。另外，在文献中我们还发现中国海军界明显的威胁认知以及担心中国可能会丧失南海资源利益的观点。最后，在文献中很明显可以看出，中方认为南海不和谐局势势必升温，特别是2010年中期之后的文章呈现出尖刻的文风，甚至说明北京当局未来的南海军事政策可能会出现令人担忧的转变。本文最后探讨了美国在南海地区政策方向的几点重大问题。美国在不断扩大其在南海的介入程度，美国（以及其他地区相关方）必须认识到南海问题可能会朝着多种不利于地区稳定的方向发展。

关键词：南海；南沙群岛；中国海军；中国战略；中国人民解放军

一、南海海军战略

从2009年开始，南海已成为导致东亚地区局势紧张的焦点。虽然可能还没有朝鲜半岛局势那么一触即发、不可预测，但南海局势已经呈现出多项令人担忧的特征，包括迅速变化着的权力关系、军备竞赛、各相关方大相径庭的利益、越来越激烈的话语较量、日益高涨的民族主义情绪、尚待开发的能源资源以及各方之间的历史纠葛等。然而，南海问题不仅仅是东南亚国家之间的问题，它还是决定中美关系未来走向的"晴雨表"，而中美关系对于未来世界的和平发展有着重要的影响。

对中国国家战略的不同理解导致对南海问题的不同认知。当前的中国国家政策似乎有意地具有一定的模糊性。地区局势分析专家也只能透过含糊的官方声明分析中方国家利益的本质、相对应的目标以及为了实现目标将采取的行动。另外，考虑到中国还有其他亟须解决的问题、复杂的官僚架构以及中国仍在适应作为全球性大国这一新的角色等诸多问题，中国国家领导层也很可能并没有确定有关南海问题的长期、整体战略。

不过，评估、分析人民解放军海军领导层以及中国权威海军战略家的话语对了解中国南海战略决策必不可少。这并不是说中国海军的观点一定是具有最终决策性的。其他政府部门、领导，如外交部或能源产业的领导的意见可能同样或者更具影响力和权威性。但是就目前来说，南海问题还是一个国家安全问题，因此军方特别是海军方面的观点还是很重要的。所以，本文的主要目的是分析中国海军——包括中国人民解放军海军高层官员和民间海军战略学家就南海领土主权和安全问题的观点、看法。

二、传统观念：南海紧张局势升温

对中国包括南海在内附近海域的军事战略评估令世界越来越感到不安。例如，2011年早期，澳大利亚的一篇分析文章认为："太平洋地区国家已经做好与中国开战的准备……在非公开的场合，［高层战略顾问］……对中国感到恐惧……不仅仅是警惕、怀疑……而是实实在在的恐惧。"[1]经济学人榕树专栏撰稿人近期的观察评论称："中国已经……让邻国产生疑虑。中国的船只把南海当作中国湖。中方地图显示其在南海的领土范围远远超出了中国对南沙群岛和西沙群岛主权的声索。"[2]

最近南海问题升温的时间起始点是2010年3月，美国常务副国务卿詹姆斯·斯坦伯格和国家安全委员会顾问杰弗里·巴德访华期间，《纽约时报》的一篇报道称"南海主权已经成为中国核心利益的一部分，中国不会容忍在南海地区的任何形式的干涉"。[3]显然，此话出自中国外交部部长助理崔天凯和国务委员戴秉国之口。[4]虽然此后中方声称美国错误地解读了他们的话，但是美国国务卿希拉里·克林顿也表示国务委员戴秉国在2010年5月的战略和经济对话会上多次重申了同样的观点。[5]对于希拉里7月在河内东盟地区论坛上的演讲，据称中国外交部长杨洁篪感到吃惊并表现出极度的愤慨。[6]中国人民解放军海军总参谋长陈炳德在会后表示："我们必须时刻关注［地区］局势发展和我军任务的变化，对任何军事斗争时刻做好准备。"[7]陈炳德的表态暗示地区局势有恶化的可能。

同时，在关注政治话语的同时，也应该关注中国国家行动。近期造成地区紧张局势的两起事件：一是2001年4月EP-3侦察机事故，事故造成一名中国飞行员死亡，一名美国飞行人员严重受伤；二是2009年3月发生的"无瑕号"事件，五艘中国船只跟踪并骚扰正在公海进行作业的美国海洋监测船。两起事件都发生在南海北部的国际海域。之后，中国人民解放军海军在

2010年8月进行了一次大规模的军事演习。在南海地区演习中罕见使用了北海舰队和东海舰队，这显然也说明了地区局势日益紧张的事实。

2011年地区紧张局势继续升温。2011年春季，中方巡逻艇和测量船不断与菲律宾和越南的船只发生冲突。据报道，在与越南5月的冲突中，越南的测量设备被严重损坏。之后，越南河内爆发大规模反华游行，越南海军进行实弹射击演习。[8]2011年6月底，中国外交部副部长崔天凯赴夏威夷与美国官员磋商会谈，似乎也暗示地区局势可能会恶化。他说："我认为个别国家正在制造地区紧张局势，我希望美国不要参与其中。"[9]这样的表述与之前中美高层会谈中基本保持的客气、积极的谈话基调已大不相同。就像崔天凯暗示的那样，至少中方认为，中美之间发生潜在军事冲突的可能性似乎恰恰表明了南海地区局势的严重性。

以上简单梳理了近些年中方的话语、军事演习和几起危险性冲突事件。下面我们将对中国在南海地区的军事实力进行评估。对该方面的评估同样至关重要。在这方面，中国海军在海南岛军事装备的扩张尤为显著。虽然中国在榆林的军事基地已经有数十年的历史，但东部亚龙湾前几年刚刚建成了一座拥有更大规模、新型设施的军事基地。中国最新、最先进的海上平台陆续出现在该军事基地。装有相控阵雷达装备的052C型驱逐舰的落户，标志着中国舰队将军事重心放在南部海域。[10]中国第二代核潜艇停泊在新军事基地的图片，包括093商级快速级攻击性核潜艇以及晋级弹道导弹核潜艇成为近几年报道的焦点。[11]要知道并不是所有的潜艇基地都有核潜艇，除了在青岛的大型军事基地外，中国之前也没有部署核潜艇。这也表明了中国潜艇战略的新发展。通过卫星云图可以清楚地看到，新的军事基地有一个大型的隧道，这也引发了热议。[12]该军事基地的规模不仅让人猜测中国有可能会组建更大规模的中国南海舰队，可能还包括航母战斗群，以及大规模的潜艇部队。

最近有关中国航空母舰的发展，特别是其近期举行了海上演习的报道，证明了中国在军事方面取得的实质性进展，其中还特别包括中国近期启用了苏联航空母舰Varyag进行研究和训练。很多人认为，作为实力的显著象征，中国人民解放军海军航空母舰在南海可能会导致其他声索国的恐惧心理。另外，中国航空母舰将中国人民解放军制空权延伸到南海的南端——这一能力似乎一向是中国欠缺的。中方已经展示或即将展现的其他海军装备包括非常适合致命、高强度近海战斗的 2208 型导弹快艇，以及可能近期会使用的 056 型轻巡洋舰。根据简的报道，轻巡洋舰的数量将超过 24 艘，中国人民解放军海军"要求增加军舰数量以便更好地维护中国在东海和南海的领土主权以及专属经济区的权益"。[13]最后，中国运用导弹应对陆地，可能也包括海上威胁的能力一直很强，因此 2010 年两个导弹旅入驻广州军区以及海南军事基地，以及可能进驻第二个炮兵巡航导弹旅和一个大型超地平线雷达的报道引发国际社会的担忧。[14]

然而，中国海军最强有力的撒手锏还是常规潜艇舰队。1994～2004 年有 13 艘宋级潜艇投入使用。据悉，2010 年年中还将有五艘更先进的元级潜艇投入使用。[15]通过谷歌地图镜像可以看到在榆林军事基地有从俄罗斯引进的先进的基洛级常规潜艇。2010 年 10 月新增的常规潜艇让人们猜测"中国海军扩建趋缓只是一个过渡阶段，当前海军潜艇舰队的扩充说明一个新的阶段到来了"。[16]2010 年末的卫星图像显示，中国可能在广东省离澳门西部 60 英里的某个岛上又建立了一个新的军事基地。[17]综上所述，中国在南海地区的军事扩建具有重要意义，值得进一步跟踪关注。这些军事进展应放在更广阔的地区战略趋势背景下分析，本文最后一个部分会对此进行解析。

三、中方在南海问题上的观点

在分析中国海军在南海问题上的观点前，让我们先来就中国对外政策和海洋政策思想的评估进行深入分析。这个部分分析、阐释了中国媒体、中国主要相关学术期刊对中国南海战略的不同观点。本文在其他部分还会探究除中国人民解放军海军之外的中国军方的观点。该部分的分析有助于理解在有关中国南海政策的讨论中，中国海军与其他相关方包括其他武装力量的观点是否有显著差异。

在 2007～2009 年，许多中国知名观察家开始密切关注南海局势。中国海洋大学的研究人员在2008年《中国海洋大学学报》上发表了题为《关于南海断续线的综合探讨》的文章。文章中写道："越南已从南沙海域的油田中开采了1亿吨石油……石油成为马来西亚最大的外汇来源……菲律宾授权外国公司在断续线内南沙海域勘探开采石油，其控制区域内估计石油储量达1亿吨……而我国由于种种原因，在开发利用南海上落后周边邻国。"[18]作者们总结称："我国主张实行搁置争议的地区都已被邻国占领……因此搁置处理不能太久，久了就有可能使占领合法化，国际社会也会质疑断续线（九段线）的作用。如果这种情况继续发展下去，从根本上讲，断续线的存在没有任何意义和必要性……我国政府应改变'搁置争议，共同开发'的对策，不应该把这条暂时措施当作永久解决方案。"除了改变中国现有政策外，该文还建议加强海军力量，从而更坚定地维护中国的主权。[19]

鹰派观点在一系列中国有关东南亚地区事务的学术期刊中也很常见。《东南亚研究》在2009年中期的一篇文章中称："由于美国的东南亚外交缺乏连贯、全面的战略安排以及政策上的失误，美国在该地区的战略影响力不升反降。"作者还认为，美国试图通过再平衡策略遏制中国。文章特别指出："我们有理由推断：美国下一步可能继续帮助越南提升军事实力和经济实力来抗衡中国。"[20] 2007年12月刊登在《南洋问题研究》上的一篇文章也表达了相似的观点。作者认为："《南海各方行为宣言》及各国经由《宣言》而缔造的互信机制已经面临困境。倘若这样的局面一再持续下去，在可以预见的将来，各国很有可能纷纷背弃《宣言》中所做的政治承诺，届时南中国海又将回到缺乏互信、各国争议不断、事态持续恶化的'战国'情形。"文章指出，美国已经增强了在东南亚地区的军事存在。作者认为，中国即使不加强南中国海的军事存在，也不可能有效平息"中国威胁"的论调。因此，中国不应因此被束缚，而应加强在该地区的军事存在。[21]

2011年7月的《军事文摘》对北京大学教授李晓宁的访谈，凸显了鹰派观点。根据李教授的分析，南海勘探石油储存仅次于波斯湾，是波斯湾的1/3。另外，美国在该地区的首要利益就是在马六甲海峡产生一定的遏制作用，因此向中国施加压力。但是李教授怀疑美国是否有胆量与中国在南海发生正面冲突。

最后，李教授警告越南称："我想我们可以再给越南一点时间……希望它会慢慢明白。如果再糊涂下去，我们也有应对糊涂人的方法。"[22]

很多中国民间南海问题专家对中国在南海地区能源勘探的落后以及国外对中国主权声索的质疑感到担忧。也有些文章认为，中国应该继续温和的、非对抗式的立场。例如，一篇2008年发表在国家海洋局主办的期刊《海洋开发与管理》，题为《对南海"共同开发"问题的现实思考》的文章认为，"通过'共同开发'实现我国在南海的重大战略需要，对于我国的社会经济发展具有重大的意义"。作者对南海局势进行了坦诚公正的评估，作者指出："随着中国综合国力和军事实力的提高以及对能源需求的猛增，东盟国家担心中国的威胁日益加大，单独任何一方都不足以与中国抗衡……（基于此，东盟国家开始）加强了内部的协调，逐渐联合起来采取一致行动以共同对抗中国……（但是中国）对世界公开做出了绝不在南海问题上首先使用武力的最好承诺。"这篇文章的重要意义在于作者至少承认东盟对中国的忧虑，从某种程度上来说，目前的情况是可以理解的。另外，"承诺不首先使用武力"当然可能只是一种外宣策略，但也可以被看作一种制度化的谨慎政策。

中国政策精英建议在南海问题上采取谨慎态度的观点还可以在关于2009年3月的所谓"无瑕号"撞机事件的评论文章中看到。例如，事发几天后刊登在《环球时报》的评论文章引用了复旦大学吴心伯教授的话，他说："这个事件不能够由两国军方处理，而是应该由两国领导人和外交部门处理……所以南海事件不会演变成对两国关系产生重大冲击的事件。"[23]在同一篇文章中，清华大学教授阎学通解释道："该事件只表明美国仍将中国视为战略防范对象……引发两国战争的可能性为零。"[24]阎教授一向被认为是中国鹰派的代表，他认为两国不会爆发战争的表述与之前一向强硬的话语观点有所差别。另一个典型的鹰派代表，是倡议中国大力发展海权的张文木教授，建议在南海问题上谨慎行事。在2009年的采访中张教授着重强调，如果中国将刚刚起步而尚不适应于远程着力的海上力量集中用于南海，就犯了一叶障目的错误。他主要担心如果中国过分关注南海问题，忽视了东海台湾问题，将导致战略错误。[25]

学界对南海的看法很重要，甚至可以说很有影响力，但是军界的观点同样重要。在详细探讨中国海军对南海的看法前，我们先来简要梳理一下中国军界的一些观点。作为鹰派重要人物，中国军事科学院罗援将军，在2009年5月的《军事世界》中强硬表示："中国在南海问题上的原则是'主权在我，搁置争议，共同开发'。但是搁置争议并不等同于放弃主权……中国已不再是一个弱国……希望相关各国不要出现战略误判。"[26]而来自国防大学的一位研究者在2008年年中发表在中国最权威的军事期刊《中国军事科学》上的一篇题为《新世纪新阶段海上安全战略断想》的文章表达了截然不同的观点，作者表示，中国有不少人认为，中国应该加强民间海上力量进行海上边境巡逻。"因为使用军事力量维护专属经济区并不常见，而如果使用军事力量会激化海上冲突，导致事件复杂化……为了防止这样的情况发生，很多国家都组建了海岸警卫队。"该文还强调协商谈判仍将是中国解决海洋领土争端的方法，作者表示："自中华人民共和国成立以来，在毛泽东、邓小平、江泽民、胡锦涛的领导下，中国政府一直贯彻'协商谈判，表明观点上的差异，建立互信机制'……这一政策路线已取得明显的成效……很大程度上解决了海洋军事对抗，避免了潜在的危险。"[27]在如此高级别的期刊上讨论敏感议题，毫无疑问，作者的观点代表了中国高级军事领导层很大一部分人的观点。

四、中国海军对南海问题的评估

在本文的引言部分提到，西方特别是美国对中国海军的刻板观念认为，不论是中国战略部署、民族主义情绪还是官僚的自身利益，都支持走强硬的海军扩张路线。然而，通过以下我们的分析讨论发现，尽管存在鹰派强硬的观点，但中国海军界也有一些实际的、谨慎的、极具见解的观点。

我们本应先从相一致的，特别是发表在官方渠道的海军军人的观点、陈述开始分析，因为这些观点与官方政策紧密相连，能够帮助解释官方的观点或是未来可能的新的变化方向。然而，通过观察发表在非官方海军期刊上的文章，会发现中国军方一些具有微妙差别的观点。

这样的一组有趣的文章刊登在2007年底海军下属的期刊《舰船知识》

上。两篇文章代表了正反两方关于"中国海军是否应该控制马六甲海峡"的观点。正方观点认为,"如果敌人用海军力量控制了马六甲海峡,切断中国海上运输通道,这对中国的发展会带来致命影响"。[28]通过引用不少类似的观点,作者把中国能源策略和中国海军策略联系起来,强调中国海军策略对于保证中国在21世纪的经济安全至关重要。"对中国发展产生致命影响"是该文的关键点,因为发展是中国现阶段国家战略的基石,因此海军要重视这一联系。这一论点与对中国南海战略的争论也高度相关。因为南海地区已成为国家海上运输的命门,"马六甲困境"是其中的关键点。[29]然而,反方观点质疑了正方观点的说服力,反方文章较正方篇幅长得多,质疑中国海军试图控制关键水域的必要性。该文认为:"……没有必要,也没有可能进行排他性控制,现存的有限威胁也不足以切断航运……中国建设强大的海军并不是要重走西方国家利用强大海权进行军事扩张和经济掠夺的老路,不是沿用冷战思维和传统的全面军事对抗方法,更不会谋求控制马六甲海峡。"[30]可以看出,中国海军界还是有一部分人坚持反对在南海地区进行任何形式的草率的军事扩展。

2009年春,越南打算从俄罗斯购买六艘基洛级常规潜艇的消息引起中国海军战略学家的广泛关注,可能也导致对南海海军战略的再思考。2009年7月的非官方期刊《现代舰船》对此进行了详细的分析评估。与中国其他渠道相关讨论相一致的主题是:中国应如何应对越南军力的上升和在南海的战略。分析总结称:"显然,越南较中国有更好的活动发展空间,相对受制于海峡两岸统一难题的中国,越南在南海问题上有更多主动的发言权。"文章还强调,虽然越南海军在整合新的平台方面会有一定难度,但中国可能必须面对一个在南海日益强硬的越南,"虽然越南已有两艘玉戈级潜艇……但这种特种小潜艇并没有为越南海军带来太多操作潜艇的经验和人才……越南进行的单方面的行动,针对其在军事、经济和文化方面加速对南海地区的渗透入侵,中方的各项准备将不可避免"[31]。

另一篇2009年9月刊登在《现代舰船》上的文章又一次证明,中方在南海战略问题上存在非常多不同的观点。该篇整体语调比上一篇更加谨慎、实用。作者认为:"实际上,我们发现南沙所有问题的根源,或者说南沙问题的实质其实是中美实力对比的问题,中国的综合实力虽然在快速增长,但近期内与美国相比仍然存在差距(与美国加盟国相比,差距更甚)……有人把南沙之于中国比作格鲁吉亚之于俄罗斯,这是极端错误的。"作者尽力说服中国海军界的同僚在南海地区的误判会对中国带来"致命伤"。虽然作者认为美国在南海是以遏制为目的的,但是中方应采用非军事手段来维护在南海的主权。作者解释道:"除了动武,我们还有很多方式维护我们的权力,彰显我们的存在……发生争执,那是民事纠纷,有渔政、海监这样的警察力量去处理,军事力量是不适合卷入的。"[32]

分析了刊登在中国非官方海军出版物上的一些观点,再让我们看看来自中国海军军人的一些观点。需要说明的是,由于该议题的敏感性,这类资料并不容易收集。在上文提到过的《军事世界》报告中,我们找到了海军高层领导的一些观点。报告中引用海军上将张德顺的话,他说:"马来西亚、菲律宾以及相关国家在利用机会提出非法的要求,试图质疑我国海洋权益的法理基础。"[33]在同一篇文章中,南海舰队海军上将黄嘉祥坚定地认为:"我们完全有信心也有能力保护我国在南海的利益。"[34]这一表述以及这样坚定的决心和信心在全军范围内非常普遍,只是在国外观察家和中国战略家眼中,经历了数十年的落后年代,现在一个实力增强的中国海军很显然对地区以及国际秩序来说意义非凡。文章最后,海军装备部海军上将王登平坦诚地表示:"今天,我们面临维护我国海洋权益的挑战是有历史缘由的……在过去很长一段时间,我们国家对海洋权益的理解都非常薄弱。"[35]

2009年5月《中国军事科学》上刊登的文章《关于稳定中国海上安全环境的战略思考》中揭露了更多有关人民解放军海军就南海问题的观点、看法。文章标题说明,北京当局认为,中国在2009年初海上周边环境需要的是"稳定"。该文作者是南京海军指挥学院教授,拥有大尉军衔。该文分析了影响中国处理南海问题方式的众多因素。"中国的岛屿被侵占,海洋领土被剥夺,资源被掠夺……爆发海上军事冲突的可能性不能被排除……可能的趋势有:第一……维持持续和平;第二……南海问题国际化趋势……;第三……激化的军事竞争和压力;第四……随着综合作战能力的提高,中国国家利益的空间也因此扩大。"这篇文章的讨论很有趣,因为它提及了几种实际上相当矛盾的趋势。最后的陈述同样重要,它表明,"实际上,中国国家利益的实现依靠综合作战能力"。作者建议:"中国应该利用战略机会窗口,提供一个和平和安全的环境……维护稳定……与东盟国家寻求军事合作……以及共同开发方面的突破……防止……对国家利益的破坏。"[36]因此,该分析似乎达到某种程度上谨慎的平衡——提倡巩固稳定的同时也要维护国家利益。然而,这篇文章的整体基调还是认为应该维持现状以实现中国的目标。该文作者的身份以及文章发表在如此权威的军事期刊上,意味着军界领导层普遍赞同这一谨慎的态度。

2010年春,中国海军方面的几个观点值得注意。2010年4月,国防大学的杨毅少将在与美国访华代表交流时提到南海问题。在回答与2009年"无瑕号"相关的问题时,杨少将回应说:"我非常理解你对南海问题的关注。中国支持海上航行自由,我们自身的发展、对外贸易、能源供给也非常依靠航行自由。"强烈赞同"航行自由"的同时,他的回答又独具中国特色。杨少将还说:"美国的军舰运用的大功率声纳对我国渔业产生严重的损害。如果军舰没有造成任何危险,可以通过专属经济区。但是我们无法相信涉及军事侦查的航行活动不会对地区造成危害。想象中国派遣潜艇到美国的专属经济区,美方的反应只可能更激烈。"[37]虽然杨毅所说的对中国渔业造成"严重损害"的科学性值得怀疑,但是中国派遣军舰到美国专属经济区的假设值得思考。海事律师可能会为中国辩护说,中国的这种海军行动与国际海洋法公约的规定完全相符,但很显然这样类似冷战时期的军备竞赛模式并不应在当今被效仿。

2010年6月,非官方海军期刊《现代舰船》上尹卓少将具有洞察力的评论也非常值得注意。访谈很有趣,因为他只是简单讨论了南海问题,重点谈论了在亚丁湾的反海盗任务以及相关的要求。他说:"像南海这么多资源,仅石油按国外估计在270亿~400亿吨,天然气有十几万立方米。这样巨大的资源,我个人保守估计在20多万亿美元。相当于我们GDP的4倍。这么大的资源量很值得我们去开发。"[38]在任何国家,包括中国,军事方面的专家这样谈论资源的经济价值还不常见。这可能也表现出中国海军领导看待南海问题的视角。同时值得注意的是,尹少将谈论的其他与南海有关的问题都来自非传统安全方面：对海盗在马六甲海峡地区用水雷干扰贸易的担忧，以及中国在南海地区有极其重要的提供搜救的国际责任。[39]

《现代舰船》在2010年6月采访了海军前政委胡彦林上将（已退休）。他的观点与尹卓有很大不同。他的话语非常激进，可能也反映了在海军高层，甚至是整个解放军领导层对希拉里2010年7月河内演讲的消极反应。他说："国际反华势力还利用南沙群岛归属等海洋权益争议，挑拨我国与周边国家的关系，使南中国海地区的形势更为复杂……以美国为首的国内外反华势力……就会利用一方面的冲突引发另一方面的危机，利用内忧制造外患，或利用外患引发内忧。"[40]胡彦林上将的分析可能说明，中国军队高级领导层认为，中国所面临的内忧和外患是密切关联的。由此可以推断，这样的想法可能使南海问题迅速成为关乎中国共产党政权存亡的第一要务。显然，这样的想法是危险的——这也说明应时刻关注高层军队领导的观点、看法，特别是当警戒线模糊不清的时候。胡彦林最后的提议更说明了南海问题在高层海军领导中日益凸显的重要性，"关于我国在南海的行动……［我们需要］加大使用非和平手段解决海洋权益争端的军事准备的立法力度。我们爱好和平……但我们也要做好最坏的打算，做好最充足的准备"。[41]

同一期《现代舰船》的专栏文章中，海军大尉李杰的话锋与胡彦林相似。李杰在北京海军研究中心长期从事海军战略研究，而该中心又是人民解放军海军高级智库。之前他并没有对美国做出过极端的言论。因此，他针对2010年夏天南海局势的言论格外令人感到吃惊。"国务卿希拉里公然跑到越南，在论坛上厚颜宣称：南海争端的解决和航行自由是美国的'国家利益'和'外交重点'，直接向中国发出了干扰信息，摆出一副决心挑战我'核心利益'底线的架势。"作者使用了"核心利益"这个词并在专栏其他地方也引用了"核心利益"这一表达。作者只能猜测李杰这里使用的是一种反讽的表达方式——就好像是说"南海问题当然是中国的核心利益！"——然而，不同的人对此会有不同的理解。大尉李杰最后的表达和胡彦林上将一样激进："'斗而不破'仍是中美关系今后的主调，但对于一些关键问题，我应越来越强烈地说'不'……我们完全有足够的实力和有效的军事手段给予坚决还击。"[42]如果大尉李杰的观点是中国海军内部的主流观点，那么 2010 年年中希拉里在河内的讲话标志着中国海军对南海问题认识的转折。

从中国海军的话语反映出 2011 年南海紧张局势升温。例如，官方海军期刊《当代海军》的一篇社论语调强硬，在呼吁双方保持克制的同时，也警告称："中方不可能无限制地保持克制。如果越南对中方在南海地区的克制视而不见、肆意妄为，越南就是犯了严重的战略误判。"[43]《舰船知识》编辑在 2011 年 8 月那一期的导言中表达了同样的观点："当今，南海问题持续升温，而美国是导致地区秩序混乱的幕后主使。"[44] 2011 年中期某中国海军分析家在一本海军隶属的期刊中总结称，南海地区的一次小型的冲突对中方会有巨大的价值。他说："'打响第一枪'并不是一件坏事，因为此类冲突不会造成太多危害。规模不会很大，最多是军事冲突，虽然不可能从根本上解决南海问题，然而对中国来说，这会明显改变国外对中国的看法。对于今后解决类似的对抗有巨大的价值。"[45]中国海军以及海军期刊上像这样的强硬表述实在令人感到担忧。

但是上述评述也并不是说明争端不可避免。在当今螺旋式上升的紧张局势下，甚至在人民解放军海军内部也时不时出现更多理智的声音。新华社刊登了海军少将尹卓的评论，对照过去中国解决边境纠纷的经验，他谈到中国如何处理海洋边境问题，极具重要意义："如果没有妥协，边境谈判问题是不可能取得任何实质性进展的。"[46]综上所述，似乎可以得出结论：在中国鹰派和鸽派之间，包括中国人民解放军海军内部，对南海问题的政策存在争议。

第一，在中国海军内部存在对南海重要性和是否有可能改变现状的不同观点。因此，高层海军战略家认为"随着中国综合作战能力的提高，可以扩大国家利益空间"的观点并不令人感到吃惊，但是同时表示，"因此，我们应该利用战略机会窗口，营造一个和平安全的环境……维护稳定……寻求共同开发"。[47]在南海问题上海军内部不仅存在鹰派和鸽派，而且他们对此事的不同意见也反映出在中国外交政策和学术圈对此事的看法有着更大的分歧。

第二，中国海军界对南海问题存在不少温和的考量及警惕的声音。一本中国主流的海军期刊认为，中国必须使用非军事手段维护在南海的主权。[48]在另一本海军期刊的社论中，作者认为中国海军不应该控制马六甲海峡的论断也令人感到吃惊。[49]同样令人感到吃惊的是，中国海军发言人尹卓少将公开谈及海洋声索在谈判中极有可能需要做出妥协。[50]在中国海洋政策圈，如在本文第二部分提到的国家海洋局还有外交政策学术界，也出现类似较为温和的言论。

第三，中国海军战略中对经济资源的重要性予以了关注。因此，值得注意的是，在2010年6月探讨南海丰富资源的长篇采访中，尹卓少将只是提了一下南海问题，更多讨论的是打击海盗和北极海洋运输的可能性。对能源资源的重视似乎正好与海洋工程和政策、能源产业领域的观点高度一致。这种对能源资源的迫切需求可能来自东南亚国家钻井作业所取得的成功以及中国深海勘探和钻井技术的成熟。

第四，中国海军分析界对威胁的认知日益加深，因此近来日益显现出对涉及南海地区所有国家的"潜艇军备竞赛"的极度关注。然而，许多中国海军分析家观察称，中国的反潜艇战斗能力还很薄弱。中国海军对威胁的认识还来源于对东南亚国家试图改变南海地区海权现状的担忧。因此，张德顺上将回应马来西亚和越南的联合声明时说："企图将侵占［中国］海洋权益的行为合法化。"[51]同样，中国海军分析家指出，越南利用中国战略重心在台湾地区的契机，扩大在南海争端中的主动权。[52]

第五，我们初步得出结论，2010年中期希拉里的演讲对中国海军的战略评估有消极的影响。虽然官方没有做出声明，但是希拉里在河内的讲话表明美国在南海有切实利益，与之前较为模糊的态度已不再相同。中方时刻关注美国的任何表态。李杰上尉的回应表明，他认为现在的状况与冷战时期类似，中国已做好回击的准备。"美国挑战中国'核心利益'的表述让人感到担忧。"[53]同样令人担忧的表述出自刚退休的胡彦林上将。他认为，美国在利用内忧外患制造对中国政权的威胁。他建议加大使用非和平手段解决海洋权益争端的军事准备的立法力度，可能体现了中国海军更加强硬的观念——这可能会导致军事冲突成为可能。[54]如果未来历史学家试图分析这段大国之间紧张局势不断上升的历史，2009~2010年绝对称得上关键年份。[55]

五、对中国南海战略的十点假设

接下来的分析将从对文献的梳理转向较为主观的讨论。社会科学工作者应该在分析地区趋势之外,给出对关键战略问题的见解。以下是十点对美国政策研究界传统观点的质疑。

第一,中国并没有重新定义"核心利益"。随着中国国力的增长,中国在地区以及全球范围内的国家利益自然有所增长。从"二手"外交话语中分析出中国战略有显著的转变,并不能说明中国"搁置争议,共同开发"的官方战略有显著改变。如果南海问题并不是中国的核心利益,那么为什么中国政府会在20世纪70年代和20世纪80年代后期在南海问题上使用武力呢?学界从来没有认定中国的"核心利益"只包括台湾和西藏,因此这样的论断是不严谨的或者更严重地来说是"东方主义的"。[56] 为了认清这个问题,简单的方法是分析2010年之前的一些研究,这些研究经常把南海争端以及朝鲜半岛问题视为中国的"核心利益"。[57] 另一个方法是仔细地想一想确切地来说什么是美国的"核心利益"。

第二,中国几乎不可能对南海实施军事化。毋庸置疑的是,中国军事现代化的速度很快,新型常规潜艇以及导弹快艇展示了中国海军的实力,有利于中国在南海地区的军事部署。然而,还是有太多关于中国建立现代海军的夸张报道,这些报道忽视了在20世纪中国海军有多么薄弱。我在这里举两个例子。中国确实在南海有一个核潜艇基地,但是更应该令人感到惊讶的是,在很长一段时间内中国都仅依靠青岛一个核潜艇基地支撑。与美国海军相比,中国核潜艇设备非常欠缺。中国的航空母舰也是南海问题上的一个关注重点。但是如果印度和巴西都使用航空母舰,那为什么中国不能有呢?停靠在南海基地的航空母舰只能说明中国海军实力的薄弱而不是强大。中国军事分析家广泛认为,中国人民解放军海军的航空母舰无法与美国以及/或者日本的相抗衡。因此,停靠在南海基地可能意味着中国会在远离美国和日本基地的地方使用。

第三，中国与其他大国相比，并没有在欺负邻国。普遍认可的观点是，中国与南海周边国家建立了巩固的关系。地区内部以及中国、美国的军事战略家必须认识到，对于几乎所有相关领导而言，南海问题并不会成为国家战略的重中之重。同样值得注意的是，中国大多数"海洋巡逻活动"使用的是民用海事执法船——有效的海岸警卫队快艇——大多数没有武装。这些船也许确实表明了中国保卫南海权益的决心，但也说明中国不太可能希望冲突加剧。相比2008年俄罗斯对格鲁吉亚的入侵，中国作为一个大国，行为算不上强硬。东亚安全分析家应对比分析南海问题和俄罗斯—格鲁吉亚战争，并对战争经验进行总结。中国战略学家正是这么做的，但是令人担忧的是，在一篇综述类的文章中曾提到，有一部分中国战略学家声称希望中国仿效俄罗斯的作为，因为他们认为俄罗斯的作为虽然粗鲁，但同时是非常有效的。[58]

第四，中国几乎不可能危害航行自由。美国在南海甚至是亚太地区的中心战略议题就是指责中国对航行自由造成威胁。然而，该论点中存在的问题是，作为世界上最大的海洋贸易国，中国的经济也大量依靠航行自由，因此不大可能构成威胁。我们可以看到，中国海军为保证亚丁湾的航行自由付出了巨大的努力。美国的指责实际上是混淆了两个相互分离的议题。一个是军事和情报活动，另一个是海洋贸易活动。两国在第一件事情上有巨大的分歧。然而，这方面的分歧并不会导致海洋贸易受到威胁。法律规范的落实确实重要，美国海军应该坚持其在专属经济区内的权利。但是这并没有给予美国大量干涉南海事务的权利，也没有允许持续的美中公海对峙。

第五，并不能完全说中国是造成南海不稳定的重要因素。中国实力的上升确实造成了周边地区以及更大范围内的不稳定，东盟国家联合起来也无法抗衡中国，所以很大程度上来说，邻国的焦虑是中国实力上升无可避免的副效应。然而，需要注意的是，中国南海政策的本质几乎是被动回应。这一点从学者对20世纪70年代和20世纪80年代中国南海行为的解析中就可以看出。[59]对于目前的情况，几个趋势值得注意。从上面的分析可以看出，中国分析家非常担心东南亚国家都在南海进行大型、广泛的勘探活动，而中国的此类活动，特别是在南沙群岛地区，才刚刚开始。另外，中国才刚刚开始开发大型离岸能源勘探技术。东盟国家似乎在迫使中方做出南海领土问题的澄清，提供解决方案。而从中方的角度来看，2009年马来西亚、越南联合提交外大陆架申请是想抓住外交主动权，联合起来反对中国在南海的主权。2009年早期越南宣布购买基洛级柴油潜艇，以及美国东盟的联合军事活动，对中国的影响可想而知。可以说，南海地区的现状是一个战略互动的过程，并不像本文开篇梳理的西方国防分析专家分析的那样，是中国单方面对邻国不断施加压力的结果。

第六，美国对南海的干涉会造成中美关系的巨大损失。一系列趋势说明，中美关系比原本可以维持的状态要糟糕。最重要的是，台湾海峡，作为传统上来说双边关系最敏感、分歧最多的议题，目前紧张局势很大程度有所缓和，两岸之间的交流增多，甚至出现了第一次准军事层面的交流。中国似乎在回应美国提出的做一个"负责任的大国"的要求，派出军舰在亚丁湾参与打击海盗的巡逻任务，并加入蓝盔部队，参与在热点地区如刚果、苏丹、海地的维和工作。遗憾的是，中国这些积极的举动被中国周边海域，不仅包括南海，还有黄海、东海时而升温的紧张局势掩盖。再加上南亚地区的紧张局势（如本·拉登被处死之后中国和巴基斯坦之间关系紧密），以及经济萧条的持续影响、人权问题，都对中美关系造成了不利影响。在如此艰难的国际环境中，南海问题成为中美关系中最难解决的问题。在某种程度上，了解美国试图通过外交活动遏制中国在东南亚地区的发展的决心，就很容易理解这种趋势了。然而，不知道美国政策家是否全面评估了当前在东南亚的外交活动对中美关系可能造成的影响，这其中显然包括美国越来越多地介入南海争端。

第七，不要指望美国可以与东盟国家联手抗衡中国在东南亚的军事力量。美国想实现在南海地区对中国的遏制，前景不明朗的原因有三个。最明显的原因是，地区内没有国家可以做到这一点，即使它们得到大量的外部支持。例如，美国提供给菲律宾旧的大型、重新翻新过的海岸警卫快艇，对于现在来说还是太破旧了，威慑力微不足道。还有一个对北京当局来说棘手的对象越南，虽然购买了基洛级潜艇，但由于越南对潜艇的运用经验实在太少，需要很多年甚至十多年才能发展成为大型军事武装力量。再一个抗衡的制约因素是，与美国在东北亚地区情况不同，美国在东南亚地区的军事基地数量有限。虽然地区一些国家可以让美国在危机时刻利用它们的军事基地，但问题是，中国会利用软实力力量制约南海地区国家领导这样的计划，美国的愿望因此可能落空。由此可见，美国想要在南海地区遏制中国是不现实的。

第八，东盟国家即使得不到美国的支持，也不会服从中国的领导。虽然东盟国家没有能力在军事方面与中国抗衡，然而大多数国家还是有实力避免沦为中国的"附庸国"。虽然缅甸、孟加拉国和老挝可能被认为已经成为中国的半个"附庸国"，但越南和泰国肯定不会让自己处于相同的处境。这些国家的政治文化非常独立，就越南来说，对中国还存在历史上的敌意，这可能对中国来说也是一大持续性的困扰。中国在东南亚海洋上的影响非常有限，面对像印度尼西亚这么独立、充满变数的国家，可能永远没有称霸的可能性。只有19世纪的政治经济观才会认为中国可以称霸东南亚，然后利用该地区资源对付美国和它的同盟，这样的看法对于当今这个时代已经太过时了。

第九，东盟国家从某种程度上希望美国对抗中国，但是如果非要它们选择，它们更希望的是积极的中美关系。中国实力的上升，毫无疑问引起了东盟国家的焦虑。这是地区体系结构性变化的自然结果。中国在现代时期实力一直很弱，几乎没有权力投射的能力——这样的情况对很多东南亚的小国应该已经习以为常了。因此，当中国强大起来，当地一些国家相对强烈、持续地希望美国维持或者增加在地区的军事存在。同时，地区外的一些国家如澳大利亚、日本、印度也呼吁美国在东南亚地区的军事存在。这是本地思维的明确趋势，对当前美国国防战略有强烈影响。然而，需要注意的一点是，东盟国家领导也不会希望南海地区变成大国地缘战略竞赛的战场。涉及中美两个大国的地区冲突被视为最糟糕的结果。因此，东盟国家精英阶层，包括国家安全方面的精英，不希望看到中美之间日益增加的紧张局势，特别是在东南亚地区，由于各种原因也不支持把中国排挤出去的行动计划。

第十，东南亚对全球权力平衡并没有关键性作用。仅仅40年前，美国从越南战争中吸取了惨痛的教训，将近6万人在战争中牺牲、30万人受伤。"为了竞争而竞争"往往会导致得不偿失。美国无须因为越南战争的失败寻求报复。如果像某些人声称的那样，这导致苏联在20世纪70年代的冒险主义，莫斯科也在过度扩张和错误引导的干涉中被迫付出了血与金钱的代价。对美国国家安全的研究需要严谨地、理性地分析全球权力平衡，而这样的分析发现东南亚地区几乎完全不能算关键因素。东南亚没有国家强大到可以让权力重心从美国转移到中国。未来，印度尼西亚可能成为全球大国，但是即使预测成真，也是数十年以后的事情。另外，在与中国、越南或是澳大利亚的竞争中，印度尼西亚会保持中立，或是支持美国。美国有理由对此有信心，因为即使它们的军事实力可以在边缘参与到全球力量平衡，但它们的力量也不可能抗衡美国的地位。由于中国成为东亚地区实力增强、值得警惕的国家，美国可以采取代价不是那么高的离岸平衡战略。在南海地区自然地展开"权力平衡"会最终给地区带来和平和稳定。这些过程可能涉及更多的装备竞赛，甚至是军事威慑和冲突。这可能是无法避免的。重点是中国和越南关于南海石油引发的战争对美国的国家安全不会有任何显著的影响。在越战中，已经有太多的美国军人为了帮助越南而牺牲。支持越南挑起与中国战争的美国领导可能实际上充当了"坏朋友"的角色：鼓励越南投入到一场不可能战胜的斗争中去，而美国人民又绝对不会同意美国参与到这场战争中帮助越南。

美国的东亚政策必须谨慎、实际，划清界限。但是警戒线不应画在"第一岛链"之内，因为中国很可能会因为民族主义情绪或只是因为其战略位置优势而在那里付诸武力。中国实力的上升可能会在接下来的一个世纪挑战全球权力平衡，但是美国应该有智慧避免针锋相对，陷入地区争端无法自拔，应将重心放在核心同盟身上，同时维护其在更大范围内的全球力量平衡方面的军事优势。

六、结　论

本文对官方以及准官方中文海军文献的梳理提供了一些新的见解。最重要的是——与传统观点相反——中国海军内部存在着多种多样的观点，这也很可能反映了中国战略学家内部也存在很多争议。因此，需要注意的是，文献中的一大主要观点是认为中国应采取谨慎、妥协的政策。另一个是对南海地区存在的威胁的认知，以及对中国可能丧失南海资源优势的担忧。最后，从文献中可以明显看出地区局势日益紧张，2010年中期之后的文章呈现出一种尖刻的基调——可能甚至说明未来中国在南海的军事政策会更加激进。

  本文最后想提出几个关于美国在该地区政策现行方向的重要问题。美国正在寻求扩大在南海地区的存在，但是美国应该认识到，这样做可能会使局势朝多个不稳定的方向发展。中国会因此在南海地区进行更加精密的军事部署，中国也可能因此在南沙群岛地区派遣军用船而不是民用船——这就大大增加了发生偶然性冲突的概率。更令人担忧的是，并不能完全排除"俄罗斯—格鲁吉亚战争模式"的发生，中国对地区其他国家海军实施"闪电"海空打击，以此杀鸡儆猴，让邻国明白尊重中国权威的重要性。中国现在已完全具备这种能力。更糟糕的可能性是美国可能会被牵扯进由于历史敌意和资源民族主义引发的血腥争端中，而这样的争端又与美国的国家安全利益没有什么关系。南海地区这样的中美争端对于美国利益以及全球安全来说，结果可能是致命性的。对美国来说，强化国防的理性选择应该是发展巩固的外部红色警戒线（但仍应包括）第一岛链，如正好画在巴拉望岛，但不要包括里德浅滩。随着中国日益增长的实力，已经没有时间去考虑一个全新的、更加现实的方式增强在东南亚以及其他地区的安全。

来源：Goldstein L. Chinese naval strategy in the South China Sea: an abundance of noise and smoke, but little fire [J]. *Contemporary Southeast Asia*, 2011, 33 (3): 320-347.

译者姓名：白天依
译者邮箱：tybai@zju.edu.cn；794459248@qq.com

参考文献

1. John Birmingham, "Why We're All Up In Arms Over China", *Sydney Morning Herald*, 8 February 2011.

2. Simon Long, "A Sea of Troubles", *The Economist*, 22 November 2010,

http：//www. economist. com/node/17493342.

3. Ed Wong, "Chinese Military Seeks to Extend Its Naval Power", *New York Times*, 23 April 2010, http：//www. nytimes. com/2010/04/24/world/asia/24navy. html.

4. Ian Storey, "China's Missteps in Southeast Asia: Less Charm, More Offensive", *China Brief* 10, Issue 25 (17 December 2010): 5.

5. 同 4。

6. John Pomfret, "U. S. Takes a Tougher Tone with China", *Washington Post*, 30 July 2010, http：//www. washingtonpost. com.

7. L. C. Russell Hsiao, "PLA Posturing for Conflict in the South China Sea", *China Brief* 10, Issue 16 (5 August 2010): 1-2.

8. "Vietnam in Live Fire Drill Among South China Sea Row", BBC, 13 June 2011, http：//www. bbc. co. uk/news/world-asia-pacific-13745587.

9. Edward Wong, "Beijing Warns US About South China Sea Dispute", *New York Times*, 22 June 2011, http：//www. nytimes. com/2011/06/23/world/asia/23china. html?_r=1.

10. James Bussert, "Hainan is the Tip of the Chinese Navy's Spear", *Signal Magazine*, June 2009, http：//www. afcea. org/signal/articles/anmviewer. asp?a=1968&print=yes.

11. L. C. Russell Hsiao, "China's New Submarines and Deployment Patterns: Aimed at the South China Sea?" *China Brief* 10, Issue 21 (22 October 2010): 1.

12. Thomas Harding, "Chinese Nuclear Submarine Base", *The Telegraph*, 1 May 2008, http://www. telegraph. co. uk/news/worldnews/asia/china/1917167/Chinesenuclear-submarine-base. html.

13. Ted Parsons and Mrityunjoy Mazumdar, "Photos Provide Clues for Chinese 'Type 056' Corvette Design", *Jane's Navy International*, December 2010: 4.

14. Hsiao, "Posturing for Conflict", op. cit.

15. Ted Parsons, "Launch of Mystery Chinese SSK Fuels Submarine Race in

Asia", *Jane's Navy International*, October 2010: 4.

16. Hsiao, "China's New Submarines", op. cit.

17. Andrei Chang, "PLA Navy South Sea Fleet Constructing New Submarine Base", *Kanwa Asian Defense Review Online*, No. 74 (December 2010): 10-11.

18. 王勇智、宋军、韩雪双、薛桂芳 [Wang Yongzhi, Song Jun, Chao Xueshuang and Xue Guifang]:《关于南海断续线合探讨》["A Comprehensive Study of Discontinuous Borderlines in the South China Sea"],《中国海洋大学学报》[*Journal of China Ocean University*] (March 2008): 4.

19. 同 18, 5. The so-called nine-dashed line refers to the current PRC claim line. The origin of this line predates the PRC and actually comes from Chinese maps developed in the Republican era.

20. 李益波 [Li Yibo]:《线析奥巴马政府的东南亚外交》["The Obama Administration and US Foreign Policy Towards Southeast Asia"],《东南亚研究》[*Southeast Asian Studies*] (June 2009): 54, 56, 58.

21. 周江 [Zhou Jiang]:《略论〈南海各方行为宣言〉的困境与应对》["The Predicament of the 'Declaration of the Code of Conduct on the South China Sea' and Its Resolution"],《南洋问题研究》[*Southeast Asian Affairs*] (December 2007): 29-31.

22. 新天 [Xin Tian]:《破解南海迷局：李晓宁看南海问题》["Penetrating the Confusing Situation in the South China Sea: Li Xiaoning Views the South China Sea Issue"],《军事文摘》[*Military Digest*] (July 2011): 9.

23.《专家：南海事件微不足道 中美战争可能性为零》["Expert: the Chance of the South China Sea Incident Leading to a U.S.-China War is Zero"],《环球时报》[*Global Times*], 13 March 2009.

24. 同 23。

25. 董彦 [Dong Yan]:《南海争端不可被'一叶障目'》["The South Sea Rivalry Must Not Become 'The Leaf that Obscures the Mountain'"],《中国报道》[*China Report*] (August 20008): 28-29.

26.《南海军情特报》["Special Military Intelligence Report on the South China Sea"],《军事世界》[*Inside Defense*] (May 2009): 21.

27. 孙景平 [Sun Jingping]:《新世纪新阶段海上安全战略断想》["Notes on Maritime Security Strategy in the New Period in the New Century"],《中国军事科学》[*China Military Science*] (June 2008): 77, 79.

28. 易海冰 [Yi Haibing]:《中国海军要控制马六甲海峡》["The Chinese Navy Should Seek to Control the Malacca Straits"],《舰船知识》[*Naval and Merchant Ships*] (November 2007): 24.

29. The "Malacca Dilemma" as used in Chinese strategy discourse refers to the possibility that Beijing's adversary could try to coerce China by cutting off the maritime transit of its energy supplies—most obviously in a narrow chokepoint, such as the Malacca Strait. For a variety of perspectives analysing this issue, see *China's Energy Strategy: Implications for the Maritime Domain*, edited by Gabriel Collins, Andrew Erickson, Lyle Goldstein and William Murray (Annapolis: Naval Institute Press, 2009).

30. 一业 [Yi Ye]:《中国不应该控制马六甲海峡》["China Should Not Seek to Control the Malacca Straits"],《舰船知识》[*Naval and Merchant Ships*] (November 2007): 26-28.

31. 朱伟祺 [Zhu Weiqi]:《基洛潜艇驶入越南再思考》["Reevaluating the Arrival of Kilo-class Submarines into Vietnam"],《现代舰船》[*Modern Ships*] (July 2009): 6, 9.

32. 崔轶亮、王晓夏 [Cui Yiliang and Wang Xiaoxia]:《大国视角下的南海争端》["The Great Power Perspectives on the South Sea Rivalry"],《现代舰船》[*Modern Ships*] (September 2009): 4-8.

33. 同 26。

34. 同 33。

35. 同 33。

36. 冯梁 [Feng Liang]:《关于稳定中国海上安全环境的战略思考》

"Strategic Considerations on Stabilizing China's Maritime Security Environment"],《中国军事科学》[*China Military Science*]（May 2009）：64-65.

37. Wang Wen and Huang Fei, "Rear Adm. Speaks to U. S. Officials: U. S. is Greatest Threat to China", *Global Times*, 23 April 2010, translated by Brian Tawney, on the website of *Watching America*, http://watchingamerica.com/News/53503/rearadmiral-speaks-to-u-s-officials-u-s-is-greatest-threat-to-china/.

38. 《尹卓少将谈中国海军战略发展与现实需要》["RADM Yin Zhuo Discusses Chinese Naval Strategy Development and Actual Requirements"],《现代舰船》[*Modern Ships*]（June 2010）：12.

39. 同38，13。

40. Admiral Hu Yanlin（ret.）, interview reported in《海军上将眼中的中国海洋战略》["Chinese Maritime Strategy from the Perspective of a Navy Admiral"],《现代舰船》[*Modern Ships*]（October 2010）：11.

41. 同40，13。

42. 李杰［Li Jie, PLA Navy Sr. Capt］：《美国频繁军演习的叵测用心》["The Inexplicable Motive Behind Frequent US Military Exercises"],《现代舰船》[*Modern Ships*]（October 2010）：60.

43. 高卫民［Gao Weimin］：《南海问题：各方要谨慎应对》["The South China Sea: All Sides Need to React Prudently"],《当代海军》[*Modern Navy*]（July 2011）：54-57.

44. 蒋华［Jiang Hua］：《南海局势的背后》["Behind the Situation in the South China Sea"],《舰船知识》[*Naval and Merchant Ships*]（August 2011）：2.

45. 王伟［Wang Wei］：《风云南海》["A Changeable Situation in the South China Sea"],《舰载武器》[*Shipborne Weapons*]（July 2011）：18-21.

46. Xinhua News Agency, 4 January 2011.

47. 同36。

48. 同32。

49. 同30。

50. 同38。

51. 同33。

52. 同31。

53. 同42。

54. 同40。

55. Among scholars of international relations, the First World War is often viewed as the proto-typical example of a major conflict caused inadvertently by a "perfect storm" of misperception, bureaucratic politics, personality quarks, nationalism and also chance. All these factors are touched upon in the classic history Barbara Tuchman, *The Guns of August* (New York: Presidio, 1962). Henry Kissinger takes up this crucial analogy in some detail in the final chapter of his recent book, *On China* (New York: Penguin, 2011).

56. The idea is "orientalist" in the sense that it seems to be based on an unsophisticated attempt to simplify complex phenomena about an "Eastern" culture by Western commentators. The notion that any Great Power's foreign policy can be readily grouped into two categories—core and non-core—appears too much like a desire to condense and abbreviate difficult analytical questions to an impossible and even dangerous degree. On "orientalism" in Western scholarship, see Edward Said, *Orientalism* (New York: Pantheon, 1978).

57. See, for example, M. Taylor Fravel, *Strong Borders Secure Nation: Cooperation and Conflict in China's Territorial Disputes* (Princeton, NJ: Princeton UP, 2008): 308.

58. 同32。

59. Fravel, *Strong Borders Secure Nation*, op. cit., p. 267; and Michael Studeman, "Calculating China's Advances in the South China Sea: Identifying the Triggers of 'Expansionism'", *Naval War College Review* (Spring 1998): 68-90.

中国能否维护在南海的核心利益

吉原恒淑（Toshi Yashihara）　　詹姆斯·霍姆斯（James R. Holmes）

译者导读：本文的两位作者吉原恒淑和詹姆斯·霍姆斯结合对中国战略目标的分析，探讨中国将南海作为其国家核心利益的可能性，并通过具体分析中国海域周边局势以及中方海军实力，考察中国能否维护在南海的核心利益。两位作者指出，今日中国不同于罗斯福时期的美国，虽有称雄之雄心，但无称雄之实力。周边国家虎视眈眈，中方军事实力亦不足以兼顾各方区域利益，因此他们认为中国不可能在兼顾其他海域利益的同时，最大限度地捍卫南海核心利益。但同时，他们也强调，美国能否保持在亚洲海洋的重要地位是中国能否实现目标的关键因素，因此他们呼吁美国及东南亚各国政府对北京要保持高度警惕。且不论两位作者的政治立场和观点如何，他们对中国官方任何一个细微的言行和举动以及官方发布的任何一个数据都保持了高度的政治敏感度，并将这些作为分析中国实力的依据，这种政治敏感度值得我们学习。

有报道称北京已将南海定位为中国的核心利益。报道指出，2010年3月中方高官在会见美国副国务卿詹姆斯·斯坦伯格和美国国家安全委员会亚洲事务主任杰弗里·贝德时明确表态，南海乃中国核心利益。随后，美国国务卿希拉里在接受《澳洲人报》采访时也透露，中方代表在2010年5月北京举办的第二轮美中战略与经济对话中重申北京的核心利益诉求。现在对于中方言论的具体语境以及具体内容存在各种不同说法。自此，中方官员尽量避免以正式、直接的方式公开谈论南海问题。

　　这些含糊矛盾的措辞让人联想到 1996 年台海局势紧张时期的中方言论。其时，一名中方官员对时任美国驻华大使傅立民（Chas Freeman）称，美国政府"更应关心洛杉矶而不是台湾"。此言一出，便被普遍理解为一种隐晦的核武器威胁。随后中方政府对此言论予以否认，掩盖其真实本质。所有此类事件显示，中方政府喜欢在利益攸关的议题上画警示"红线"，但同时又试图掩盖这些警示措辞的真实本质。

中国是否宣布"核心利益"，众说纷纭

　　为讨论方便，我们假定北京在政策中视南海为核心利益。中国的这种"核心利益"表态似乎旨在提升南海水域的战略重要性，使之等同于台湾、西藏、新疆等地区，成为中国政府需要不惜一切代价捍卫的国家领土不可分割的一部分。这代表着一种值得特别关注的政治目的。捍卫南海利益需要强大的外交和军事力量，但中国人民解放军能否坚持到底，又将采取何种手段？

　　北京是否拥有足够的军事手段、策略以及作战能力来捍卫其重要的核心利益呢？对中国现有实力的考量，有助于决策者和分析家判断中国是否具有夺取南海核心利益的军事手段。如果没有，亟须对中国夺取南海核心利益所需投入的时间和资源进行考察。此类考察对于各利益相关国如何应对但同时却不激起野心日渐滋长的中国过度反应。

一、战略目标分析

　　首先，中国的"核心利益"指的是什么，从中可以推出什么样的战略指导思想？如果中国领导层确实像对待台湾问题一样对待南海问题，下面这些战略意义便浮于水面：

　　（1）领土主权不可分割。如果中国领导层将海洋主权视为陆地主权不可分割的一部分，那么领土争端就必定会有解决的那一天。尽管北京为了共同开发资源而准备搁置争议，但其捍卫领土主权的立场不会改变，因此它一定会争夺主权。

(2) 中国要靠武力夺取争议性领土。相应地，如果南海被中国视为在任何情况下都不可放弃的核心利益，它就必须集聚实力抵抗外部力量，永久维持政治现状。北京最终需要足够的实力来击退各怀心思的敌对者，从而完好无缺地夺取所有争议性领土。

　　(3) 中国必须推行区域秩序。为维护国家领土完整，捍卫核心利益，中国一定会不顾周边国家及其他域外力量反对而重新构建区域秩序。这种新秩序的构建可能是得到各国的认可，也可能是强制性外交的结果，视不同情况而定。为了制约中国领导的秩序所带来的威胁，构建一支强大的区域性海军实为明智之举。

　　上述战略意义促使中国决策者将国家核心利益最大化。如果北京以此行事，南海将实质上成为中国人民解放军监管的一条内湖，外国海军不得进入。

　　可能也存在一种更为适中的、以美国历史为依据的解释。南海、东海以及黄海被中国老百姓称为"三海"或"近海"，就如同19世纪美国民众看待加勒比海和墨西哥湾一样，因为美国要扩张就必须控制加勒比海和墨西哥湾，发挥其政治和经济作用。但美国除了在1898年与巴西稍微起了些冲突外，并没有在加勒比海或墨西哥湾宣布领土主权，也没有制止欧洲国家战舰的进入。美国政府最想要抢在欧洲国家海军力量增长之前进入未来的跨洋通道——中美地峡航道。

　　这也正是1904年美国总统西奥多·罗斯福的"罗斯福推论"所体现的目标。罗斯福宣称欧洲不得介入欠欧洲银行债务的加勒比海区域国家。欧洲国家一般的做法是派遣军舰占据这些国家的海关来偿还债务。如此一来，它们占据了美洲的沿海地带，它们可能将这些区域改造为加勒比海沿岸的军事基地。美国海军战略家不愿这一情况发生。

　　为什么抢在欧洲侵占之前控制中美地峡显得如此重要？海洋权学者阿尔弗雷德·赛耶·马汉认为，这一地峡构成美国通往太平洋的门户。马汉的主要观点是在尼加拉瓜或巴拿马地峡开掘一条运河并施加控制。他预言，一些"积极进取的商业国家"，如恺撒的德国会争抢这些区域的控制权，就如同西班牙和英国几个世纪以来所做的那样。马汉认为，这片地峡之所以是美国的

"重要利益",一方面源于美国在远东地区迅速发展的商业利益,另一方面源于其独特的地理特征,"阻隔了海峡两岸之间迅捷安全的沟通"。对他而言,美国东西海岸,以及北美洲和亚洲之间的军事、商务船舰的自由通航,是美国在墨西哥湾和加勒比海地区的核心利益。

为了维护核心利益,马汉认为在南部海域一支拥有20艘战舰的美国海军"能够打赢强敌,而且还有较大的胜算"。一支"能够打硬仗"的舰队能从欧洲军队手中夺取"制海权"。

南海是中国对美国加勒比海和墨西哥湾问题的回应。作为通往印度洋和马六甲海峡的重要海上通道,南海与美国的闭海类似。马来半岛和苏门答腊群岛在地理空间上融合,形成一个中国人眼里的大地峡,就是马汉所着迷的那种地峡。如同马汉的加勒比海一样,南海沿岸只有中国海军这么一支主要的海洋力量。封闭的波罗的海和黑海沿岸的唯一欧洲大陆就是俄国,因此同南海及加勒比海一样,苏联构建了海军力量将这些海域转变为苏联的独占之地。相似的战略环境必然要求相似的战略手段。

> 如果将实力聚焦南海,中国可能会失去在东海和黄海区域的利益

但19世纪的美国并没有受到来自大国的威胁,不需要在大西洋或太平洋沿岸严加防守,因此可以将主要力量集中于特定地域的扩张。中国没有这样的利好条件。如果它把海军力量完全集中于南海,那就有可能丧失在黄海和东海的重要利益。韩国一直是中国海域的麻烦制造者,日本则称其在中国海上交通线(SLOCs)拥有世界级的舰队以及战略性地理位置,台湾问题仍需中国政策关注。同时,中国不断扩张的海洋利益又驱使其将注意力投向东亚以外的海域以及抗击海盗等事务上。北京不能对这些完全无视,而这就会耗尽其在东南亚的资源。

北京也不可能依靠其他舰队来分散美国海军的注意力。马汉认为美国在地理上和外交上都比较幸运。其时,英国皇家海军正面临德国异军突起的公海舰队威胁,因此赶紧撤出西半球以保卫不列颠群岛。英国舰队不再永久驻扎于北美洲。美国的情况正相反:2007年美国海军战略宣布在西太平洋部署"可靠的战斗力量",巩固美国同盟,密切注意中国动向。

另外，今天的美国海军，就如同大英帝国辉煌时期的英国皇家海军一般，肩负全球责任，有能力与其所关注的力量抗衡。随着中国海军的壮大，北京希望能够通过本土海军数量上的优势来抗击美国可能在亚洲海域部署的力量，就如同世纪之交的美国抗衡欧洲海军一样，虽然总体实力上远不及后者。换言之，主场优势仍然存在。

> 虽然未必能实现最大"核心利益"，但有些目标还是能实现的

总之，困扰北京的战略问题显得尤为突出。对各大海域有限资源的需求将削弱中国在长海岸的海军防御力量。中国人民解放军能否有足够的武力在兼顾其他重要海域利益的同时，最大程度地捍卫南海的核心利益，这在现在看来是值得怀疑的。当然，同马汉和罗斯福的美国战略一样，还是有一些小目标可以实现。例如，把强敌排除出南海之外、以强势威胁恐吓南海诸国等，为此中国政府将着手策划构建区域新秩序，同时中国海军舰队也处于不断发展之中。

二、中国如何捍卫核心利益

中国军队已拥有资金和实力在南海推行重要政策，但这样中国就不得不在南部海岸集中绝大部分的海洋力量——这一做法对中国其他海域利益来说极具风险。为了全力支持在南海的核心利益，中国人民解放军海军必须大力发展硬件、航海技术以及战略战术，以发挥主要功能。

主要任务是在中国领导人做出最后决定时，能集中足够的军舰、战斗机以及武器装备对东南亚海域施加控制。这需要投入大量的武力到距离中国海南岛约 1000 英里的南海南部区域。只有赢得区域制海权，才能在争议性海域执行其他任务。

实现这一目标后，中国舰队能够在很多方面利用制海权获取利益。例如，它可以为在中国海上交通线（SLOCs）上的友船货物运送保驾护航，也可以攻击同一航线通过的敌对舰队。它可以通过海基飞机、对地导弹或两栖攻击战舰等将军力扩张到陆地，或者它还可以执行海上治安警察的功能，通过人

道主义援助、灾难救援、打击海盗以及反核扩散等行为将其南海利益合法化，就如同美国罗斯福时期对加勒比海以及墨西哥湾所做的那样。

中国也将得益于"多面手"海军力量。2004年的跨国海啸救援表明，在必要之时，原本为海洋控制或力量投射所设计的战船也可以用于治安巡逻等任务。中国的双栖攻击战船和医务战船虽然为战斗任务而设计，但近期却被派遣至印度洋执行非战斗任务。

然而，对于长期潜伏于沿海水域的海军而言，这是一份野心勃勃的任务单。中国人民解放军海军能否靠现有力量执行这些任务？根据2010～2011年战舰年鉴，中国海军拥有135艘主战船（包括潜水艇及水面战舰）以及分成北海、东海、南海三支舰队的一些小型战舰。这个数据有一定的误导性，如同对任何一支海军实力的统计数据一样。美国海军有一条黄金原则：一支海军仅需三艘战船便可备战（其中，一艘用于在海军战略训练圈内巡航，一艘通过操练、检阅、常规维护等进行作战部署，最后一艘则被拖至造船厂，完全无法执行海上任务）。换言之，在所有战舰中，仅1/3用于作战部署，另有1/3则处于待命状态。

美国的黄金原则虽然只是为衡量中国备战海军数量提供了一把不太精准的量尺，但很明显，纸上的中方战舰数据夸大了其可用于作战部署的海军实力。从年鉴数据分析来看，这45～90艘由小型训练舰组成的战船需要部署在中国三个海域，还不考虑要在印度洋部署的战船数。把这个数据与假定能在南海部署的32艘主战船这个数据放在一起考虑，便可知其端倪。此外，还得衡量一下可能插手南海的其他力量，包括台湾地区的28艘战舰、日本海上自卫队的71艘战船以及澳大利亚海军的18艘战船（当然，这些也按3∶1的比率部署）。

这构成中国外围的强大阻力。中国人民解放军必须在没有这么多后勤舰队（为作战舰队重整装备、供给燃料、补充海军以此扩大海军巡航圈的船只），也没有反潜艇战、抗水雷能力的情况下治理好冲突海域。战力投射和非战斗功能不可分割，而且两栖战舰战斗力不强。中国将主要精力集中于台湾海峡，以便必要时对台湾地区采取行动。迄今为止，中国人民解放军海军对这些能力和体系显然缺乏深谋远虑。这些问题不解决，中国海军将可能不断遭受挫败。

　　这些军力数据并非全部。最致命的武器无外乎武器使用者。中国海军官员虽然在抗击索马里海盗时表现出色，但在很大程度上，其航海技术、战略战术能力尚未得到证实。小说家塞西尔·斯科特·福雷斯特曾说过，海军作战中的"人力因素是所有因素中最为重要的"。广为报道的抗击海盗任务拖垮了中国人民解放军的作战实力，使之难以胜任长途航行，还需要大耗精力维护长期暴露在咸水和风雨中的舰队硬件。尽管中国人民解放军在训练中也进行了军事演习，但指挥官们在热战中的指挥能力究竟如何尚不得而知。

　　除了舰队外，马汉还把横跨海上交通线（SLOCs）的前方基地视为海洋力量的第二大"支柱"。中国人民解放军从南海南部区军事的基地中大大获利，使之长期活跃于南海海域。台湾当局拥有南沙群岛中最大的岛屿——太平岛（英译 Itu Aba 或 Peace Island），以及附近的中洲礁和沙洲礁。但即使这些受台湾控制的岛屿在重要的军事行动时也只具有可能的战略价值，尤其是在有美国海军驻守的岛屿。这些岛屿太小，资源有限，很难用于策划海洋控制或力量投射，它们充其量只能作为解放军海军小战队的供给和军力补充中转基地。这些岛屿所能提供的最大价值就在于能限制外部势力进入周边水域。中方能在此部署长期反巡航导弹，在实质上形成在南海"禁止入内"的势力范围。这种作用与中国军方的电报解析相差无几。

　　中国指挥官可能会借助新型武器来弥补海军武器库的不足——反弹道导弹（ASBM），一种可操控的、能从几百英尺以外攻击海上移动目标的导弹。美国太平洋指挥部罗伯特·威拉德上校认为，最基本的反弹道导弹具有"初步作战能力"，或者达到作战部署的早期阶段，其射程范围在 1500~2500 千米。这个数据意味着部署在海南岛以及南海其他区域的反弹道导弹射程可覆盖整个南海区域以及马六甲海峡的西部区域，表明陆地发射的反舰导弹在射程及攻击能力方面已有所提升。陆地射程的提升将大大减轻中国舰队的负担，使之无论在战争时期还是和平时期都能对中国利益的挑战者施加压力。

　　和平时期和战争时期的方案是完全不同的，因为除非南海开火，否则美国就不会轻易介入南海直接与中国抗衡，而只是轻微挑衅而已。如果在和平时期美国从南海纷争中撒手,那中国海军的压力就将减轻。中国人民解放军所需应对的就只剩下东南亚一些小国。拥有足够多的能免威慑敌对舰队的反弹道导弹,即使是很一般的南海舰队,只要偶尔地或者常规性进行一下军力展示,就足以震慑那些东南亚小国家了。中国海军在和平时期的军力展示或将成为对东南亚国家施加压力的新常态,暗示其已然认可对南海核心利益的诉求。如果这是中国长期战略的一部分,旨在削弱邻国政治意志,那么北京就无须大耗精力进行舰艇军备建设,或者是从其他战略区域调动人力、物力、财力资源。

但是,倘若北京旨在成为南海的实际主人(这是对"核心利益"更合理的阐释),并由此取得对海洋事务的永久性控制权,那么考虑到美国介入的可能性,它一定会加速海军建设。只有如此,中国人民解放军才能达到建设海军力量抗衡强敌的马汉式标准。反弹道导弹虽然能够提供实时虚拟存在,但毕竟不能代替可靠且具持续性的海军实力。总之,北京希望通过已有的或在建的武器装备推动构建新的区域秩序,当然,这只能在美国不介入的前提下实现。美国海军的退让无外乎是为中国海军提供了更多的行动自由,这当然也可能因为美国总统觉得很难找到合适的理由让国家宝贵的海军部队进入险境。

对中国人民解放军海军获取核心利益的行动模式进行仔细考察极具价值。在执行和平的南海任务时,中国人民解放军一般会倒过来使用战争时期的各层级防御方式。例如,反弹道导弹会是对付美国海军的首选武器。远程导弹攻击可以帮助中国人民解放军摧毁或击沉来自关岛、夏威夷以及美国西海岸港口的美国太平洋舰队。随后使用的是来自陆地机场的巡航导弹式战斗机,紧跟其后的是近距离武器系统,如柴油机潜水艇、轻巧快捷的巡逻舰以及主要的水面部队——所有这些都配有反战舰巡航导弹。中国人民解放军的目的是在美方部队未接近亚洲海岸之前就平衡或是扭转双方军力,就像"二战"时日本帝国海军使用潜水艇和战斗机所进行的"截断战术"一样,在正面交锋之前就击沉一艘美国主要的舰艇。

另外,在执行南海危机任务时,中国人民解放军会采用另一种方式使用反弹道导弹,将其作为保护水面战舰的威慑性武器。有导弹掩护,即使小型的战舰都可能是威慑区域小国的理想武器。例如，在南沙群岛区域巡航的022型小型导弹快艇，在反弹道导弹掩护之下就足以使东南亚国家水面部队陷于困境。中国是否是为了威慑目的而建设航空母舰部队尚不可知，但中国人民解放军军舰的周期性突击却显然是在提醒周边小国中国的核心利益诉求，凸显中国在南海的价值所在。

> 如果美国海军不介入，中国将在五年内打破海洋力量平衡，并从中获利

换言之，中国海洋军力的崛起可能会打破和平时期海洋力量的均衡，使之明显偏向中国，当然这并不包括美国海军在内。如果没有美国、日本或澳大利亚等外部力量予以干涉，长此以往，中国对东南亚国家的小规模武力炫耀可能最终会迫使周边国家接受一个以中国为中心的区域新秩序。这只要五年就可能发生，就像在格罗弗·克利夫兰当政时期，英国就默认了美国对门罗主义的强硬解读。1895年在英国和委内瑞拉危机中，时任美国国务卿理查德·奥尔尼宣布介入，告知英国大使美国在西半球的"命令"就是"法律"。虽然心有不甘，但英国还是在世纪之交开始撤回在北美洲的军队，默默屈就于以美国为中心的美洲区域秩序。

美国的先例在当前战略环境下似乎可行。事实上，美国国防大学教授伯纳德·科尔也指出，当前美国海军不堪重负，日本造船业面临财政困境，而中国海军则发展迅猛，很有可能在2016~2017年"夺取东亚海洋霸权"。这种预测值得我们仔细考虑。

三、应对反对力量的回击

可以肯定的是，中国目前显然缺乏足够的军力使南海成为其内湖，但通过海军项目的发展，它已经在向着这个方向努力。如果中国的目标是要夺取制海权，将敌对海军永久性排除在这些水域之外，那么这个目标尚未实现。中国目前所能够做的也只是小规模的军事威胁，使用舰队、潜水艇、战斗机以及导弹等武器威慑弱小国家。这些行为在短期内可能会产生一些威慑性效果，但并不能——至少目前还没有能够——实现海洋政治的根本性调整，而

这是获取核心利益所需的条件。无论是东南亚国家还是外部力量，都不愿意接受这么一个以中国为中心的新秩序，反对力量将会予以回击。

虽然中国拥有现代化的海军力量，但区域平衡力量将使中国的意愿落空。只要美国的军事力量和外交保证仍然可靠，东南亚国家就不会屈服于中国的威胁。华盛顿的公开表态表明了美国在亚洲水域的立场，因此该区域国家没有理由担心美国会放弃其在亚洲海洋长期以来的维稳使命。虽然说中国是一个逐渐壮大的海洋力量，但区域海军并不是容易打败的对手，它们并非在那儿坐等挨打。

> 中国在海洋力量平衡方面的利好发展态势不会长久

区域争端中的主权声索国以及第三方国家对中国的海洋军备行为反应明显。新加坡、马来西亚、印度尼西亚甚至越南等国都纷纷发展海洋力量抗衡中国。日本、澳大利亚等区域外部力量也加入与中国的军事竞争。东京在30多年来首次计划扩充海上舰队，堪培拉则开始了澳大利亚历史上最昂贵的潜水艇项目。两国显然都将北京作为考虑重心。同时，居于孟加拉湾西边的中国老对手印度也担心中国海军一旦在南海势力扩大，必将转而在印度洋炫耀武力，而新德里一向认为印度洋属于印度的势力范围。

放眼将来，中国在面对南海危机或冲突的同时，还要应对其他区域海洋竞争对手造成的危机或冲突"横向升级"的可能，这些对手虽小但实力很强。这种危机或冲突"升级"会对中国政府及军队指挥造成压力。总之，中国在海洋力量平衡方面的利好发展态势不会长久。

美国能否保持在亚洲海洋的重要地位是中国能否实现目标的最终也是最关键因素。2007年美国海洋战略把太平洋和印度洋作为美国海洋服务的主战场，承诺会为这些区域提供强大的保障力量。这将南海——

> 美国能否保持在亚洲海洋的重要地位至关重要

两大主战场之间的衔接点——置于美国海洋利益的中心位置。美国海洋战略声称，美国海军"将对有需要的区域海洋施加控制，比较理想的情况是与美国的朋友和同盟一起，但在必要之时也可完全依靠自己"。

这明确表达了美国的意图。即便如此，决策者们在美国区域承诺的性质上仍保留一定余地。例如，尽管欢迎在东南亚海域海上交通线（SLOCs）的自由航行，但国务卿克林顿同时也强调，美国对哪个国家具有岛礁及相关水域的主权问题不持有立场。这让北京有机会在强调自己的立场时使用各种手段试探美方态度。正面冲突伺机待发。

中国为了应对可能发生的抵抗，需要致力于将额外资源运用于克服中国人民解放军海军现存数量、质量上的不足。数量是中国海军的主要障碍。简言之，北京需要能与现代化部队相匹配的更多数量的船只，也包括冲锋舰队，因此也就需要征集大量有技术、有经验的海军军官和士兵，以保证中国海军在激烈的海洋战争中很好地操控这些复杂设备。

有观察者指出，中国自2005年以来并没有再造出新型的驱逐舰，暗示中国的海军建设停滞不前。但也有大量证据显示，中国的海军建设并没有就此停止。实际上，北京似乎同时在多轴线上推进轮船建造，将原先用在驱逐舰建造方面的资金投入到更多平台的建设。例如，中国制造的江凯II级护卫舰，是中国人民解放军海军最先进的护卫舰类型。

中国海军耗资改造苏联遗留下的瓦良格号航空母舰，可能将用作海军飞行员训练平台。这导致中国的新航空母舰平台建造工程暂且搁置。需求多样而资源有限，这就能够解释中国海军时断时续的购买行为了。最后，并没有发生谣传的停止事情并未发生驱逐舰建造。从航拍照片来看，一艘1万吨以上的轮船（应该是目前中国最大的一艘了）在中国船厂已快完工。近几年，中国造船工人带给外界的震惊已经不仅仅是一艘驱逐舰了。令人震惊的事情成了常态而非特例。

所以，政治家们千万不能忽视中国海军的现代化发展。这不是简单地在海洋打闹嬉戏，中国的海军力量有目共睹。但这同时也是该做出反应的时候了，即使假定在这块区域不存在任何对抗性反应，中国还需要花上至少十年才能积累起能够阻挡美国干涉、威胁其他亚洲国家海军的强大的海军力量。那么，北京实现重建区域新秩序的梦想就不再是一个预兆性结论了。

四、不可忽视的台湾地区力量

在中国东南亚政策的推进中，台湾地区构成一个重要的但往往被忽视的干扰性因素。尽管自2008年以来海峡两岸关系看起来有所好转，但中国仍然随时关注台湾地区，并必然将大量的资源投入其中，准备可能发生的台海军事对抗。简言之，只要台湾地区问题不解决，北京就会束手束脚。但如果台湾问题不管是和平回归还是为武力所迫，中国策略都将发生根本性调整。

这不仅能使中国摆脱当前全方位陷入的政治、军事麻烦，而且能为北京提供一个监管南海北部区域的军事前哨站。后台湾时期台湾岛将为中国人民解放军开辟出新的军事景图景观。一方面，中国能将用于制约台湾的兵力调动出来，用于支持南部海洋军事行动；另一方面，北京还能借助台湾岛作为军事基地，设置导弹炮台、战斗机以及战舰来局部包围南海。

> 虽然能震慑亚洲海军，但中国尚需至少十年方能抵挡住美国的介入

必须承认，台湾岛虽然具有极大的地理战略价值，但也并非万灵药。短程弹道导弹以及以海岸为基地的战斗机不能触及环南海海域的主要目标。这些目标呈弧形状广泛分布于南至越南和印度尼西亚、北至菲律宾的海洋区域。如此一条长的回旋式防御边界加大了射击瞄准的难度，哪怕是对中国人民解放军二炮部队的大型精锐导弹来说，也是如此。但是一旦台湾岛成为军事基地，问题的难度就大大降低了。

五、不可被迷惑

中国似乎意在效仿美国、德意志帝国、苏联等一些早期陆地大国的做法，在附近海域寻求核心利益。如此看来，中国在南海争端中的强硬表现一点也不为怪。然而该地区存在各种重大利益，亚洲其他国家可以容忍一个傲慢专横但仍有所克制的中国（就像马汉的美国一样），但断不会容忍一个欲直接夺取地区海域所有权的中国。因此，亚洲诸国及美国政府必须对任何超出100

年前美国模式的中国官方表态及行动予以监控。

目前看来暂无危险,这是由于中国在最大核心利益与实力方面还存在分歧,所以尚不能全力以赴。此外,北京现在同时面临着东南亚海域国家以及与这些国家实力相当的其他外部力量的安全挑战。但无论中国是满足于获取有限的核心利益（而非控制整个南海）,还是打算损失其他区域利益而将所有实力集中于南部,它都有可能加快实现在南海的至上利益。

总之,国际政治是现有实力之间的冲突和碰撞。任何一个国家,哪怕是小国,都不会任人宰割。中方的措辞及行为已然促成区域性"行动—反应"循环,催生区域内各种小规模的军备竞争。显然,北京占据优势,定然不会将利好条件让给周边弱国。因此,美国及东南亚各国对北京既需保持高度警惕,又不能大肆宣扬其意图和实力。唯有如此,方能有效推进区域和平。

来源：Yoshihara T. Can China defend a "core interest" in the South China Sea [J]. *Washington Quarterly*, 2011, 34 (2): 45-59.

译者：王雪玉

译者邮箱：wangxueyu@ntu.edu.cn

参考文献

1. Edward Wong, "Chinese Military Seeks to Extend Its Naval Power", New York Times, April 23, 2010, http://www.nytimes.com/2010/04/24/world/asia/24navy.html.

2. U. S. State Department, "Remarks by Secretary Clinton: Interview with Greg Sheridan of The Australian", Melbourne, Australia, November 8, 2010, http://www.state.gov/secretary/rm/2010/11/150671.htm.

3. For some plausible interpretations of these conflicting accounts, see Carlyle A. Thayer, "Recent Developments in the South China Sea: Grounds for Cautious Optimism?" RSIS Working Paper, No. 220 (December 14, 2010), 2 - 6, http://www.rsis.edu.sg/publications/WorkingPapers/WP220.pdf; and Michael

D. Swaine, "China's Assertive Behavior, Part One: On 'Core Interests'", China Leadership Monitor No. 34 (Fall 2010), 8-11, http://carnegieendowment.org/files/Swaine_CLM_34_1114101.pdf.

4. John W. Garver, Face Off: China, the United States, and Taiwan's Democratization (Seattle: University of Washington Press, 1997), 129.

5. While the exact nature of Beijing's maritime claims remains in contention even among Chinese analysts, a major school of thought views the South China Sea as sovereign territory. See Peter A. Dutton, "Through a Chinese Lens", Naval Institute Proceedings 136, No. 4 (April 2010), 24-39. Also, for a historical perspective, see Andrew R. Wilson, "The Maritime Transformations of Ming China", in China Goes to Sea: Maritime Transformation in Comparative Historical Perspective, eds. Andrew S. Erickson, Lyle J. Goldstein, and Carnes Lord (Annapolis: Naval Institute Press, 2009), 235-287.

6. Fareed Zakaria, From Wealth to Power: The Unusual Origins of America's World Role (Princeton: Princeton University Press, 1998), 128-180.

7. Dexter Perkins, A History of the Monroe Doctrine (Boston: Little, Brown, 1955), 228-275.

8. Alfred Thayer Mahan, Naval Strategy, Compared and Contrasted with the Principles and Practice of Military Operations on Land (Boston: Little, Brown, 1911), 111.

9. Alfred Thayer Mahan, The Interest of America in Sea Power, Present and Future (1897; reprint, Freeport: Books for Libraries Press, 1970), 65-68.

10. Ibid 9, 78-83.

11. Ibid 9, 198.

12. Alfred Thayer Mahan, The Influence of Sea Power upon History, 1660-1783 (1890; reprint, New York: Dover, 1987), 138; Mahan, Interest of America in Sea Power, 198; Margaret Tuttle Sprout, "Mahan: Evangelist of Sea Power", in Makers of Modern Strategy: Military Thought from Machiavelli to Hitler,

ed. Edward Mead Earle (Princeton: Princeton University Press, 1943), 433.

13. U. S. Navy, Marine Corps, and Coast Guard, "A Cooperative Strategy for 21st Century Seapower", October 2007, http://www.navy.mil/maritime/Maritimestrategy.pdf.

14. Geoffrey Till, Seapower (London: Routledge, 2009), especially 157 – 252.

15. "Defense Spending in a Time of Austerity", Economist, August 16, 2010.

16. C. S. Forester, The Good Shepherd (1955; Reprint, Annapolis: Naval Institute Press, 1989), 7–8.

17. Ian J. Storey, "China Debates the Need for Overseas Bases", Straits Times, April 29, 2010, http://www.iseas.edu.sg/viewpoint/ijs29apr10.pdf.

18. Bill Gertz, "China Has Carrier-Killer Missile, U. S. Admiral Says", Washington Times, December 27, 2010, http://www.washingtontimes.com/news/2010/dec/27/china-deployingcarrier-sinking-ballistic-missile/.

19. Samuel Flagg Bemis, A Diplomatic History of the United States, rev. ed. (New York: Holt, 1942), 416–420.

20. Bernard D. Cole, "Right-Sizing the Navy: How Much Naval Force Will Beijing Deploy?" in Right-Sizing the People's Liberation Army: Exploring the Contours of China's Military, eds. Roy Kamphausen and Andrew Scobell (Carlisle, PA: Strategic Studies Institute, U. S. Army, 2007), 553.

21. Japan's latest Mid-Term Defense Program directs the Maritime Self-Defense Force to implement "measures for expanding submarine fleet". See Government of Japan, Ministry of Defense, "Summary of Mid-Term Defense Program (FY2011 – 2015)", December 17, 2010, 2, http://www.mod.go.jp/e/d_act/d_policy/pdf/mid_FY2011-15.pdf. According to Australia's 2009 defense white paper, Canberra plans to double its submarine force by the mid-2030s. See Australian Government, Department of Defence, "Defending Australia in the Asia Pacific Century:

Force 2030", 2009, 64, http://www.defence.gov.au/whitepaper/docs/defence_white_paper_2009.pdf.

22. U. S. Navy, Marine Corps, and Coast Guard, "A Cooperative Strategy for 21st Century Seapower".

23. Mark Landler, "Offering to Aid Talks, U. S. Challenges China on Disputed Islands", New York Times, July 23, 2010, http://www.nytimes.com/2010/07/24/world/asia/24diplo.html.

24. James R. Holmes and Toshi Yoshihara, "China's Naval Build-up Not Over", The Diplomat, September 29, 2010, http://the-diplomat.com/2010/09/29/china%E2%80%99snaval-build-up-not-over/.

25. Kathrin Hille and Mure Dickie, "China Reveals Aircraft Carrier Plans", Financial Times, December 17, 2010, http://www.ft.com/cms/s/0/fa7f5e6a-09cc-11e0-8b29-00144feabdc0.html#axzz1AxJuYD1L.

中国特色军事革命

杰柯琳·纽梅尔（Jacqueline Newmyer）

译者导读：杰柯琳·纽梅尔是美国长期战略研究所主席，同时也是美国智库中一个著名的中国国防问题专家，发表了大量有关中国和中国国防问题研究的文献。其观点具有特定的立场，正确与否还需读者自己判断。她在本文中对中国的军事革命进行了分析，并从她自己的视角提出了见解。她从中国对军事革命的定义入手，回顾了中国军事文献对军事革命的认识，分析了中国军事革命不同阶段的实践，并提出了自己对中国军事革命效果的理解。本文的观点倾向性很强，译者将其真实地呈现出来，但译文并不代表译者立场。

摘要：中国战略专家认为军事斗争革命是一次改变与美国军事力量平衡现状的"历史机遇"。长期以来，中国人民解放军的实力与目的都很低调。但是，当前中国高调公开其军队战斗力，其具体意图令人费解，从而引致对手的警惕。中国军事革命的主要维度在于运动战与信息攻击相配合，以及用"信息威慑"取代核威慑。与此前分析所关注的精确突然打击不同，当前的文献强调"线性"信息和运动攻击的重要性。然而，中国战略专家可能在以下三个方面出现了错误，即他们可能低估了美国的反弹，可能高估了解放军在"战争工程"方面的能力，以及在和平时期中国进行的军事革命可能会引发意外的后果。

关键词：中国；解放军；军队现代化；军事革命

一、引语：军事革命视角差异

对于防务战略研究者和国际关系理论学者而言，当军事组织的行为发生根本改变，以及战争爆发时，需要判断当时最大利益获得者是谁。有研究表明，苏联认为当前的军事革命使美国具备了巨大优势。本文提出，在传统的中国战略视角下，中国人民解放军的军事革命主要是强调更具优势的信息、情报以及觉察行动以在和平时期筹备战场环境。至少北京方面认为，与军事革命相关的计算和通信技术进步以及战略的根本性调整，能够为中国提供机遇，获得针对对手的不对称优势。本文认为，当前的环境较之军事革命首次亮相时的冷战时期已大为不同[1]。

北约与华约之间在欧洲的冲突是当时苏联与美国军事革命的大背景。20世纪70年代中后期，苏联认为美国正率先进行着"军事技术革命"。这一革命后来在美国被称为"军事事务革命"或者"军事革命"[2]。由此引发了大量战略研究者和冷战研究者对军事革命的讨论与争辩。尽管学者们对于军事革命的存在、定义、意义以及未来具有不同的看法[3]，但根据其资料收集情况可以发现，其起源是苏联认为美国正在发展计算机和其他技术以实现"侦察—打击一体化"（RSC），从而能够对隐藏在苏联后方的目标实施定位打击。尽管苏联和美国对于军事革命的理解和运用在程度与方式上都有着巨大差异[4]，但是研究表明，在军事革命提出以后，美国和苏联在战争理论的发展方面却异常一致。苏联提出了梯队理论，美国则与之对应提出了空地一体战。在20世纪70年代中后期，美国和苏联对于战争一旦爆发双方将发生对抗的主要领域形成了相同的认识。双方采取的方式各异，但殊途同归。

与上述时期不同的是，当前美国与中国可能发生对抗的主要领域，甚至双方是否存在竞争，在学者中都存在很多争议。究其原因，可以从中国有关军事革命的文献中找到一些线索。

二、有关军事革命的中国文献：模仿是最真诚的恭维？

中国军事革命（新军事革命或者军事革命）的概念是什么？回答这一问题应该从调查中国对军事革命的定义入手。在美国以及其他国家调查军事革命的不同定义和理解本就非易事，涉及中国军事革命定义的情况更为复杂。这是因为，在中国军事科学院和国防大学学术刊物以及其他载体上发表相关文献的中国人民解放军战略学者往往紧跟国际军事思想，他们继承了传统的中国战略思想，强调知己知彼和审时度势，这将在后文进行详述。其中包括研究军事革命的中国专家王保存少将（已退休），他还翻译了保罗·肯尼迪所著《大国的兴衰》[5]。

通过研读20世纪80～90年代的中国军事期刊和编著不难发现，当时出现了大量模仿俄罗斯和美国的军事革命定义，这些定义强调军事组织与理论的变革，以适应有关侦察和远程精度打击的技术进步。解放军观察并学习了美国在"沙漠风暴"行动以及此后在巴尔干地区战争中对军事革命催生的新能力的应用。中国学者还学习了尼古拉·奥加尔科夫元帅的著作、美国净评估办公室的研究，以及其他西方分析家的研究[6]。在很多情况下，很难发现他们是否在这些外国评价的基础上添加了自己的解释。

但与此同时，在中国也能找到一些关于信息战（IW）的文献。这些文献关注由军队以及社会和经济转向计算机网络系统所带来的信息战的弱点与机遇。其中反映出了一些中国独有的观点，或者在综合了俄罗斯和美国的相关文献之后提出了一些与前二者均不同的观点。

例如，此处可以引用一段时任大校王保存1998年4月在《解放军报》上发表的文章：

新军事革命提供了一次难得的机遇。我们的军队拥有许多信息化建设的有利条件。我国信息技术进步迅猛，并且具备将其应用于军事的"势能"。当前军事革命的一个重要标志在于，地方信息化进程比军队更早，发展更快，技术更为先进。在储备了足够的"势能"之后，这些优势可以被拓展到军事领域，并引发巨大的军事转型……[7]

作者还提出，"不同于核技术和隐形技术，信息技术在扩散和渗透方面具有更大的潜力，并且很难保持秘密"。该文描述了大部分信息技术的双面性，并在最后提出，信息技术的价值在于连接，因此该技术的关键技术流动是"迅速"和"不可阻挡"的。中国军队可以通过吸取他国的先进经验而受益。[8]

尽管该文中有关互联网和军事革命特征的论述与1996年Eliot Cohen[9]发表在《外交事务》上的文章有部分重叠，但王保存的行文和结论自成一体。他认为，解放军能够利用他国的研究和开发成果以使中国"跨越式"地进入军事强国行列，但此言论并没有威胁和警告之意。[10]实际上，通过公开贸易和技术流动途径获得有竞争力的成果，对于美国等军事强国而言是有利的。因此，不管是美国还是中国，都需要相关的平台，例如：

在第八个五年计划期间，中国的电话交换容量增加了5899万条线路，局间交换容量达到7100万条，城乡电话交换总容量达到8510万条。中国已经成为电话网络最大的国家。

再看下一条引文："如果我们忽视这一问题，空让机会流失，那么当发达国家完成这项工作以后，我们将再次被历史所抛弃……"为了防止抽象的语言和对中国历史问题的反思分散了我们对解放军"跨越式"发展努力的关注，我们应该时刻注意中国在发展军事力量时的重点。例如，在王保存的文章发表前，中国造船领域的权威刊物、中国造船工程学会主办的期刊《舰船知识》发表了一系列有关海军科技的文章，内容包括从红外传感器在海军攻击性战机和直升机中的应用、干扰反舰导弹的方法，到反潜战（ASW）声学、各种类型的声纳阵列，以及旨在打击声纳的鱼雷隐形外壳。[11]

此外，还有一份文献值得大幅引用，这篇文献是对王保存文章的补充，发表在另一份刊物——中国当代国际关系研究院的期刊。该研究院是中国情报/反情报领域的重要机构。在中国有关军事革命的开源文献中，这两篇文献可以说是代表作。该引文以原作者的第三个观点开始，接下来的讨论提出，政治行动的透明度不断增加，减小了战争的范围（第一个观点）和破坏性（第二个观点）。这份文献同样表明中国的军事革命对于美国等军事强国有利。

3. 从核威慑向信息威慑转型

传统的威慑理论主要是核威慑理论。核武器具有强大的破坏力，其破坏力远大于常规武器。因此，核武器能够引发巨大的社会和心理反应，从而具有独特的威慑效果。核威慑理论的核心在于"主张不使用"核武器以迫使敌人放弃核攻击或其他战争行为，从而实现一个国家的政治、安全和军事目标。因此，一些人认为在核时代，"核保护伞"在某种意义上能保护国家安全。

"信息保护伞"的概念是"核保护伞"概念的延伸。该概念认为在信息时代，信息优势具有类似的威慑作用。[12]

该文还提出，一些学者认为"信息保护伞"可以替代并优于"核保护伞"，因为与核优势不同，信息优势在和平时期具有可操作性。在"信息保护伞"的主要特征方面，作者认为"信息保护伞"能够在监视敌人的同时，避免敌人对自己的监视。该文提出，"任何形式的军事打击在一定情况下都能成为威慑手段"，其中也包括信息战。作者特别强调，利用信息优势可以"占领主动"，能够"以极小的代价对敌人造成严重打击"，[13]从而赢得战争。

该文探讨了如何采取一系列暴力和非暴力手段攻击军队计算机网络。作者认为，未来信息战中的主要作战形式是电脑病毒和黑客。病毒用于攻击指挥和控制系统、雷达、传感器以及其他计算机操作平台，如飞机、舰艇、坦克和导弹的导航和武器系统。美国中央情报局（CIA）和国家安全局（NSA）据传也表示出了对开发上述目的计算机病毒的兴趣。美国国防高级研究计划局（DARPA）特别表现出了对"在关键时刻远程向飞机、舰艇等战术系统植入病毒，以使不同类型武器系统瘫痪……"的兴趣。[14]总之，作者认为，现代军队对信息网络的依赖意味着信息安全愈加重要。

尽管周方银和王保存以及其他中国战略学者都将美国作为模板或者参照，但是当美国读者在研读他们的研究时，还是有一些术语令人费解。例如，"势能"（中国在发展高科技能力时所积累的能量）、"战争工程"（利用仿真与其他和平行动以确定冲突结果）、"瘫痪战"（利用威胁或攻击信息基础设施以瘫痪敌方），以及其他一些叫法，如"撒手锏武器"（能够帮助弱势方击败优势方的秘密武器）和"无形力量"（通信和其他高科技能力，无法像枪支和坦克等武器一样计数）。这些术语和称谓表明，中国关注的重点顶多算是美国军方在建国、反恐以及反叛乱时期思考的边缘问题。[15]中国似乎将军事革命理解为一系列科技进步，从而可以通过威胁或实施集中、有限而破坏力巨大的打击，以打垮敌方的决心。当今世界，核武器摧毁一切的巨大威力使其难以真正投入使用，网络攻击和精确打击成为能够造成严重痛感与损失的可靠手段。

同样值得注意的是，1998年3月，中国军事学者邀请了少数美国分析家到北京进行交流，交流的内容包括军事革命。[16]在交流中，中方发言人聚焦于军事革命中的高科技因素对指挥和控制造成的影响，并特别询问了美方人员有关仿真的应用、"美国部门的组织结构和部门领导在不同指挥层级中的灵活处理，他们与下级和总部参谋人员进行通信是否顺畅"，以及美国国防部"在保护资源方面的信息技术使用情况和信息传输分流时的网络使用情况"。[17]这表明中方人员格外关注作战仿真及其对美国决策过程的影响，美国指挥控制体系在网络环境下的优势和弱点，以及国防部计算机对数据的保护及其弱点。至2004年，根据中国国务院新闻办公室发布的《国防白皮书》，解放军已经建立起一套"以信息化为主导"的"有中国特色的军事革命"理论。[18]

如果仅关注有关中国军事革命的文字内容，尤其是中方认为外国读者最可能阅读的英文版内容，我们很可能被误导。即使现有的中方文献并非旨在误导外国读者，我们也应该认识到，并非所有的中国军事革命专家都能准确预测和决定军事革命在中国的进程。例如，Michael Pillsbury 的研究指出，解放军内部存在一部分军事革命专家主张技术革命和军队转型，而不是主张传统上的"人民战争"和"局部战争"理论。后两者分别主张诱敌深入逐步歼灭敌人和在有限的局部斗争中击败敌方。[19]从文字材料出发,我们可以尝试通过分析军事革命和中国传统战争与和平观的契合程度来评估军事革命形成的影响。

三、中国战略文化

从紧跟国外视角到强调信息战,中国有关新军事革命的文献很多焦点都来自中国战略传统的考量。此外,这一传统解释了很多与军事革命相关的当代中国战略行为,如获得和有选择地表现出新的能力,尽管并没有研究文献对其进行相关讨论。当前中国的军事革命进程与战略传统之间到底有什么关系?答案就是,一些传统上形成的基本哲学和政治观点并未过时,仍然继续影响着政权对战争与和平的处理方式。在推进军队现代化建设时,邓小平鼓励解放军资深战略家去研究古代中国军事经典并非偶然,他必定对比了当代安全环境与战国时期的情况,而中国的军事经典就出于战国时期。[20]

战国时期(公元前450~前221年),出现了中国最著名的战略著作,即《孙子兵法》。这一时期是中国专制政权的奠定时期。在这一时期结束时,秦国经过了长达一个多世纪的竞争最终击败了其他六国,完成了中央集权并统一了中国。孙子的著作在其中贡献了计谋与建议。

战国时期一个重要的特征就是以执政能力为标准的政治合法性。对统治者的评价标准是其是否能提供至少满足生存所需的粮食以及保持领土的平稳。评价的结果来自后人溯评:国家如果不能抵御挑战就将失去统治权。[21]只有当全国的农民和地主对其管理具有信心时,战国的统治阶层才能持续其统治。而这份信心来自实实在在的物质满足,而不是忠诚。当出现天灾或者当国家腐败,无法召集军队保家卫国时,就容易发生外敌入侵或叛乱。以执政能力为标准的合法性判断,源自于传统上不同哲学派别均追求人与环境的和谐。和谐可以通过良好的社会关系和遵守礼仪来获得,也可以通过与自然融为一体来获得。儒家和道家都讲求对环境的感知,也都将外部信号作为行动的指导。在这样的视角下,领土动荡尤为令人忧虑,这标志着政治统治不佳。

因此，战国政权时刻警惕内忧，统治者遍布密探，通过情报网络知晓潜在的煽动性活动。这同时也增加了社会的动荡不安：在收集到情报之后，统治者面对挑战会进行强烈的打击和压制，以免表面上的软弱导致其他威胁出现。在这样的背景下，我们应当理解孙子为什么坚持强调审时度势和在必要的时候大胆采取行动，以在极端危险时期确保胜利。

还有一点值得关注，战国时期的一些结构性因素导致在和平时期也需要备战，包括联盟关系的脆弱、敌国之间的相互联系和相互渗透等。首先，政权之间出于国内稳定考虑而缔结的安全条约经常容易破裂，因为土地拥有者有时会被入侵者收买，或者某一政权的统治集团认为改变当前联盟关系更有利于其国家安全。其次，各国之间相互毗邻，不存在文化或语言障碍。边境开放，使臣经常往来于不同国都，国家之间相互了解。统治者在国内遍布密探的同时，也通过派往别国的间谍获取他国情报。但与此同时，统治者也不得不担忧别国的奸细、双重间谍，以及虚意投诚的人。孙子在其著作中有此论述。在没有绝对忠诚可言的环境下，面对内忧外患，统治者无法清晰地划分战争与和平，他们必须时刻警惕国内外敌人可能相互勾结。

孙子的著作和其他中国经典军事著作对上述情况提出的应对策略是，从周边地区出发，消除异己和潜在的敌人，步步为营，营造安全环境。为实现这一目标，可以采用所有有效手段，包括从设计、破坏到直接攻打等。此外，由于能够与敌国的统治者和军事将领建立私人联系，因此可以针对其生理或心理上的弱点采取行动。通过诱导、勒索，有时通过致命性打击和书面劝导，能够建立起友好、可以相互依靠的政权联盟，同时分裂和弱化敌对的联盟。在战国时期最后胜出的秦国，最初只是一个边缘国家。中原诸国连连内讧，秦国隔岸观火，致力发展。在其征服诸国的过程中，秦国使用了多种手段，包括幕后外交、秘密行动，以及适时的武力直接打击。

总之，中国的战略传统可以说是与其他力量之间进行动态、基于情报的竞争。敌人既可能直接发动进攻，也可能阴谋策划国内颠覆行动，因此必须时刻对其关注和评估。此外，失败的军事行动往往会危及政权统治的合法性，因此对于出战的时机必须慎重考虑。当时机成熟，胜券在握时，必须果断用兵。

当邓小平借用中国古代箴言时，西方人很容易忽视其并不熟悉的内涵。但是如果研究他所持的经典中国战略思想，尤其是考虑到他是解放军从人民战争向现代化转型、开展军事革命的倡导者，就不得不引发我们的思考。例如，在马克思主义的中国，有多少传统的中国政治和统治合法性观点被保留下来？邓小平在多大程度上将苏联的衰落视为与中国战国时期类似的多权争霸时代的开始？他是否认为当前流动成本低、和平、国际贸易频繁时期的国与国关系类似战国时期？我们应该如何理解他在1991年说的中国经典箴言"韬光养晦"？[22]通过阅读《邓小平文选》，我们可以发现邓小平仅在1943年说过类似的话，那是他在中共中央太行分局高级干部会议上的发言：

敌占区秘密党的任务，是从各方面去隐蔽地积蓄力量，以待时机。在组织上要力求隐蔽精干，在活动范围上要力求广泛。我们的党员要钻进一切敌伪组织和地方封建团体中去进行自己的活动……[23]

将邓小平1943年和1991年的讲话综合起来，我们可以理解那句传统中国箴言是对中国共产党面对困难环境时的应对策略的概括。在引导中国度过苏联衰败期时，邓小平采用的方法正如中国共产党在20世纪40年代初面对日本侵略者和国民党反动派时一样，在危险面前保持低调，但不断积蓄力量以渡过难关。

通过分析中国战国时期的战略传统不难发现，中国的军事革命观是应对既构成外部军事威胁又影响国内稳定的敌方。从中国文献和军事演习[24]中敌方的能力程度来看，这个敌方只能是美国。根据传统，中国的做法应该是隐藏自己的立场或者增加其不确定性，同时不断收集情报，采取军事和外交手段加强力量，为战争做准备。其目的在于有能力在美国面前展示出力量部署，或者在需要时展示出力量程度，以消除威胁。基于上述框架，在调查了中国有关军事革命的文献之后，有必要分析一下中国在军事革命时期的相关行动。

四、中国的早期行动

中国的军事革命可以分为两个阶段,其中第一阶段是侦察和调查阶段(从 20 世纪 80 年代到 90 年代中后期),这一阶段是为当前的实施阶段做准备。在侦察阶段初期,受到经典战略思想的影响,强调情报和审时度势,中国的军事革命准备从冷战结束中吸取经验教训。许和震少将等解放军智囊认为,苏联的失败在于其"战略防御倡议"和美国的信息战。前者造成了苏联的经济衰退,后者则逐渐瓦解了苏联的意志。[25] 中国认为成本高昂的"战略防御倡议"和民主的"病毒"都与军事革命相关,他们认为应该获取导弹防御系统等高科技能力,以及利用通信基础设施传播瓦解敌人政权的思想。许和震以及其他解放军高级将领也曾撰文指出了美国针对中国的信息战。[26]

在实际军事效果方面,中国观察分析了第一次海湾战争(1990~1991 年)和后来的科索沃战争(1999 年)中的军事行动所表现出的军事革命。在科索沃战争中,美国误炸了中国驻贝尔格莱德领事馆。中国学者将这些战争称为"非接触"和"信息化战争",不再将其解释为非运动战。例如,可以看看下面这篇题为《信息战高技术战争准备需要军事理论创新》的文章,作者之一是中国国防大学战略教研部教授:

如果我们说工业时代的战争是部队排兵布阵后"钢与铁"的对抗,那么在信息时代的战争就强调无声无形的信息非对称竞争。这一趋势催生了一种全新的战争形态,那就是非接触作战。这种战争形态在海湾战争中初露头角,在科索沃战争中大放异彩。今天,它继续朝着精确、隐形和知情的方向大幅发展。应对非接触作战,最重要的是创新军事理论,从传统的接触战中解放出来,在联合作战、空天作战和信息网络作战方面开辟新领域。[27]

可以清楚地看到,"非接触"与联合一体化作战联系紧密。

解放军中研究海湾战争和科索沃战争的其他专家也提出了类似的观点,

将一些抽象的概念与他们认为中国应该获得的军事能力相联系。下文是对戴清民少将原文的改述，戴清民少将是解放军总参谋部某部（疑似负责信息战）部长：

谈及信息化战争的胜负，信息化战争的目的在于控制敌人，保护自己。科索沃战争就是一个实例。1999年，美国军队对南斯拉夫进行了大规模空袭，在没有深入南斯拉夫国土的情况下，逼迫南斯拉夫投降。信息化战争的胜负不在于双方的伤亡人数，也不在于一方夺取另一方的国土，而在于迫使敌人服从自己的意志。[28]

戴清民在其2000年发表的《创新、发展信息作战思想》一文中，除了提出"控制"敌人的概念以外，还以美国在第一次海湾战争中的表现为参照，进一步解释了"信息战"和"撒手锏"武器：

在单一维度空间综合运用武器装备以打赢信息化战争需要获取信息优势。在未来战争中，掌控信息优势的一方必将利用其优势，尽力获取作战主动权，充分利用三维空间不同信息作战平台，包括陆基平台、海基平台、空基平台和C4ISR（指挥、控制、通信、计算机、情报、监视与侦察）系统。后者能够使人与机器的功能一体化，覆盖全维度空间。因此，每一个维度空间，如地、海、空、天、电，都将成为信息争夺激烈的战场，每一个维度中的每一次信息争夺都将影响最后对信息的控制，每一个单一维度空间的信息控制争夺都将影响战争的进程和结果。

作者认为，这意味着需要对敌方的C4ISR系统进行同时或连续的打击。该文指出，弱势方在与强势方对抗时，应该获得"局部信息优势"，并进一步强调了连续使用王牌武器的必要性。当敌方的网络能够抵御单次的信息攻击时，必须对其进行连续攻击和摧毁。文章提出，"只有同时发展和不断发展适用于信息作战的高新技术武器装备，以及适用于信息作战的常规武器装备，才可能营造有利环境,争取战争中的主动权"。可见,解放军的意图在于,不仅需要投资发展王牌武器,而且需要改进常规武器装备,着眼于将二者用于连续打击。

最后,并非所有对美国的分析都是积极的。上述文献中使用到了"弱势参战一方"和"武器装备相对落后的部队"。再看一篇发表在解放军军事科学院和中国军事科学学会季刊上的文章对军事革命引发战争改变的评价:

从古至今,任何作战行动中都需要使用谋略。不同时期的战争具有不同的特征,因此在不同历史时期谋略在战争中的作用也不尽相同。在信息化战争中,信息空间对抗的高度复杂性为谋略的运用提供了更为广阔的舞台。可以说,与其他作战行动相比,夺取信息优势的行动更加需要谋略。[29]

作者进一步强调,解放军应该将其力量投入到信息战中,并"创造性地运用计谋"以击败处于优势地位的敌人。这意味着试图中断敌人的作战实施,以及事先设置场景以使敌人无法获得足够的情报或获得虚假误导的情报。[30]

因此,在20世纪90年代,中国也在试图发现美国的薄弱环节。在有关信息化条件下未来战争的理论论著中,解放军将领们提出,军事革命使中国能够有机会"打败强敌",而上述文章在后面的部分中指明了美国和英国。

深入解读中国在20世纪90年代的军事革命行动可以确定,上述理解是具有代表性的。解放军在军事革命信息收集阶段的公开出版文献重点关注美国如何通过适时(突然)、协调、周密或者"信息化"的攻击来获得胜利。敌人无法对美国实施反击,因此美军很善于"非接触"作战,但是,这些文献也分析了美军及其战略立场的弱点。相应地,这些文献认为中国应该在军事革命中同时发展高技术和常规力量。在上面引用的部分文献中,提高解放军人才质量——受教育水平和技术知识——被看作军事革命的前提条件。中美恢复军事交流后,中国迫切希望更多地了解美军的军事训练。但是,如果仅阅读开源文献就断定这是中国在20世纪90年代审时度势所获得的全部认识,那就错了。既然中国已经认识到中美军事实力之间的不对称,并且希望

275

通过技术转移来实现"跨越式"发展，那么我们当然很难发现中国矫正这个不平衡状态的计划，至少很难发现明确这样标明的计划。

尽管如此，我们还是能够观察到解放军在20世纪90年代审时度势后的一些举动。一位美国访客在1999年参观了中国的一个训练中心，该中心是以20世纪90年代末中国访客在美国参观的训练中心为模板建造的[31]。这位美国访客在参观完后说："这虽然还没有达到美国的水平，但是无论从任何标准来看都是了不起的进步，而且他们仅用了一年时间就完成了这一进步。"另一个中国军事革命行动的例子是裁减部队规模，并且提高军官学历水平，尤其是个别部队的军官学历水平。例如，通过统计，中国军事专家现在可以骄傲地说，80%左右的二炮军官具有学士以上学位[32]。

不难发现，在军事革命的第一个阶段，中国的主要努力是收集关于军事革命的信息，并且做出应对。首先，这要求解放军在人员招募、训练和采购方面做出调整。关注"信息""非接触"和其他一些看上去温和的战争样式并不意味着军事革命是不流血的。实际上，解放军的战略家们认为美国通过操纵敌方的信息和远程打击军事目标，在海湾战争和科索沃战争中获得了显著的运动战效果。最终，中国在这一阶段的军事革命中似乎一方面继续让美国相信中国实力不如美国，另一方面则着手准备对抗美国，消除不平衡。

五、当代中国实践

近十年来，随着中国实施其军事革命战略，我们发现中国正从低调姿态向主动展示实力转变。20世纪90年代，中国一边收集军事革命相关数据，分析其对于力量平衡的影响，另一边继续推进全面现代化，从陆基运动导弹、升级后的核力量、高性能战斗机和水面舰艇、隐蔽性更强的潜水艇，到覆盖范围更广、性能更佳的防空系统、地雷、鱼雷等，尽管大部分依靠国外进口[33]。与此同时，遵循邓小平"韬光养晦"的原则以及压制敌方情报的经典中国传统思想，中国的上述进步均秘密进行，中国不通过有针对性的实验来展示其新型武器系统。但有一个重要的例外情况，那就是1995～1996年的台湾海峡危机。此外，许多新型武器平台也被部署在偏远、内陆的军事基地，相关军事演习也极为有限，曝光率低。

但是在近几年，有说法认为自2007年的反卫星试射（ASAT）以来，外界对中国的现代化军队结构有了更多的了解。解放军在试射中展示反卫星能力，越来越多地在网络空间开展军事行动，以及传言研制出新型反舰弹道导弹（ASBM），这些事件背后究竟隐藏着什么样的逻辑？解放军为何频频在复杂电磁环境下进行军事演习[34]？

同样，由于中国传统战略思想强调保密，因此美国学者很难找到相关文献以了解上述策略的套路。但从上面引用的解放军战略家的文章可以发现，中国已经展示出的实力以及传言已经掌握的能力具有威力巨大的破坏力。这些能力是非接触的，能够使解放军至少在先发攻击中远程打击敌人。2007年1月，中国成功利用直升动能杀伤飞行器将一颗失效的气象卫星摧毁，同时期还有轨道物体地基激光测绘等其他事件。这些事件似乎是特意在向美国传递一个信息，即其侦察和定位卫星系统在中国面前是脆弱的。以间谍活动、使功能失效和蓄意破坏为目的的网络入侵同样表明，中国具有能力扰乱美国的民事和军事行动。无独有偶，最近中国的反舰弹道导弹试射似乎是一个针对美国航母战斗群的先发制人计划的一部分。这一计划还包括陆基、空基和潜基巡航导弹，以及攻击潜艇上搭载的鱼雷。

这是否意味着中国已经放弃了"韬光养晦"，有信心公开其一度保密的国防立场？答案是否定的。实际上，中国的军费预算、军事理论以及可能与美国发生冲突的主要对抗领域仍然不清晰。发生变化的是，当隐藏实力这一做法不现实也不可取时，解放军现在用不确定性来替换隐瞒。这个不确定性不仅指的是军费预算，也包括中国在赛博或网络作战中的真实实力。

在网络领域，解放军即使发动攻击也可以通过合理的推诿来推卸责任，致使难以确定网络攻击的发动者。如果中国的导弹击中美国的卫星或者航空母舰，事实将摆在眼前无可争辩。但是，如果解放军试图使用网络武器，那么将很难发现他们行动的痕迹。从外国学者提出的这些重要问题可见，中国的部分实力展示与古代中国战略家关于保持信息优势的观点相一致。

2000年，时任大校（现任少将）陈伯江在面对美国采访时，就中国攻击能力以及对战争的预期问题有一个模糊的说法：

没有任何一个敌人"愿意与中国进行持久战"，即使中国可能被打败，但是战争的代价太大。另外，在中国的宏观战略下，"长期的战争也是不可取的。在新的历史条件下，国家的主要任务是推进经济建设……军事行动必须在有限的空间和时间范围内（迅速结束）"。

引用上述话语的Hawkins认为，陈伯江强调了攻击的重要性，并且"以攻击作为主要方式在高技术战场中异常重要"[35]。

可以推测，中国的目标是获取能力，通过一系列手段对敌人，甚至是常规实力处于优势地位的敌人，造成严重损失。这些手段包括从打击太空目标、电磁脉冲打击，到攻击航母甚至民用计算机网络。尽管可以发现一些新的蛛丝马迹，但美国对于解放军真正部署的武器装备仍然一知半解，这可能造成美国在警惕中国方面出现错误判断。面对中国可能拥有的多种破坏性武器，以及缺乏对解放军如何利用这些武器进行作战的了解，美国决策者可能会排除挑战中国的可能性。

六、结 论

还有两个问题亟须解答：上述对中国战略的解释是否正确？中国的军事战略专家认为军事革命可以改变中美之间的力量平衡，抵消甚至替代美国的常规优势，这是否正确？

第一个问题引发了其他假设，如中国并非意在挑战美国或者矫正目前的不平衡状态，而仅仅是想要表明其大国身份。如果这一假设成立，那么解放军的现代化就没什么奇怪的，综观其他大国的历史，这是中国必然要走的道路。但通过观察20世纪大国的不同行为，我们仍然很难确定上述分析是否成立。中国也许只是借鉴战后德国和日本的经验，避免挑战美国。

还有一个与先前分析观点不一致的可能假设，这是基于在现实中解放军的主要注意力仍然是国内安全，大部分的部队力量仍旧是陆军，负责边境控制、赈灾和其他常规或国内任务。这一做法也很容易理解。从中国官方视角来看，中国军事革命战略的优势之一是它与发展国内维稳力量的目标相一致。国内稳定依然是中国共产党领导人关注的重中之重。目前，解放军完全能够胜任上述任务，而且其已经获得了特殊的高技术能力，并在相关领域内进行了组织转型。此外，正如前文所言，解放军和共产党领导人都认为，外部威胁与内部威胁是相连的，因此国内的安全任务离不开对美国的威慑能力。

再看关于军事平衡的问题，中国的战略专家可能错误地认为解放军进行军事革命可以威慑，甚至在需要的时候战胜来自美国的威胁。他们的错误可能有以下几点：

第一，他们可能对展示何种威胁或者武器能够消除美国的意志做出误判，并且在既成事实后不得不面对意料之外的外界反应。

第二，从他们预测对"战争工程"或"线性"方法的利用程度看，他们可能没有预测到冲突升级的可能方式，也许敌人掌握并部署了目前中国未知的武器。

第三，在中国有选择性地展示其新型能力的过程中，他们也许会发现他们的行动引发了来自周边国家或者美国的意料之外的反响。这可能会导致在中国完全拥有该武器并打垮敌人的意志之前，中断中国正在准备进行的实力展示，甚至可能将解放军过早卷入冲突之中。可以想象，解放军领导层内部就如何和何时进行武器试验存在争论，并非每一次他们都能做出正确的决定。

来源：Jacqueline Newmyer. The revolution in military affairs with Chinese characteristics [J]. *Journal of Strategic Studies*，2010，33（4）：483-504.

译者姓名：敖峰

译者邮箱：proudmaple@sina.com；10254306@qq.com

注释

1. 至少有一位美国学者预测到了这一变化："我们生活在一个技术领域

大范围高速变化的时代，与此同时社会也很可能在大范围高速变化。技术变化的脚步在不断加快，我们还没来得及充分利用与适应信息和通信技术的进步，第二波对我们生活带来巨大改变的技术进步已经到来，那就是生物和人类科学，这很可能造成军事行动和组织方面的深刻变化。" Andrew W. Marshall：《前沿》，《军事科技革命：预判》，1991（华盛顿：战略与预算评估中心，2002）。

2. Marshall：《前沿》，《军事科技革命：预判》，1991（华盛顿：战略与预算评估中心，2002）。

3. Thomas Keaney 和 Eliot A. Cohen：《海湾战争空中力量调查总结报告》（华盛顿：美国政府印刷办公室 1993），235-251；Stephen Biddle，《军事力量：解释现代战争中的胜与败》（普林斯顿大学出版社，2005）。

4. Dima P. Adamsky：《透过窥镜：苏联军事技术革命和灭国军事革命》，《战略研究》31/2（2008年4月），257-294；Adamsky，《军事创新文化：对比俄罗斯、美国和以色列的军事革命》（斯坦福大学出版社，2010）。

5. 夏立平：《中美日战略关系：争取共赢和避免安全困境》，CPP20071109587001 北京：《世界经济与政治》，中文，2007年9月1日。

6. Michael Pillsbury：《中国思考未来安全环境》（华盛顿特区：国防大学出版社，2000）。

7. 王保存：《转型时期的军事变革》，FTS19980506000321 北京：《解放军报》，中文，1998年4月21日，第6版（译者注：该部分引文文字为译文）。

8. 同7。

9. Elliot A. Cohen，《战争革命》，《外交事务》75/2（1996年3/4月），37-54。

10. 王保存：《军事变革》。

11. 刘昆：《中国：鱼雷隐身》，FTS19960809000630 北京：《舰船知识》，中文，1996年8月9日，27。

12. 周方银：《信息革命对军事与安全的影响》，CPP20010817000186 北京：《现代国际关系》中文，2001年8月1日，28-32（译者注：上述引用文字转译自英语)。

13. 同 12。

14. 同 12。

15. 王保存:《军事变革》一文;周方银:《影响》一文;《紧密关注新时期军事技术革命》,朱光亚访谈,FTS19951023000001 北京:《解放军报》中文,1995 月 23 日,7;彭光谦、姚有志(编):《军事战略学》(英文版)(北京:军事科学出版社,2005),431-433。

16. Robert Butler, Charles Hawkins, and Timothy Thomas:《西方遇见东方:中国和西方学者就军事革命交换看法》,历史评价与研究组织(HERO)图书馆,可从 5www. herolibrary. org/p117. htm4 访问(访问时间 2009 年 6 月)。

17. Butler, Hawkins, and Thomas:《西方遇见东方》一文。

18. 中国国务院:《中国的国防》2004(北京:国务院新闻办公室,2004)。

19. Pillsbury:《中国思考》。

20. Jacqueline A. Newmyer,《石油、军队和影响:中国军事现代化背后的间接策略》,Orbis(2009 春),205-219;Pillsbury,《中国思考》。

21. 注意此处可以对比一下,一方面是唯物的、专制的和不确定的政治文化,另一方面是西方被统治者知情下的自由的法治,被统治者享有基本的权利,包括参与政治。

22. Sheryl WuDunn:《中国称苏联曾在选择领导人时出现错误》,《纽约时报》,1991 年 9 月 8 日,第 1 部分,13。

23. 《邓小平文选》第 1 卷(1938—1965),(北京:外文出版社,2006)。

24. 丁海明、孙兆秋:《中国"信息化蓝军"初现演兵场》,CPP20050711000095 北京:《解放军报》(互联网版)中文,2005 年 7 月 11 日,2。

25. 沈伟光:《世界战争发展趋势——减小破坏力》,沈伟光编:《论中国军事变革》(北京:新华出版社,2004),131-146,被引用至 Timothy L. Thomas,《解码真正的龙:中国信息作战和军事战略的重要科学和哲学变革——〈孙子兵法〉和信息战》(Ft Leavenworth, KS:外军研究办公室,2007);许和震:《聚焦大军事战略背景下的心理战》，CPP20001211000122 北京《中国军事科学》中文，2000年10月20日，67-76；许和震，CPP20011121000214 北京：《中国军事科学》中文，2001年9月30日，94-100。

26. 同25。

27. 范振江、赵田亮、《解放军报》记者张国宇：《信息战高技术战争准备需要军事理论创新》，CPP20030121000089 北京：《解放军报》（网络版）中文，2003年1月21日，6（译者注：上述引用文字转译自英语）。

28. 戴清民：《论军队信息化建设与信息战建设》，沈伟光编：《论中国军事变革》（北京：新华出版社，2004），39-47，引用于 Thomas，《解码真正的龙》（译者注：上述引用文字转译自英语）。

29. 戴清民：《论夺取制信息权》，CPP20030728000209 北京《中国军事科学》中文，2003年4月20日，9-17（译者注：上述引用文字转译自英语）。

30. 同29。

31. Charles F. Hawkins：《人民解放军着眼未来》，《联合部队季刊》，No.25（2000年夏）。

32. Andrew S. Erickson、David D. Yang：《在规则改变者的边缘》，美国海军研究所会议 135/5（2009年5月）。

33. Richard Fisher：《中国的军事现代化：周边与全球能力建设》（韦斯特波特，CT：Praeger 国际安全，2008）。

34. 中国国务院：《中国的国防》2006（北京：国务院新闻办公室，2006）；Cao Qisheng 和 Huang Chao：《济南军区进行频谱应用主题研究》，《解放军报》（英文版），2009年6月12日。

35. Hawkins：《解放军》（译者注：上述引用文字转译自英语）。

参考文献

1. Adamsky、Dima P.：《透过窥镜：苏联军事技术革命和灭国军事革命》，《战略研究》31/2（2008年4月），257-294。

2. Adamsky、Dima P.：《军事创新文化：对比俄罗斯、美国和以色列的军事革命》（斯坦福大学出版社，2010）。

3. Biddle、Stephen：《军事力量：解释现代战争中的胜与败》（普林斯顿大学出版社，2005）。

4. Butler、Robert, Charles Hawkins, and Timothy Thomas：《西方遇见东方：中国和西方学者就军事革命交换看法》，历史评价与研究组织（HERO）图书馆，5www. herolibrary. org/p117. htm4。

5. Cao Qisheng、Huang Chao：《济南军区进行频谱应用主题研究》，《解放军报》（英文版），2009年6月12日。

6. Cohen、Eliot A.：《战争革命》，《外交事务》75/2（1996年3/4月），37-54。

7. Erickson、Andrew S.、David D. Yang：《在规则改变者的边缘》，美国海军研究所会议135/5（2009年5月）。

8. Fisher、Richard：《中国的军事现代化：周边与全球能力建设》（韦斯特波特，CT：Praeger国际安全，2008）。

9. Hawkins、Charles F.：《人民解放军着眼未来》，《联合部队季刊》，No. 25（2000年夏）。

10. Keaney、Thomas、Eliot A. Cohen：《海湾战争空中力量调查总结报告》（华盛顿：美国政府印刷办公室，1993）。

11. Krepinevich、Andrew F.：《军事技术革命：一次初步评估》，1991（华盛顿：战略与预算评估中心，2002）。

12. Marshall、Andrew W.：《前沿》，《军事科技革命：预判》，1991（华盛顿：战略与预算评估中心，2002）。

13. Newmyer、Jacqueline A.：《石油、军队和影响：中国军事现代化背后的间接策略》，Orbis（2009年春），205-219。

14. Pillsbury、Michael：《中国思考未来安全环境》（华盛顿特区：国防大学出版社，2000）。

15. 戴清民：《论夺取制信息权》，CPP20030728000209 北京：《中国军事科学》（中文），2003年4月20日。

16. 戴清民：《论军队信息化建设与信息战建设》，沈伟光编：《论中国军事变革》（北京：新华出版社，2004）。

17. 邓小平：《邓小平文选》第1卷（1938—1965）（北京：外文出版社，2006）。

18. 丁海明、孙兆秋：《中国"信息化蓝军"初现演兵场》，CPP20050711000095 北京《解放军报》（互联网版）中文，2005年7月11日。

19. 范振江、赵田亮、《解放军报》记者张国宇：《信息战高技术战争准备需要军事理论创新》，CPP20030121000089 北京《解放军报》（网络版）中文，2003年1月21日。

20. 《紧密关注新时期军事技术革命》，朱光亚访谈，FTS19951023000001 北京《解放军报》（中文），1995月23日。

21. 刘昆：《中国：鱼雷隐身》，FTS19960809000630 北京：《舰船知识》（中文），1996年8月9日。

22. 彭光谦、姚有志编：《军事战略学》（英文版）（北京：军事科学出版社，2005）。

23. 沈伟光：《世界战争发展趋势——减小破坏力》，沈伟光编：《论中国军事变革》（北京：新华出版社，2004）。

24. 王保存：《转型时期的军事变革》，FTS19980506000321 北京《解放军报》（中文），1998年4月21日。

25. 夏立平：《中美日战略关系：争取共赢和避免安全困境》，CPP20071109587001 北京《世界经济与政治》（中文），2007年9月1日。

26. 许和震：《聚焦大军事战略背景下的心理战》，CPP20001211000122 北京《中国军事科学》（中文），2000年10月20日，67-76。

27. 许和震：CPP20011121000214 北京《中国军事科学》（中文），2001年9月30日，94-100。

28. 《中国称苏联曾在选择领导人时出现错误》，《纽约时报》，1991年9月8日。

29. 中国国务院：《中国的国防》2004（北京：国务院新闻办公室，

2004)。

30. 中国国务院:《中国的国防》2006（北京：国务院新闻办公室，2006）。

31. 周方银:《信息革命对军事与安全的影响》，CPP20010817000186 北京《现代国际关系》（中文），2001年8月1日。

2015~2020年中国军事改革：国防、对外政策与国内政策的视角

安·阿·科科申（А. А. Кокошин）*

译者导读：俄罗斯科学院院士、俄罗斯国家安全委员会第六任秘书安·阿·科科申分析了中国2015~2020年正在大规模推进的军事改革、国防以及内政外交政策。作者揭示了中国战略管理体系的特点，提供了中共中央军事委员会和中华人民共和国中央军事委员会的大量独特信息并做了评价，研究了中华人民共和国中央军事委员会新组建机构（联合参谋部以及跨军兵种战区）的作用。本研究基于作者与中国方面实际接触所获取的有关中国政治体制、国防战略管理体系和中国人民解放军的实际情况，也参考了俄罗斯知名中国问题专家的系列研究成果。鉴于作者行文观点的地缘政治立场，本文有删略。通读全文时，读者应秉持批判性思维和眼光。

一、研究的基本内容

2015年，由中国共产党和国家最高领导人宣布实施的军事改革，就其广度和深度来说都是史无前例的。本次改革是为了赋予中国军队新的品质，确

---

* 安·阿·科科申系俄罗斯科学院院士、俄罗斯国家安全委员会第六任秘书。
译文来源：安·阿·科科申：《2015~2020年中国军事改革：国防、对外政策与国内政策的视角》（第二次增补版），莫斯科：俄罗斯科学院社会政治研究生出版社，2016年。
译者：崔勇（海南热带海洋学院外国语与国际文化交流学院俄语系副教授）、刘燕（国防科技大学文理学院军事外语系教授）。

保其更加令人信服的战略遏制和在未来局部战争中取胜的能力，也反映出中国政治体制发展到达了一定阶段，该阶段再次强化了中国共产党在中国政治生活，特别是武装力量中的作用。军事改革在中国对外政策中起重要作用。很显然，国家安全政策中的军事因素将发挥更加显著的作用。此次军改也与中国领导层在军队以及全国范围内大力推进反腐败斗争密不可分。正如俄罗斯科学院院士 М.Л. 季塔连科所说，中共党员和国家官员存在的腐败问题是十分危险的，是"最为严肃、生死攸关的问题，威胁到社会主义事业和中国共产党在群众中的威信"。

党和国家领导层通过中共中央军事委员会和国家中央军事委员会机制对军队进行多层面的监督，军队仍旧承担着维护国家内部安全的使命。当然也不排除取代"七大军区"而新成立的五大战区将在国内危机情况下履行原来"大军区"的职能。自上而下进行的管理（编制）机构改革是保证合法进行大规模干部调整的传统手段，干部调整本身能提高军队解决问题的有效性，也能确保指挥员和政治委员所应有的忠诚。中共中央军事委员会和中华人民共和国中央军事委员会已形成几十年，并在改革过程中不断发展，中国的政治军事和军事战略管理体系将保留鲜明特色。

二、引　言

2015年11月底，中华人民共和国国家主席习近平宣布在中国开始推行大规模的军事改革。这次改革涉及国防和国家安全领域战略管理体系的各个环节。中国领导人在正式声明中强调，中国人民解放军的改革任务与顺利建设有中国特色的社会主义国家和在国家生活各领域保证中国共产党的领导权具有密不可分的联系。积极推进建设现代化武装力量对保证实现习近平提出的"中国梦""中华民族的伟大复兴"具有重要意义。中国国防大学教授公方彬在接受《人民日报》采访时说，"中国民众认为，'强军梦'应支撑'中国梦'"。

军改聚焦于提高中国人民解放军维护国家外部安全的能力，包括"取得局部战争胜利"的能力。正如习近平在宣布开始军改前（2013年3月11日）的发言中所指出的那样，"对军队的最主要要求就是'能打仗，打胜仗'"，为此必须"强化官兵当兵打仗、带兵打仗、练兵打仗思想"。显然，军改的最重要任务之一就是在军队中建立机制，使腐败最小化。改革宣布在2020年前完成。需要指出的是，2010年中国的国防白皮书就宣称2020年将是中国"军队信息化"建设取得"重大进步"的转折年。

  2015年的改革在很多方面都是无例可循的。将此次改革与美国依据1986年《古得沃特尔—尼古拉斯法案》所进行的大规模战略管理体制改革相比是不合适的。习近平主持的中国军事改革规模更庞大也更彻底，因为它触及有关能否保证中国政治体制稳定的内政领域的根本问题。这次改革也与中国正在进行的大规模反腐败斗争有紧密关系。在中国共产党中央委员会第十八次代表大会上，最高层几乎把腐败问题视为中国最严重的威胁，指出"这一问题若不能正确解决，将给党带来致命的伤害，甚至会亡党、亡国"。在中国人民解放军及其他强力机构（特别是公安部）范围内进行的反腐败斗争，被认为是中国维护国家现实安全的最重要因素。

  改革至少准备了七年时间，习近平亲自参与了改革方案的最后制定。

  中国共产党领导层、中国人民解放军政治和指挥高层，就中国在向"第二大强国"角色转变的新形势下武装力量如何发展展开了积极论争。据悉，中国举行了860多场由军地专家参与的研讨会和论坛，对解放军700多支不同军兵种的部队官兵进行了问卷调查，参考了900多位指挥员、司令部人员、参谋及政工人员的意见。这符合中国近15~20年来形成的"民主咨询"实践。中国专家强调，中国在军事改革准备过程中积极研究了美国以及不久前俄罗斯军队改革的经验，并且仔细评估了中国在该领域的自有经验，其中包括对战争史和战争理论、军事艺术进行了大量深入的研究，对各国不同历史时期的政治军事体系和军事战略管理体制进行了对比分析。中国人民解放军军事科学院、中国人民解放军国防大学、中国国际战略研究院等机构发挥了重要作用。中国专家翻译了大量国外军地专家的研究成果。这些成果被数千将军和军官、中央军委和其他机构的专家在制定军改方案时使用。① 中国学者和专家从不同维度研究军事革命。特别是美国国防部领导（阿什顿·卡特和罗伯特·沃克）在"第三抵消战略"概念提出和实施方面的努力，极大地吸引了中国军事领导人和专家的关注。

审视军事改革深层问题（特别是以战区代替"大军区"）时，党和国家领导人面临的核心问题之一是如何进行军力配备。一方面要更有效地运用军事力量服务于对外政治利益，另一方面要保持解放军在国内维稳中，特别是在可能发生国内政治危机情况下履行使命的作用。

习近平、军队领导以及专家们在多次发言中反复强调了"党对中国军队的绝对领导权"这一主题。2012年12月，习近平在广州军区视察时强调，国防和军队建设必须"坚定不移听党指挥"。他说，"思想建设、政治建设是强军的首要任务"，必须"时刻用有中国特色社会主义理论武装我们的官兵""培养他们的现代革命军人的基本价值观"。2013年3月11日，习近平在出席第十二届全国人大一次会议解放军代表团全体会议时强调，要"坚决毫不动摇地坚持党对军队的绝对领导的根本原则""保证军队绝对忠诚、绝对纯洁、绝对可靠""一切行动听从党中央和中央军委指挥"。"党指挥枪"这一原则一直存在于中国的政治生活中。中国的各届领导人都强调这一点，包括之前江泽民和胡锦涛都多次强调中国共产党在"建设有中国特色社会主义"过程中的特殊作用。然而，中国在市场经济发展、企业家数量和实力快速增长形成新的社会阶层的情况下，中国共产党及其马列主义、毛泽东思想和邓小平理论等官方指导思想在整个社会生活中的作用问题越发尖锐。因此，在现代条件下确保中国共产党对中国强力部门的决定性领导权力，特别是对中国人民解放军以及整个武装力量（具有真正中国特色的）的决定性领导权力，具有十分现实的意义。毫无疑问，习近平提出的军队和武装力量完全听从党的指挥这一要求比之前的领导人更加鲜明、更加突出。因此，现任中国领导人

---

① 作者的《战略管理》（莫斯科 РОСПЭН 出版社，2003年）一书中文版已经发行三版。该书对俄罗斯帝国、苏联、俄罗斯联邦、中国、美国和西欧国家政治军事领域的战略管理体制进行了对比分析。

在这方面的行动不能低估。

三、中国 2015 年改革是实现军事实力长期发展计划的新阶段

2001 年，时任国家主席、中央军委主席的江泽民提出了发展国防工业潜力和在 21 世纪中叶实现军队现代化的战略。俄罗斯科学院远东研究所的研究认为，该战略包括三个阶段：第一阶段（2010 年前）是奠定改革的基础；第二阶段（2010~2020 年）是中国军队应成为亚洲最强的军事力量；第三阶段（2020~2049 年）是实现军事力量现代化并达到发达国家先进水平。可以确认，这一计划总体上是可以实现的，尽管依照很多中国问题专家的判断，现任领导层因为当前的军事改革而较少在发言中提及上述计划，但是他们也常指出，实际上中国武装力量现代化的很多指标实现的速度要比上述计划实现得更快。同时，各类专家也强调，解放军在建立实时高效的战斗管理体系、通信、监督、侦察、目标指示、各级高水平干部配备、制定战略、战术、作战层面真正的"联合"行动方面，还有很多复杂的问题有待解决。

2003 年本文作者发表了（在《战略管理》一书中）一系列有关中国军力发展的预测性评价。其中特别强调了随着中国经济的高速增长，中国会"发展与其世界经济和政治影响力相适应的军事实力，包括战略核能力。因为中国的军事政治影响力在 10~15 年后将比现在更具影响力。但是即使在亚太地区，中国的军力也要远逊美国。中国要形成在全球范围内投射军力的能力至少需要经过 40 年"。

我们注意到中国未来对战略管理体制改革的需求，"军事力量此时可能成为中国对外政策中更加重要的因素，从而要求变革战略管理体制，因为这一体系已经运行几十年且没有明显的改变"。这种分析评价意味着，"不应排除十年之内高层国家领导决定在海军中建立带核弹头的弹道导弹核潜艇导弹部队"。与美国海军相比，中国海军未来将快速增长，但还无法"中和"美国在世界大洋中的统治地位。"首先，这将是一支可以在太平洋各水域行动的舰

队,但还不能向在世界大洋中具有统治地位的美国海军'发出挑战',不过在亚太部分区域事关中国利益(孙子所言的"利")的重要地区,能够根本改变战役战略和军事政治格局。即台湾周边地区,包括远海区域,即中国海军舰船和飞机能够迎击'其他国家集团'空中打击的范围内。"

作者曾预测,"很多专家认为,中国有能力以直接或间接的方式(不一定以直接开展军事行动的方式),不仅对台湾(中华人民共和国对台湾的主权实际上毫无争议),而且对钓鱼岛(与日本的争议地区)和南沙群岛(与越南和其他国家的争议地区),以及一些其他领土使用军事力量"。

预见到解放军海军实力快速发展,"2010年后中国非常可能(如果经济情况允许)成为其几百年历史都未实现的海洋强国"。

需要指出的是,这些预测在2016年都基本实现了。

在中国人民解放军、中国国防工业和科技还没发展到更高水平时,中国领导层坚决要求遵循20世纪80年代末至90年代初邓小平的遗训,即"韬光养晦""不出头"这一中国传统思维谋略,尽可能限制野心。中国领导人多次提出,中国不应提前承担与美国积极对抗、全面与美国的军事实力对抗的负担,不要重蹈苏联的覆辙。

各国专家认为,最近几年北京不再执行"韬光养晦"的政策。证明之一就是中国在解决南海岛屿和水域问题上的行为,也包括中国对2016年7月12日海牙仲裁法院裁决的反应。该裁决承认与中国对南中国海领土有争议的菲律宾和其他三个国家的立场的合法性。北京各级高官称海牙法院的决定是"一堆废纸"和"挑拨离间",强调它们主要有美国在背后撑腰,中国以各种方式(通常为非直接的方式)批评美国的"霸权主义"。

不应排除,围绕南海问题而发生的事件可能意味着中国在对外政策、军事政策上的转折,不仅对亚太地区,而且对整个世界政治体系、国际秩序都有着重要意义。

可以预计,美国在这方面会投入更多的军事部署,力求"抵消"中国及中国人民解放军能力和效力的增长。不能排除这一地区紧张程度会加强,甚至发生危险的政治—军事对抗的可能性。

中国领导人所采取的中国发展模式及其在国际舞台上的行为表现，还无法使中国不断增长的经济实力快速转化为国际政治（包括军事实力），进而是意识形态的影响力。

在评价中国领导层发展军事实力的初衷时，必须指出，中国很多政治领导人和军队高层确信，美国大多数"国家安全统治集团"的战略任务不仅是通过"遏制"政策限制中国的对外影响力，而是要保证截断中国成为"第二大强国"的进程，达到消灭中国的政治体制、瓦解国家的目的，就像1991年的苏联那样。这极大地提高了中国和美国对抗的"筹码"，包括核武器方面。一旦发生这种来自美国的威胁，不仅对中国领导人，而且对千百万普通国家党政机关工作人员、中国人民解放军指战员来说，与美国进行斗争就不仅是政治的，而且是社会经济的，甚至是自身生存的问题。美国威胁的存在会导致中国资源，包括国防资源的转移，而美国直到今天也没有人能预见到这一点。

北京意识到，中美经济高度互相依赖，不仅能很大程度上限制可能的政治军事冲突，而且也限制了经济金融领域本身的冲突。现今唯一超级大国与亚太地区潜在超级大国（以中国为代表）的这种相互依存，而且双方也都意识到了这种依存关系，是与其在东北亚和东南亚包括军事层面的严重矛盾并存的。

最近几年，如同我们上面已经提及的那样，不止一次产生这样的疑问，即美国强化"遏制中国"政策、宣布重返亚太的行为，在北京方面看来具有对抗中国的性质，在此种刺激下，中国领导层是否会放弃节制、小心的原则。

未来国际政治（包括政治军事和军事战略领域）的核心问题是美中关系是否会激化，从而产生危机，就像另一对超级大国苏联和美国1962年10月发生的加勒比危机一样。谈及中美关系的未来，现代政治学经典人物——夏威夷大学教授G.埃里森引用了古希腊历史学家修昔底德关于伯罗奔尼撒战争真实原因的论述[①]。当时两个争夺希腊霸权的竞争者——斯巴达和雅典发生了冲突。埃里森警告美国不要陷入"修昔底德陷阱"，与年轻的、实力不断增长

[①] 修昔底德写道："我认为，战争产生的真正原因，尽管十分隐蔽，是斯巴达人担心雅典不断增长的实力而被迫发动的战争。"

的超级大国中国进行军事对抗。

依靠中国在科技和工业方面的成功,最近10~15年中国的国防工业取得了巨大成就。中国国防工业正在从复制向自主研发转换,急剧减少了对进口俄罗斯武器、军事装备、军事技术的依赖。[①] 对俄罗斯来说,这类合作不仅保存了一系列重要的国防工业,而且也保留了许多高科技生产企业。依靠与中国军事技术合作获得的资金,在很多方面为俄罗斯未来武器系统的建立做了一定的科技储备。

解放军的现代化过程伴随着员额的裁减。众所周知,正在进行的军事改革将裁减解放军数额30万人,这是2015年9月3日习近平宣布的裁军命令。行政人员、非战斗人员,包括管理岗位的工作人员将面临大幅裁减,但裁减也可能涉及部分解放军陆军部队。解放军的裁军始于1985年。当时军队员额为450万人。裁减的主要是陆军,部分陆军转为人民武装警察。1991年解放军员额略微超过300万人。裁减的主要是陆军,并且一直在进行。2012年解放军数量为228.5万人,包括近160万人的陆军。据估计,大部分解放军(包括整建制的部队)转交给了武警部队,用于加强新疆维吾尔自治区和西藏自治区的力量。不排除这次裁军也会这样做。

中国现代军事力量的发展始于2004年底胡锦涛主席召开的中央军委扩大会议。这次会议给解放军提出了以下长期任务:"军队要为党巩固执政地位提供重要的力量保证,为维护国家发展的重要战略机遇期提供坚强的安全保障,为国家利益提供有力的战略支撑,为维护世界和平与促进共同发展发挥重要作用。"

胡锦涛在2012年11月召开的中国共产党第十八次代表大会上发言指出,实行"新时期积极防御的军事战略方针……要适应国家发展战略和安全战略新要求,着眼全面履行新世纪新阶段军队历史使命,贯彻新时期积极防御军事战略方针,与时俱进加强军事战略指导"。胡锦涛在结束任期时强调,"高

---

① 20世纪90年代,在"休克疗法"的影响下,俄罗斯国民生产总值严重下降,发生大规模逆工业化过程,至今仍未克服。向中国和印度出口武器关系到俄罗斯国防工业复合体的生存。军事技术合作以及相伴的军事合作,极大地促进了中俄政治上的接近和对国际安全问题的相互深入理解。

度关注海洋、太空、网络空间安全，积极运筹和平时期军事力量运用，不断拓展和深化军事斗争准备，提高以打赢信息化条件下局部战争能力为核心的完成多样化军事任务能力"。

解放军对发展海军倾注了很大的努力。20世纪80年代末，中国制定了"近海积极防御"的指导思想。依据这一方针，解放军海军应该获得保证在中国毗邻海域，包括所谓的"第一岛链"取得一定阶段的主导能力，并逐步推进至"第二岛链"。远期考虑建设远洋舰队的可能性。到最近7~8年中国才有能力实现这一指导思想。而且"掌控第一岛链海域"被认为是解决台湾问题、防卫中国最发达（和人口最稠密）地区、进入南中国海的必要条件，其中包括使用航空母舰。

北京的主要任务是保证南海与东海争议岛屿和水域的主权。众所周知，这是中国与美国支持的东南亚国家（首要的是菲律宾）尖锐冲突的原因（每年经过南海运输的贸易量为5.3万亿美元，约占世界贸易总量的25%）。

许多证据表明，解放军近年在南海地区达到了全新的力量对比，能够使美国的航母战斗群保持在离中国海岸"一臂的距离"。与20年前的情况完全不同，当时中国面对美国的直接政治军事压力，包括使用像航母战斗群这样的传统手段时，显得十分脆弱。

解放军海军面临着保障经过印度洋和南海的中国重要海上交通线的问题。在世界各地区"展示旗帜"成为中国海军更为重要的功能。

中共十八大召开以来，可以确认，在习近平执政时期内，解放军已经做了很多工作，特别是在军队技术装备的配备方面。

2015年的军事改革在组织与管理方面使中国共产党和国家领导人努力建设新时期规模更大、内容更丰富的"积极防御"的能力得到了强化。

四、解放军新建管理机构

应当指出，解放军组织结构在三个层面上发生了显著变化：国家层面、战区层面和军兵种层面。

中国共产党及国家领导人多次指示，武装部队的管理应使用"现代管理技术"。

以前的四总部，即总参谋部、总政治部、总后勤部和总装备部，改组成为15个机构。设立了中央军事委员会新机构：联合参谋部、政治工作部、后勤保障部、装备发展部、训练管理部、国防动员部，还包括中央军委纪律检查委员会和政法委员会。此外，中央军委还组建了以下机构，如军委科技委员会、军委战略规划办公室、军委改革和编制办公室、军委国际合作办公室、军委审计署、军委机关事务管理总局。

军委政治工作部负责全军党的建设、政治教育，保证军队绝对服从党的领导，通过发展党的建设，保障政工干部开展活动，从而进行"军事人力资源管理"工作。

联合参谋部最大限度摒弃了原来解放军总参谋部的行政和经济职能，教学机构不再隶属于联合参谋部，联合参谋部也完全不用负责动员问题，以及原总参谋部（与总后勤部同时）负责的解放军后勤保障工作。联合参谋部的任务是战役战略筹划和"军队联合管理"。正如中国专家所强调的那样，联合参谋部的主要任务之一是"研究未来战争和如何制胜"的问题。

正如前面所指出的，解放军和一系列非军方研究机构正在从军事角度积极研究国际安全问题、战争和军事艺术理论及应用问题，更加关注研究美国的政治军事和军事战略经验、军事技术方面的政策，更加关注苏联和现代俄罗斯相关问题的著作。

中国的政治军事和军事思想精神变得更加积极、行动更加坚决，但以解决有限的、经过严格权衡的政治和军事战略目标为限，更加关注不同层面的战略核遏制和非核遏制问题。毛泽东思想在中国政治军事和军事战略研究方法中发挥了重要作用。毛泽东被很多国家公认为是一位独树一帜的军事思想家，而且解放军认为毛泽东的方法遵循孙子兵法精神，清醒务实地评价了自身和对手的政治军事实力，具有现实意义。

与解放军总参谋部一样，联合参谋部的主要机构是作战局，在一定程度上类似于苏联和俄罗斯总参谋部作战总局。据资料显示，联合参谋部保留了大部分战略侦察特权（和机构）。中央军委联合参谋部的主要任务之一是实现跨军兵种作战训练（经常与战斗训练相交叉）。可以高度假设，解放军的联合参谋部将结合俄罗斯总参谋部和美国武装力量参谋长联合委员会，准确地说是联席会议（Joint Staff）的特点，但是中国的联合参谋部不会变成类似美国参联会的机构。①

可以认为，军委装备发展部是解放军原总装备部的直接延续。

军委后勤保障部是原总后勤部的延续，但后勤保障部没有原总后勤部所具有的金融监管功能。

国防动员部将负责动员训练并为军队提供后备人员。该部将领导和管理省级军区，省级军区将不再隶属于跨兵种战区联合司令部。中国专家强调，在现代条件下，动员工作是一项"战略性工作"，应当得到国家高层领导的关心。

至于军委纪律检查委员会，应当指出的是，该机构曾隶属于总政治部，受总政治部副主任领导，但现在是军委领导的独立机构。

据判断，训练管理部应负责军人的军事训练组织工作。据一些资料显示，该部对军事教学机构有管理权限。

军委政法委员会保证军队的秩序严谨。该委员会负责调查解放军的刑事犯罪和预防工作，而且强调依法行使职权。著名俄罗斯中国问题专家 В. Б. 卡申指出，"政治法律委员会将领导军事检察院、军事法院。该机构将下辖军队主要维法机构——原总政治部的保卫局"。但据其他资料显示，该部仍隶属于解放军政治工作部。

军委改革和编制办公室将根据跨兵种高度融合联合作战的任务，完善解放军的结构。该办公室将根据现代管理科学的要求，研究集团军、兵团、部队的编制表，保证高水平整合、"联合"。

组建军委科技委是为了适应强化解放军武器装备、军事技术和专用技术创新的要求，特别强调军事和民用科技"融合发展"的重要性。

取代"七大军区"成立东部、南部、西部、北部和中部跨兵种战区，涵

---

① 1986 年的《古得沃特尔—尼古拉斯法案》明确指出，美国参谋长联席会议不会行使也不会拥有其他所有武装力量总参谋部所拥有的执行机关的职权。

盖"整合战区"。东部战区联合司令部在南京,南部战区联合司令部在广州,西部战区联合司令部在成都,北部战区联合司令部在沈阳,中部战区联合司令部在北京。正如上面所强调的,"省级军区"不隶属于这些司令部,其作用发生了变化。建立联合司令部代替"七大军区"并不意味着这些司令部(具有跨兵种及跨区域性质)将失去内部政治功能,即其指挥官和政治委员在国家危机情况下所具有的职能。这一问题毫无疑问还需要进一步厘清。

在西部联合战区集中了最主要的人民武装警察部队(上面已经提及,属于中国武装力量的一部分,受国家中央军委和公安部双重管理),是为了完成保证新疆维吾尔自治区和西藏自治区内部安全的任务。

从20世纪80年代起,解放军在全国的军力和资源部署发生了变化。随着对外政策环境的变化,大大缩减了北部方向的军力,同时加强了东部和南部的力量。

并不是所有专家都注意到,与跨兵种联合战区司令部同时成立的还有一个功能司令部——战略支援部队。据现有信息显示,它主管信息战、无线电电子战和特种作战部队的行动。曾任军事科学院(中央军委的"智库")院长的年轻将军高津担任该部队的司令。

根据2015年改革,各军兵种负责建设、训练、发展,不再具有战役指挥、战斗和非战斗部队使用的职权,"战时"一切作战指挥权归联合参谋部和跨兵种战区司令部所有。与解放军海军和空军领导机构一样,成立了解放军陆军领导机构,它在以前的战略管理体系中是没有的,原来陆军直接由总参谋部管理(陆军包括师和旅,参考俄罗斯联邦改革经验,初期完全取消了师级建制,后部分恢复)。

另一解放军军种火箭军部队[①]是在原"第二炮兵部队"的基础上组建的。该部队没有像苏联和俄罗斯军队那样根据武装力量军种(后为兵种)成为

---

① 中华人民共和国国务院官方文件阐述这支中国人民解放军的任务是:"第二炮兵(战略火箭军)是战略威慑的核心力量。主要担负遏制他国对中国使用核武器,在必要情况下进行核反击和常规导弹精确打击任务"——见国务院新闻办公室:《中国武装力量的多样化运用》,北京:外文出版社,2013年4月,第14页。

"战略火箭军"。该军种包括洲际远程核导弹、中型弹道核导弹以及普通导弹。中程和近程非核导弹可能属于双重隶属——隶属火箭军和相应的跨军种司令部。就是这种导弹在亚太地区，在中国和美国及其同盟之间建立了新的力量平衡。

五、结　语

中国进行的军事改革是与中国共产党和国家领导人给中国人民解放军提出的新任务的性质相关的。该任务反映了中国经济和科技已经发展到更高的水平。这次改革是中国领导人发力反腐败斗争的一部分，因为腐败不仅威胁国家经济顺利发展，而且威胁国家政治稳定（甚至整个政治体系）。

毫无疑问，中国共产党、党的高层权力机关，包括中共中央总书记和中央政治局常务委员会一定会保持甚至加强对武装力量的政治和意识形态的管控，中国高层将加强对中国人民解放军的关注。

也有理由相信，经过军事改革之后，中国共产党中央军委和国家中央军委对武装力量的管理作用将得到极大强化。

战略管理体系改革、武装力量编制以至战术环节的改变，将为中国人民解放军指挥和政治队伍的更新提供广泛的可能，提高武装力量适应现代军事任务的能力，保证军队忠诚于中国国家政治体制和中国共产党的领导。

改革使中央军委机构之间的部分权力分散，目的是保证在这一领域内形成中国体制特有的、更加发达的"控制与平衡"体系。需要指出的是，这种情况使中央军委的管理职能更为复杂，需要管理数量众多的机构（增加了2倍多），这也意味着中央军委副主席的作用将加强，也需要更多的时间和努力才能使这一新体制发挥有效作用。

中国国防白皮书评析

张　建（Jian Zhang）

译者导读： 自1998年以来，中国政府发布国防白皮书走向常态化和机制化，成为外界了解中国安全战略和国防政策以及国防和军队现代化建设的一个重要渠道，在阐明我国政策立场、增信释疑方面发挥了日益重要的作用。

国防白皮书积极回应外界对我国国防政策的关切，指明了军事和国防现代化建设的发展方向，一经发表便引起广泛关注，成为有关国家、智库、学者研究中国军事力量和国防政策的重要依据。此文通过研究对比1998~2010年间发布的七部白皮书，探讨白皮书发布的缘起和目的，研究文本的结构和内容演变，试图推测我国战略前景和军事战略。在看似客观的研究基础上，该文居然得出我国发布国防白皮书有更深刻的政治、战略考量的结论，认定白皮书是我国"舆论战"的重要组成部分，这样的结论耸人听闻，但并不新鲜，它是"中国威胁论"的翻版，只能从作者自身的立场去找原因了。

长期以来，中国国防白皮书由于缺少实质性内容，且无法提供有关其真实战略意图和军事实力的有效信息而受到冷遇。但1998年至今，中国政府始终坚持每两年发布一部国防白皮书。近年来，中国政府对国防白皮书更加重视。本文认为，当前，中国国防白皮书应该得到更广泛的关注。通过研究中国国防白皮书的制定过程、功能界定，以及其不断调整的内容和结构，本文将说明中国国防白皮书较之西方的不同性质和目的，中国国防战略观的继承和发展以及在中国崛起，中国在国际事务中形成更大影响力的背景下，中国对自身军事实力认识的演变。

2011年3月31日,中国发布了最新版国防白皮书《2010年中国的国防》。自1998年第一版白皮书至今,国务院已经每两年一部、共发布了七部中国国防白皮书,其是中国国防部就其战略观、国防政策和军事实力方面公开发布的官方阐述。

中国人民解放军对国防白皮书的发布日益重视,白皮书的发布也日益成为媒体的关注重点,被国内媒体广泛报道。特别是2009年1月20日发布2008年国防白皮书时,中央军委首次四部门高级官员全部出席发布会,回答中外记者提问。新闻发布会由中国官方媒体中央电视台第四频道向国内外观众全程直播。国防部还特别为76个使馆的武官详细介绍了新发布的国防白皮书。白皮书发布后不久,其主要起草者——军方的资深官员都身着军装接受了多家主流官方媒体的采访,并通过主流互联网论坛回答中国网友的提问。这一形式于2011年3月推出2010年新版白皮书时再次被使用。

1998年至今的七部国防白皮书是中国唯一定期公开发布的国防事务性官方文件。需要特别指出的是,白皮书主要由解放军现役高级官员起草,并在中国军事实力和国际地位有了显著提高的这一阶段发布。尽管没有面面俱到,但总体上来看,白皮书在中国十多年来的战略前景、国防政策和军事战略的继承和发展方面提供了重要的阐释。

本文旨在对中国迄今发表的七部国防白皮书进行初步分析,共包含五部分内容。第一部分研究中国发布国防白皮书的目的、白皮书的性质及其如何为不同的战略目的和政治目的服务;第二部分着眼于白皮书的制定过程;第三部分研究七部白皮书在结构和内容上的演变;第四部分对白皮书中的中国战略观、中国对军事力量在国际事务中角色定位的认识以及中国军事战略进行了批判性评价;第五部分对中国国防白皮书的性质作了简要评论。

一、中国国防白皮书:缘起与作用

中国于1998年7月25日发布了第一部国防白皮书——《中国的国防》。

在此之前，北京曾发表过一部关于军备控制和裁军的白皮书，这部白皮书是1949年后中国发布的首份关于国防事务的政府白皮书，尽管1995年白皮书提到了中国的国防政策原则，但它侧重于中国在军备控制和裁军上的政策和措施，因此，1998年的国防白皮书才是第一份公开阐述中国总体国防政策和军事发展的官方文件。除了部分的修改，1998年白皮书的基本结构被后续白皮书所沿用。

最晚自20世纪70年代以来，西方国家普遍通过发布国防白皮书来提高本国的军事透明度。但对中国来说，发布国防白皮书就是一个巨大的进步。在中国，人们长期将军事事务视作机密和敏感话题，甚至长期将军事透明化视为对国家安全的潜在威胁。

目前对于中国发布国防白皮书的目的主要有两种解释。第一种解释认为，冷战结束后，中国军事现代化发展迅速，国际社会对此的关注日益增多，区域性多边机构和其他国家对中国的军事透明度问题进行施压。在这方面，东盟地区论坛被认为发挥了尤其重要的推动作用。1995年以来，东盟地区论坛推动论坛成员发布国防白皮书或国防政策文件，以此作为建立区域信任的具体举措。自1994年加入东盟地区论坛以来，中国政府越来越感受到周边国家对中国军力增长的担忧和提高军事透明度的压力。此外，在双边层次上，美国和众多亚太国家长期要求中方对其军队现代化的进程和目的更加公开化。总而言之，外部压力在很大程度上导致中国从1998年开始发布国防白皮书。第二种解释同样强调了外部因素对中国在安全和国防问题上合作日益和开放态度的影响，但更侧重于中国参与区域多边机构的社会化效应，以及同其他区域内国家交往的积极经验。该解释未侧重于外部压力和诋毁因素，而是强调通过参与多边机构，中国越来越融入国际规则和标准。总而言之，中国进一步认识到军事透明对于建立区域信任、减少中外间疑虑的重要性，因而开始发布国防类白皮书。

这些观点虽然提供了重要见解，却无法充分解释为什么在外界广泛认为中国国防白皮书缺乏透明度的情况下，解放军仍对白皮书日益重视。本文认为，仅仅是外部因素不足以解释发布白皮书的动机，这低估了中国军方将白皮书用于政治和战略目的的意图和能力。对这一问题的深入研究,揭示出白皮书背后一系列更多的战略考量。1998年白皮书发布后,其主要作者之一,中国人民解放军军事科学院战争理论和战略研究部的陈舟大校立即接受了中国最重要的军事刊物《中国军事科学》的采访。在采访中,他列举了中国发布白皮书的三个主要原因:第一,促进中国与其他国家交流、合作,增进互相理解。第二,反驳20世纪90年代初以来西方流行的"中国威胁论"。陈舟认为,"中国威胁论"是由美国和其他西方国家的反华势力所驱动,企图遏制中国的崛起。据他介绍,1998年白皮书和其他外交、政治斗争手段相互配合,共同打击"中国威胁论"。第三,发布白皮书旨在树立中国和平、负责任的大国形象。陈舟后来透露,发表国防白皮书来驳斥"中国威胁论"是由中央军委直接授意的。

由于中国将国防白皮书用于外交和国家形象建设,因此其性能有别于其他国家的白皮书。一般来说,国防白皮书的关键职能是为国防政策、军事战略和部队规划提供战略指导,为国防开支提供依据,并因其公开该国的军事意图和能力而成为一种信任建立的手段。但是,中国的国防白皮书有不同的目标。从设计之初,它就不是作为一种战略性政策文件,用于指导和通报国家的军队结构、军事战略和军力建设;也不是一种用于提供完全透明且被世界广泛关注的中国国防政策和军事能力信息的手段。相反地,它被设计为一种外交手段,用于传播经过筛选的信息,从而抗击"中国威胁论",建立中国负责任的大国形象。

由此看来,中国国防白皮书试图向外界传递其国防政策的"防御性"和与其他国家合作的愿望,也就不足为奇了。一位中国评论家曾统计,"合作"一词在24000字长的1998年国防白皮书中出现了48次。1998年白皮书还用一个段落具体介绍了中国的历史文化,强调中国爱好和平的传统:

中国实行防御性的国防政策,还渊源于中国的历史文化传统。中国是一个有五千年文明历史的国家,有爱好和平的传统。中国古代思想家曾提出过"亲仁善邻"的思想……这种思想表现在军事上,就是主张用非军事手段来解决争端、慎重对待战争和战略上后发制人……新中国的国防政策，继承和发扬了中国优良的历史文化传统。

然而，通过白皮书进行形象建设和外交不能被简单地理解为一种中国军方的传统宣传手段。更重要的是，这种做法越来越受到解放军新的现代战争观的推崇。该观点认为："战争不仅是军事斗争，更是政治、经济、外交、法律上的综合竞争。"出于这种多维战争观，"舆论战"成为以"三战"思想为基础的解放军信息战策略的重要组成部分。对于解放军来说，"舆论战"旨在"影响国内、国际舆论，为中国的军事行动提供国内外支持，避免敌人采取伤害中国利益的政策"。

在此情况下，中国的国防白皮书旨在发出中国声音，改变国际上对其军力提高和未来政策趋势的探求，应该被视为解放军"舆论战"策略的重要一环。时任国防部外事办公室主任的张邦东少将曾就发布白皮书的目标说道："建立公正、友好的舆论环境是实现中华民族伟大复兴的重要条件之一，也是我们国防和外交工作的重要目标之一。"

中国人民解放军显然越来越意识到"媒体战"和建立解放军良好国际形象的重要性。在一篇加强解放军形象建设的紧迫性的说明文章中，军事科学院政治工作研究所一位大校认为，近年来，解放军已经成为西方媒体批评的主要对象。他表示，中国的一项研究发现，2005年11月至2006年4月期间，西方媒体发表的2640篇有关中国军事的新闻中，只有6.9%对解放军持积极态度。吴志忠认为，"形象就是生命，是军事软实力，是军事能力"；面对西方媒体的"妖魔化"宣传，解放军争取"话语权"、提高军队软实力，将是一项长期艰巨的任务。在这种情况下，另一位中国观察家表示，发布国防白皮书、建立国防部发言人制度，以及2009年8月国防部官方网站上线，都是解放军提高透明度的重要举措，防止中国声音被反华势力所歪曲。

虽然打击消极的外部意见一直是中国发布国防白皮书的重要目的，但近年来，解放军对白皮书的兴趣进一步扩大。与军事透明度的认知无关，解放军很快发现了白皮书的另外两个重要功能。

一个功能是建立、加强国内民众对国防政策的认识和支持。为此，白皮书强调军事在国家发展中的重要作用、中国面临的更多安全挑战和快速军事现代化的迫切需要，是解放军日益重要的宣传手段。

各国的国防白皮书都是针对国内民众制定的，从而为国防政策和采购提供依据，但中国国防白皮书的国内功能则在两个方面与他国的国防白皮书有所不同。

其一，中国国防白皮书不但是公开国防政策的公关行为，而且更侧重其教育功能，是"爱国主义教育"的重要组成部分。例如，谈及白皮书的功能时，陈舟大校认为，"民众有国防发展的知情权，也有义务接受国防教育"；他进一步表示，发布国防白皮书具有"对外进行政策宣传、对内进行国防政策教育的双重功能"。通过白皮书进行国防教育，可以"激发民众的爱国主义和民族自豪感，提高危机意识，促进民族团结"。

这样的考虑基于近年来国内民众对中国军事和外交事务日益浓厚的兴趣。随着中国的经济、政治发展，民众越来越关注军事方面的问题。对许多中国人来说，强大的军力是中国恢复其在该地区历史上突出地位的重要标志。中国网民的民族主义情绪尤为强烈，据分析，目前有1亿多名中国网络军迷对军事话题感兴趣。这些"网民"中有数百万人对中国军事实力和中外军事关系特别感兴趣，他们积极参与中国国防政策和军事实力类话题的讨论和辩论，属于"核心军迷"。2009年8月20日发布国防部官网后的几天内，日点击量超过1.3亿次。

解放军评论员很快就认识到他们需要积极与军迷互动，使他们继续支持国防政策，并引导他们对中国军事发展的看法。因此，国防白皮书成为一种宣传国防政策和国际安全观的重要手段，用以塑造、改变国内舆论。因此，陈舟大校表示："中国国防白皮书的发展正面临着前所未有的历史机遇"，从一定程度上来讲，就是公众对国防和军事事务日益增长的兴趣为白皮书创造了坚实的群众基础。

其二，中国国防白皮书有更广泛的国内受众。白皮书的目标受众不仅是对军事和国防事务感兴趣的国内团体，还是整个社会。2001年，全国人民代表大会颁布了《中华人民共和国国防教育法》。该法律旨在"普及和加强国防教育，弘扬爱国主义精神，促进国防建设"。依法定期开展国防教育，帮助"公民提高国防意识，掌握基础国防知识，学习必要的军事技能，提高爱国热情，自觉履行捍卫国家的义务"。随着该法的颁布，人大也将每年9月的第三个星期六定为"全民国防教育日"。作为国防教育的重要组成部分，白皮书被用作中小学、高等教育、企业和政府机构的国防教育主要读物。事实上，近年来，除了发布国防白皮书，国防教育办公室也向地方政府发出通知，要求他们同时开展国防教育活动。

是其威慑作用。解放军发现，白皮书可以成为新的向已知敌对势力发送信息的重要渠道，从而在危机时期取得战略优势。在台湾问题上，这一考虑最为明显。20世纪90年代初以来，防止"台独"一直占据中国军队现代化建设和战略思想的重要地位。时任台湾地区领导人李登辉访美后引发的1995~1996年台海危机、李登辉1999年的"两国论"、北约干预科索沃和美国主导的意外轰炸中国驻贝尔格莱德大使馆，都让中国对台湾问题越来越警觉。2000年中国发布第二国防白皮书时，不但将国际安全环境和两岸关系界定为"严峻"，而且强有力地展示了中国政府防止"台独"的"意志与决心"。2000年的国防白皮书中直言，必要情况下，中国将武力收复台湾，并恢复了"对台动武力三原则"。原则包括：

如果出现台湾被以任何名义从中国分割出去的重大事变，如果出现外国侵占台湾，如果台湾当局无限期地拒绝通过谈判和平解决两岸统一问题，那么中国政府只能被迫采取一切可能的断然措施，包括使用武力，来维护中国的主权和领土完整，完成中国的统一大业。"台独"意味着再次挑起战争。

为了达到最大的威慑作用，2000年白皮书的发布时机经过了仔细筛选。据陈舟大校介绍，白皮书是在解放军进行了重大军事演习后即刻发布的。二者结合，使台湾证券指数大幅下跌，对台湾产生了巨大影响。他还透露，正是部分由于2000年白皮书在中国总体的政治和外交"斗争"中的有效威慑作用，中央军委才下达指示，要求将发布国防白皮书"制度化"，使其成为一项长期工程。因此，中国的国防白皮书绝非简单地向军事透明化迈进一步，而是已被用于各种政策议程之中。

二、流程和机构

与中国的其他白皮书一样，国防白皮书以国务院新闻办公室的名义发布，但其起草是由军方主导的。虽然各军事机构、非军事机构参与了文件的编写工作，但白皮书的主要作者均属于解放军。在中国新闻网对2008年白皮书的专题采访中，陈舟透露，解放军全军、四总部都参与了白皮书的制定工作，一些非军事政府机构如财政部、外交部、国家发展和改革委员会、国家国防科技工业局等，也参与了白皮书的制定。

负责起草白皮书的核心机构始终是军事科学院。军事科学院是中央军委直属的首要军事智库，其核心职责是研究国防、军事发展类基本军事理论和关键问题，制定、修订军事法律法规，为中央军委领导、解放军四部提供战略建议，协调军内的军事研究。白皮书作者中似乎大多数来自于军事科学院战争理论与战略研究部。

白皮书的制作过程是由国防部外事办公室领导和协调的，由外事办主管其编写反映出白皮书是针对国外受众和国内民众的，而不是用以指导解放军军事规划和军队结构。多数编者可能是经过筛选的上校、大校级官员，他们专于国防政策和军事战略，但不直接参与政策决策和部队规划。

由于白皮书必须严格遵守中国最高领导层的相关政策路线，因此起草小组需要用大量时间研究高层领导的通知和相关政策文件，以理解、提炼相关政策的实质。鉴于这些政策问题的敏感性，陈舟大校将起草过程形容为"如履薄冰"。白皮书的制定通常需要整个起草小组六个多月的深入工作。因此，国防白皮书是中国战略前景和国防政策上的权威文件。

当然，起草小组面临的一个关键问题是要公开多少信息。在对白皮书透明度问题的采访中，陈舟表示，确定白皮书的透明程度是起草过程中最困难的问题之一,在一定程度上,这受到解放军军事保密传统的影响。他认为,如果没有适当的透明度,白皮书就无法实现其目标;同时,过度保密将不利于建立良好的中国国际形象。但他指出,随着中国综合国力和国际地位的提高,解放军对国防、安全事务的透明化更有信心,白皮书的透明度将大幅提高。

但是 Kiselycznyk 和 Saunders 最近的一项研究认为,中国国防白皮书各部分间的透明度差距很大。研究表示:在白皮书中,中国的一般国防政策和军事原则部分透明度稳步上升,解放军外事事务部分透明度高,但在军队结构、预算、军备以及采购计划上透明度较低,缺乏国家战略目标和现有、预期军事实力的相关信息。这些问题的模糊化引发外界对中国军事现代化的质疑和担忧,使其无法客观地评估中国的军事实力。

中国国防白皮书的透明度不均来源于中国对军事透明度的认识。长期以来,中国认为战略意图的透明化比军事能力的透明化更为重要,因此,白皮书强调的是中国的一般国防政策和军事战略,而不是其军事能力。此外,中国的分析人士一直认为,透明度应由国家实力和具体的安全环境决定,没有统一的透明化标准。中国的分析人士认为,政治互信是军事透明化的重要前提;反之则不然。缺乏必要的政治互信时,无论一个国家多么透明,都不值得被信任。一些解放军分析人士认为,中国军事已经高度透明化了,但美国等其他西方国家仍不信任中国,对中国持有偏见态度。另一些评论家则进一步认为,如果没有合理的互信基础,中国则不应遵循外界的透明度要求。解放军外国语大学的一位教授就写道:"美国仍在准备与中国发生军事冲突,如果中国完全按照美国的要求建立军事透明度机制,就太天真了。"在决定白皮书透明度的问题上,陈舟也认为,"没有互信,就不可能真正透明化"。因此,中国国防白皮书透明度的提高将仍是一个逐渐、缓慢的过程。

三、结构和内容的演变

中国国防白皮书每篇约 3 万字,篇幅相对较短。2000 年以来,所有白皮书都包括附录部分，列举了中国国际军事往来、国防支出、军火贸易等方面的具体数据。随着时间推移，白皮书的结构和内容历经了许多变动，同时回应了对更高透明度的需求和不同时期对具体安全问题的关注。1998年白皮书包括简短的前言和五个章节——国际安全形势、国防政策、国防建设、国际安全合作、军备控制和裁军。1998年白皮书共约24000字，篇幅是七部白皮书中最短的。作为首份白皮书，其目的是强调中国国防政策的防御性，未透露有关中国军事实力的实质性信息。

2000年白皮书共六章，新增了有关军队建设的章节，介绍了解放军的军事法律制度、政治工作制度、军事训练、军事后勤制度和裁军政策。台湾问题是2000年白皮书的重点之一，这一问题也在后来所有的白皮书中占据突出地位。2000年白皮书认为"台海情况复杂、严峻"，并在"国防政策"一章中具体阐述："解决台湾问题，实现中国完全统一，是中华民族的根本利益。"解放军"决不容忍、决不姑息、决不坐视任何分裂祖国的图谋得逞"。

2002年白皮书发布于"9·11"事件后，强调了国际事务中非传统安全问题的兴起。2002年白皮书认为，非传统安全问题"日趋突出"，"尤其是恐怖主义已对国际和地区安全构成现实威胁"。2002年白皮书最显著的特点是它首次明确表示"中国的国家利益"是"中国制定国防政策的根本依据"，而前两部白皮书则认为，中国政治制度的性质、国家利益、外交政策和历史文化传统对国防政策制定同等重要。事实上，中国将国家利益提升为国防政策制定的最重要依据，引发了人们对其国防政策防御性的质疑，特别是近年来，国家利益观念被进一步延伸为安全利益和发展利益。

2004年白皮书是胡锦涛就任中央军委主席后发布的首份白皮书，它反映了新领导层的政策重点和战略思想。更重要的是，2004年版白皮书对中国军事现代化与经济发展的关系作出了新的评估。以往的白皮书认为安全和发展是两个独立的问题，相对于经济发展来说，军事现代化处于次要地位。但2004年版白皮书将二者密切联系，强调安全问题对中国经济发展的影响，提高了军力在中国整体战略思想中的地位。军事现代化不再被置于经济发展的次要地位，而是经济发展的前提和基本保证，应与经济发展同时进行。白皮书还强调，中国的国防政策要"服务于国家的发展战略和安全战略"。

2004年白皮书增加至十个章节，新增的"中国特色军事变革"一章表示，中国的军事现代化将是一种"跨越式"进程，解放军将"加强海军、空军和第二炮兵建设。"该白皮书还增加了"兵役制度""军队和人民"两个章节，以促进国防教育，突出解放军与人民保持密切联系的传统。

2006年白皮书进一步发展了2004年白皮书的主题，再次强调安全问题和经济发展的联系，表示中国"坚持国防建设与经济建设协调发展的方针"，把"军队现代化建设融入经济社会发展体系之中"。2006年白皮书更具体地阐述了中国军事现代化的目标，重申中国的国家安全战略旨在促进"发展与安全"，宣布了军队现代化建设三步走的发展战略：

在2010年前打下坚实基础，2020年前后有一个较大的发展，到21世纪中叶基本实现建设信息化军队、打赢信息化战争的战略目标。

2006年白皮书将"人民武装警察部队"和"边防海防"划分为独立的章节，突出人民武装警察部队在维护国家安全和社会稳定方面发挥的重要作用，以及边防海防对中国国家安全的重要性；回应外界对相关问题的信息需求，展现出更大的透明度。2006年白皮书还提供了更详细的国防开支信息，进一步提高了透明度。

2008年白皮书共计14章，再次扩充了章节数。该白皮书第一次将海军、空军和第二炮兵分为三个独立章节，表明其对中国整体国防战略和军事规划的重要性日益增加，解放军部队结构不断变化，逐渐弱化了陆军的历史主导地位。2008年白皮书再次强调了"经济建设和国防建设协调发展的方针"，从而"兼顾富国和强军"。在透明度问题上，2008年白皮书更详细地阐述了中国的军事战略和核战略，并在"国防经费"一章和附录中详细说明了国防预算的构成，给出了1978~2007年30年的国防支出情况。

2010年白皮书发布于外界对中国军力（尤其是航母、新一代隐形战机等力量投放能力）增长日益关注的情况下，因此，这份白皮书重点强调了解放军在维护国际和平与稳定方面日益发展的建设性作用,以消除其他国家对中国和平意图的疑虑。2010年白皮书共有10个章节,其中有两个新章节值得注意:"武装力量运用"一章详细阐述了和平时期中国军队的作用,着重强调了解放军参加国内外救灾工作、联合国维和行动以及亚丁湾国际反海盗运动;"建立军事互信"一章则关注解放军同外国军队建立互信方面的承诺和成就。

四、战略前景和军事策略:中国侵略性加剧还是不确定的新兴力量

外界之所以对中国军力提升产生担忧,一是因为质疑中国持续军事现代化背后的动机,二是质疑军力越来越强大的中国是否更有可能用武力来拓展利益。要解答这些问题,就必须研究中国的战略前景、中国对军事力量在国际事务中作用的认识及其对军事战略的看法。通过研究这七部白皮书,本书认为,有三个主要因素在不断影响着中国的军事现代化:近年来国际安全形势的变化;军事力量在国际事务中的重要性日益加深;持续演变的军事战略——日益重视防范危机,同时为可能的战争和赢得战争做准备。

七部白皮书中,1998年白皮书对国际安全形势给出了最宽松、积极的评价。作为冷战结束后中国首份关于安全和防御问题的主要官方文件,它认为,"武装冲突和局部战争对世界全局的影响明显减弱",因领土、资源争端及民族、宗教纷争而引起的冲突"得到控制",国际社会的调解能力"不断增强"。但是随后的白皮书却体现了对日益不确定的国际安全形势的担忧。2000年白皮书指出:"世界不稳定和不确定的因素明显增加,天下还很不太平"。2002年白皮书更加强化了这一观点——"影响和平与发展的不确定因素也在增加"。2004年白皮书指出:"虽然国际形势发展的基本态势保持总体稳定,但不确定、不稳定、不安全因素有所增加。"具体来说,2004年白皮书认为,亚太地区安全形势中的"复杂因素"也"在增加"。2006年白皮书指出:"国际社会面临的安全威胁日趋综合化、多样化和复杂化"。2008年白皮书中也表达出担忧——"中国仍面临长期、复杂、多元的安全威胁与挑战"。2010年

白皮书认为，中国的安全环境总体"有利"，但"中国面临的安全挑战更加多元和复杂"。

伴随着国际安全形势的变化，人们越来越认为军力在国际事务中的重要性日益增加。尽管中国要走"和平发展"战略，但是白皮书仍认为军力在国际政治中的作用不断上升。1998年白皮书表示，"军事因素在国家安全中仍占有重要地位"。2004年白皮书表示，"军事因素对国际格局和国家安全的影响上升"。2008年白皮书表示，"军事安全因素对国际关系的影响上升"，"国际军事竞争更加激烈"，并认为"各国更加重视以军事手段配合外交斗争"。

除了强调军力的重要性日益加深，白皮书还表达了对西方军事优势逐渐加深的担忧。2002年白皮书认为，"世界军事变革迅猛发展"，"军事力量对比"出现"新的严重失衡"，因此，"发达国家与发展中国家之间的差距比以往任何时候都更大"。两年后，2004年白皮书重申了这一担忧："世界军事力量对比进一步失衡"。2006年白皮书表示，军事竞争加剧，"军事力量对比失衡的局面没有明显改变"。2008年白皮书表示，"中国面对发达国家在经济科技军事等方面占优势的态势"。2010年白皮书认为"国际军事竞争依然激烈"，对一些大国加紧增强高新军事能力、"抢占新的战略制高点"表示担忧。

白皮书对国际军力平衡度的评价与西方对中国军力的看法截然不同。例如，近年来，美国国防部的中国军力年度报告一直认为，中国的持续军事现代化正缩小其与其他军事大国间的主要军事技术差距，改变区域军事平衡。2009年澳大利亚国防白皮书甚至认为，到2030年，"中国将以明确优势成为亚洲军力最强国"。但中国则一贯认为，中国与其他主要西方国家在军事技术领域仍有较大差距。

虽然中国认为军力在国际事务中的作用日益加强，但这并不意味着解放军更倾向于用武力来保护其利益。白皮书反映出中国的军事战略越来越重视其威慑作用。尤其是2008年白皮书，谈到了目前解放军军事战略的新内容——"新时期积极防御军事战略方针"。虽然解放军的总体军事战略目标和以往的白皮书一样，仍是"打赢信息化条件下的局部战争"，但这一新提出的方针更"注重遏制危机和战争"。据陈舟介绍，这意味着从过去的防止战争向遏制危机转型,只有"先积极预防和解决危机",才能防止战争。"只有妥善处理,才能消除危机,确保和平"。考虑到这一点,修订后的军事战略要求"军事斗争与政治、外交、经济、文化、法律等各领域的斗争密切配合",以求"积极营造有利的安全环境,主动预防、化解危机"。更重要的是,如果最终无法避免战争,该方针则要求解放军"慎重使用武力,有效控制战局,努力降低战争风险和代价"。因此,解放军未来发展的核心就转化为"建立精干高效的威慑力量,灵活运用威慑方式"。

五、结 论

现有的研究未能充分意识到中国公布国防白皮书背后的战略考量。白皮书的多重功能不仅体现出白皮书性质的复杂性,还体现出解放军扩大战略和政治利益的手段的缜密性。白皮书是解放军"舆论战"的重要组成部分,而不只是一种展现透明度、建立互信的手段。在中国,白皮书也是引导舆论、获取民众对军、党国防政策支持的重要手段。通过分析解放军利用白皮书达成政治、战略目的这一意图,本文对外界之于解放军的压力一说以及中国对军事透明度的接受程度提出质疑。尽管如此,这七部白皮书仍展现了中国战略前景和军事策略的演变。

来源:Zhang J. China's Defense White Papers:A critical appraisal [J]. *Journal of Contemporary China*, 2012, 21 (77):881-898.

译者:李梦欣

译者邮箱:945655970@qq.com